国际协作科创金融（济南）创新实验室（JNSX2023078）资助
山东女子学院数字经济重点学科（2303）资助
供应链数字化背景下中小涉农企业融资路径研究（2024RCYJ52）资助
山东省文化艺术科学协会艺术科学重点课题"新时代背景下沂蒙红色文化传播策略研究"（编号：L2025Q05180056）

商业银行
农产品供应链金融：
模式构建与匹配机制研究

Commercial Banks, Agricultural Product Supply Chain Finance:
Research on Pattern Construction and Matching Mechanism

李洋 著

中国财经出版传媒集团
经济科学出版社
Economic Science Press

·北京·

图书在版编目（CIP）数据

商业银行农产品供应链金融：模式构建与匹配机制研究 / 李洋著. -- 北京：经济科学出版社，2025.5.
ISBN 978 - 7 - 5218 - 6939 - 2

Ⅰ. F724.72；F252.2

中国国家版本馆 CIP 数据核字第 2025HG3649 号

责任编辑：卢玥丞
责任校对：靳玉环
责任印制：范　艳

商业银行农产品供应链金融
——模式构建与匹配机制研究
SHANGYE YINHANG NONGCHANPIN GONGYINGLIAN JINRONG
——MOSHI GOUJIAN YU PIPEI JIZHI YANJIU

李　洋　著

经济科学出版社出版、发行　新华书店经销
社址：北京市海淀区阜成路甲 28 号　邮编：100142
总编部电话：010 - 88191217　发行部电话：010 - 88191522
网址：www.esp.com.cn
电子邮箱：esp@esp.com.cn
天猫网店：经济科学出版社旗舰店
网址：http://jjkxcbs.tmall.com
北京季蜂印刷有限公司印装
710×1000　16 开　14.75 印张　230000 字
2025 年 5 月第 1 版　2025 年 5 月第 1 次印刷
ISBN 978 - 7 - 5218 - 6939 - 2　定价：88.00 元
(图书出现印装问题，本社负责调换。电话：010 - 88191545)
(版权所有　侵权必究　打击盗版　举报热线：010 - 88191661
QQ：2242791300　营销中心电话：010 - 88191537
电子邮箱：dbts@esp.com.cn)

前言 Preface

在实现中国特色农业现代化过程中,为农业发展提供资金支持,破解农业经营主体融资难题,是促进我国农业经济稳步发展的重要基础之一。近年来,蓬勃发展的农产品供应链金融为解决这一问题提供了有效方案。然而,传统农产品供应链金融模式在实践中面临着诸多问题,制约了农产品供应链金融作用的发挥和广泛应用。而区块链技术的发展和应用,为农产品供应链金融提供了新的发展契机。基于此,本书构建了基于区块链的商业银行农产品供应链金融模式,并评估其服务能力、研究其匹配机制,以提高模式的实施效率,从而缓解农业经营主体的融资困境,对于助推乡村振兴、推动农村现代化发展具有重要的参考价值。

本书遵循"业务模式构建→服务能力评价→模式客户匹配"的研究思路,综合运用系统分析、问卷调查、演化博弈、结构方程、模糊综合评价、双边匹配算法等多种模型方法,提出了构建新型农产品供应链金融模式的思路,并在此基础上开展商业银行农产品供应链金融匹配机制研究。研究内容主要包括以下四点。(1) 基于农业经营主体的融资特性和传统农产品供应链金融模式的业务流程及应用特点,系统分析三种传统农产品供应链金融模式的应用情况及存在的问题,并运用耦合协调度模型检验传统农产品供应链金融模式存在的问题。(2) 从解决传统农产品供应链金融存在的问题出发，分析区块链技术对商业银行农产品供应链金融的作用，设计基于区块链的商业银行农产品供应链金融平台；基于区块链平台的增信机制，构建四种商业银行农产品供应链金融模式；运用演化博弈模型，探索四种模式主要参与方之间的策略选择、互动演化及最终达到的动态均衡稳定状态，给出实现系统稳定运行的策略建议。(3) 通过文献研究与梳理、专家问卷调查与归纳，识别商业银行农产品供应链金融模式服务能力的影响因素，构建农产品供应链金融服务能力评价指标体系；运用SEM-FCE模型构建能力评价模型，以ZG银行某地市分行为例，对其模拟运行四种新型模式进行能力评价，并基于服务能力评价结果给出商业银行信贷额度配置建议。(4) 从信贷供给和需求的影响因素，构建商业银行、农业经营主体双边匹配偏好测度指标体系；基于双边匹配理论建立商业银行农产品供应链金融"模式—能力—客户"匹配模型，设计双边匹配系统和匹配度算法，最后引入实例研究，求解最优匹配模型，验证"模式—能力—客户"匹配系统的可行性和有效性。

  本书主要研究结论如下。(1) 传统农产品供应链金融模式实践中存在还款来源的自偿性保障不足、质押农产品价值不确定性高、授信额度与融资需求匹配性低、农业核心企业信用不足等四方面问题。运用耦合协调度模型对传统供应链金融模式与农产品场景的适用度进行检验，量化验证了上述四方面问题存在的真实性。(2) 引入区块链技术可以帮助商业银行在农产品供应链金融业务中解决还款来源自偿性保障不足、质押农产品价值不确定性高、过于依赖核心企业等问题。基于区块链引入增信机构可以解决授信额度与需求不匹配问题。设计了一个基于区块链的商业银行农产品供应链金融平台，以此为基础构建四种商业银行农产品供应链金融模式，这四种模式可以促使相关参与主体共同受益。运用三方演化博弈模型对四种模式的演化均衡进行了稳定性分析，结果表明，为确保四种模式的稳定性和可持续发展，应采取合理控制贷款规模、提高对农业经营主体违约的断链惩罚两种策略。(3) 本书运用SEM-FCE模型较好地实现了对商业银行农产品供应链金融服务能力的系统性评价，以ZG银行某地市分行为例，四种模式评价值按次序分别为：不动产抵押增信模式＞动产质押增信模式＞第三方担保增信模式＞信用增信模式。商业银行可以根据不同模式的评价情况调整信贷额度配置，促进信贷额度的更加合理和有效的利用，从而提高农产品供应链金融服务效率。(4) 本书构建的商业银行农产品供应链金融"模式—能力—客户"匹配机制，能够克服商业银行农产品供应链金融中存在的资源错配问题，激发农产品供应链金融参与双方的内生动力，促进商业银行和农业经营主体双方利益最大化；应将匹配机制的相关指标纳入区块链平台信息收集范围，各商业银行可以根据自身的风险偏好、合规要求、盈利要求、地域差异等因素，科学设计各指标的得分转化公式，以简化双边匹配的业务流程，充分利用区块链平台功能。

本书的创新点主要包括以下几方面。(1) 基于区块链构建了商业银行农产品供应链金融模式。设计了基于区块链的商业银行农产品供应链金融平台，利用区块链平台的增信机制，构建了不动产抵押增信、动产质押增信、第三方担保增信、信用增信四种模式，有效解决了传统农产品供应链金融还款来源的自偿性保障不足等四方面问题。(2) 运用SEM-FCE模型构建了商业银行农产品供应链金融模式服务能力评价模型。科学全面地构建了包括4个一级指标和12个二级指标的能力评价指标体系，并运用SEM-FCE构建了评价模型，以ZG银行某地市分行为例，对四种模式进行能力评价，基于评价结果提出了商业银行对四种模式进行信贷额度配置的策略建议。(3) 设计了商业银行农产品供应链金融"模式—能力—客户"匹配度测度的指标体系。在综合考虑四种供应链金融模式、农业经营主体特征的基础上，从商业银行和客户视角设计了匹配度测度指标体系，利用模糊综合评价法对双边满意度偏好进行计算与排序，为双方提供了更精确、有效的对接方式，为开展匹配提供了坚实的基础。(4) 基于双边匹配理论创新构建了商业银行农产品供应链金融"模式—能力—客户"匹配模型。阐明了商业银行农产品供应链金融"模式—能力—客户"匹配的机制，利用多目标规划方法构建了"模式—能力—客户"匹配的优化模型，通过实例研究验证了模型的可行性、有效性，有助于克服商业银行农产品供应链金融中存在的资源错配问题。

目录 Contents

第1章 绪论 …… 001

1.1 研究背景 / 001
1.2 问题提出 / 002
1.3 研究意义 / 005
1.4 研究内容与章节安排 / 007
1.5 研究方法与技术路线 / 010
1.6 主要创新点 / 013

第2章 文献综述与相关理论 …… 015

2.1 概念界定 / 015
2.2 文献综述 / 020
2.3 相关理论基础 / 029
2.4 理论框架 / 033
2.5 本章小结 / 035

第3章 传统农产品供应链金融模式的系统分析 …… 037

3.1 农产品供应链及市场参与者融资特性分析 / 038

3.2 传统农产品供应链金融模式业务流程及特点分析 / 043

3.3 传统农产品供应链金融模式存在的问题 / 049

3.4 传统农产品供应链金融模式的适用度验证 / 054

3.5 本章小结 / 061

第4章 基于区块链的商业银行农产品供应链金融模式构建与稳定性分析 ⋯⋯⋯⋯⋯⋯⋯⋯⋯⋯⋯⋯ **063**

4.1 区块链在商业银行农产品供应链金融中的作用 / 064

4.2 基于区块链的商业银行农产品供应链金融平台设计 / 068

4.3 基于区块链的商业银行农产品供应链金融模式构建 / 073

4.4 基于区块链的商业银行农产品供应链金融模式的稳定性分析 / 082

4.5 本章小结 / 095

第5章 商业银行农产品供应链金融模式服务能力评价 ⋯⋯ **097**

5.1 商业银行农产品供应链金融模式服务能力评价指标体系设计 / 097

5.2 商业银行农产品供应链金融模式服务能力评价模型构建 / 102

5.3 商业银行农产品供应链金融模式服务能力评价实证分析 / 114

5.4 基于服务能力评价结果的信贷额度配置 / 137

5.5 本章小结 / 140

第6章 商业银行农产品供应链金融的"模式—能力—客户"匹配机制研究 ⋯⋯⋯⋯⋯⋯⋯⋯⋯⋯⋯⋯⋯⋯ **142**

6.1 商业银行农产品供应链金融服务的双边匹配决策分析 / 143

6.2 "模式—能力—客户"匹配度测度指标体系设计 / 149

6.3 "模式—能力—客户"匹配模型构建 / 159

6.4　实例研究 / 166
　　6.5　对策建议 / 173
　　6.6　本章小结 / 177

第7章　结论与展望 ······ **178**
　　7.1　研究结论 / 178
　　7.2　研究展望 / 181

附录1　传统农产品供应链金融模式适用度评价专家打分情况 / 183
附录2　商业银行农产品供应链金融服务能力调查问卷 / 184
附录3　商业银行农产品供应链金融服务能力调查问卷 / 187
附录4　农产品供应链金融模式视角下被服务对象偏好度
　　　　评分标准 / 194
附录5　客户视角下商业银行农产品供应链金融模式偏好度
　　　　评分标准 / 200
附录6　数据与计算过程 / 202

参考文献 ······ **212**

第1章

01 Chapter

绪 论

1.1 研究背景

农业农村现代化作为中国式现代化的重要组成部分，是实现农业大国向农业强国转型的坚实基础。党的二十大报告提出要加快建设农业强国，强化农业科技和装备支撑，加快推进农业农村现代化、提高农业质量效益和竞争力。同时，中央一号文件连续20年（2004~2023年）聚焦"三农"问题，体现了党和国家对"三农"问题的高度重视（刘彬，2024）。农业是国民经济的重要支柱产业，作为推动农业发展重要力量的农业中小经营主体，在推动国家农业发展、提高农民收入、促进乡村振兴等方面发挥着重要作用。

在农业农村现代化发展的进程中，农业经营主体扮演着不可或缺的角色，在保障国家粮食安全、促进农民增收、推动乡村振兴等方面具有重要意义。然而，长期以来，个体的微观主体特征和固有的运营风险使得农业经营主体面临严峻的融资难题（Dong，2021；Tang et al.，2023；Li et al.，2023）。商业银行作为普惠金融主要实施机构，中国人民银行等金融监管部门鼓励其不断优化"三农"金融服务体系和机制。因此，对于商业银行来说，持续加大对农业经营主体的金融支持，探索符合农业经营主体实际需求的融资机制，成为执行其社会责任、服务国家战略、支持乡村振兴大局的重要抓手。

在缓解农业经营主体融资难、融资贵等难题的过程中，农产品供应链金融作为商业银行基于供应链网络围绕农业核心企业构建的授信融资体系，旨在通过信息流、资金流、物流和商流的整合来支持农产品的生产和流通（Yi et al.，2021；宋华等，2024）。这一金融模式致力于优化资金流动和风险管理，为农产品供应链中的各个环节提供更高效、更灵活的金融支持（陈科，2022），且在一定程度上缓解了农业经营主体的融资困境。然而，考虑到农产品供应链相对于工业品在生产、储存、销售过程中存在的特殊性，以及农业经营主体资金需求的特性（Akkaya et al.，2021；Boyabatli et al.，2019），传统农产品供应链金融模式在实际运行中面临着诸多问题，制约了农产品供应链金融模式作用的发挥和广泛应用（吴若冰等，2021）。

当前，区块链技术的快速发展，为解决农产品供应链金融领域中信息不对称、风险管理难等问题提供了新的思路和工具，区块链技术作为一种以去中心化和分布式账本为基础的技术，具备透明、安全、可追溯的特性，使其在农产品供应链金融领域具备巨大潜力（李春利等，2023；Queiroz et al.，2019）。相对于传统供应链金融系统的评估信息，区块链等信息在技术支撑下的数字信息数量更大、客观性和时效性更强，可以更全面、真实、及时地反映信贷客户的信用和风险变化（文红星，2021）。区块链技术引入农业金融领域也受到国家政策支持，中国人民银行等五部门联合发布的《关于金融服务乡村振兴的指导意见》指出，要积极运用大数据、区块链等技术，提高涉农信贷风险的识别、监控、预警和处置水平。对此，商业银行应当结合自身资金实力雄厚、投资风控经验成熟、客户群体庞大的优势，积极推进区块链在农产品供应链金融领域的模式创新和技术升级，从而在农产品供应链金融领域发挥更重要的作用，支持农产品供应链的稳定性和可持续发展。

1.2 问题提出

在助力乡村振兴、推动农村现代化发展的目标背景下，商业银行开展农产品供应链金融业务需结合农产品供应链及市场参与者的融资特性，加强对农产品供应链金融模式运营效率的前瞻性思考，这涉及一系列亟待解决的现实问题。具体来说，在农产品市场中，农业经营主体金融需求具有什么实际痛点？传统农产品供应链金融模式在应用中有何局限性？进而如何结合新技术构建科学的农产品供应链金融模式？商业银行在实施农产品供应链金融模式时服务能力如何进行科学评价以合理配置信贷额度？如何提高模式实施的成功率，实现农业经营主体和商业银行的利益最大化？回答和厘清这一系列现实问题，是保障金融助推农村经济可持续发展的基础和前提。鉴于此，认清和把握农产品供应链和市场参与主体的融资特性，对传统农产品供应链金融模式进行系统认知，结合新技术构建符合新形势发展下的商业银行农产品供应链金融模式，并考虑商业银行不同模式的服务能力制约，设计合理的匹配机制，帮助商业银行和农业经营主体进行优化决策，是一个重要且必要的命题。基于此，本书聚焦于以下三个关键问题。

1. 如何构建科学有效的商业银行农产品供应链金融模式

供应链金融模式是利用供应链上下游进行融资的组织模式，是一个多维度的概念，至少包括四个维度。维度一是参与主体构成情况，例如，由商业银行、核心企业、第三方物流企业等的一个或几个组成；维度二是融资资金的主要来源，不同的参与主体会根据其角色和地位在供应链中提供融资支持；维度三是风险承担方，风险承担的分配与参与主体的地位和信用评估有关；维度四是技术手段，为了降低农产品供应链金融中的风险、减少成本和提高运作效率，可以采用区块链等技术手段，以提供更灵活、高效和安全的金融服务。农产品供应链的自身特性决定了影响农产品供应链金融的要素，也给农产品供应链金融带来了一些独特的挑战和难题，因此，农产品供应链金融模式的设计必须能够破除上述特点所带来的障碍，区块链等新技术的兴起为农产品供应链金融发展提供了新的契机。但是在新的技术条件下农产品供应链金融模式有哪些新的发展，应当如何构建，都有待深入的研究。

2. 如何科学评价商业银行农产品供应链金融的服务能力

在推动农产品供应链金融发展和深化农村金融供给侧结构性改革的背景下，商业银行作为农产品供应链金融主要的资金提供者，其服务能力的评价至关重要，直接关系着其农产品供应链金融不同模式的信贷额度配置。商业银行服务能力是体现农产品供应链金融模式运营状况和服务水平的综合性指标，深入研究商业银行服务能力评价体系，总结出一套评价商业银行服务能力的方法，将对商业银行全面挖掘自身潜力、提高服务与管理水平起到很大的促进作用。但目前，相关研究领域还未形成一套完备的针对商业银行农产品供应链金融服务能力评价体系。因此，如何构建出科学的、合理的、操作性强的评价模型，对商业银行服务能力进行全面的、综合的评价，是本书亟须解决的一个重要问题。解决这一问题有助于商业银行统筹有序实施多种农产品供应链金融模式，协调配置信贷额度，在提供高质量、高效率农产品供应链金融供给的同时，实现行业自身高质量发展。

3. 如何实现商业银行农产品供应链金融模式与客户的最佳匹配

实现商业银行农产品供应链金融模式与客户的最佳匹配，不仅可以帮助商业银行准确理解并满足农产品供应链上不同参与主体的多元化和个性化金融需求，而且可以通过提供定制化的金融产品和服务方案，有效降低商业银行信贷风险，从而在确保金融安全的同时，支持农业企业扩大生产、提高效率，为农民增收开辟渠道，推动农业产业结构的升级和农村经济的全面繁荣。因此，商业银行构建适合自身的农产品供应链金融模式并成功实施是一个非常复杂的过程，涉及商业模式、服务能力及客户需求三个方面的互动。一是要考虑新技术的使用，根据市场和行业的要求，以匹配农产品供应链金融模式特征和客户需求为目标，设计商业银行的农产品供应链金融模式；二是要根据拟实施的农产品供应链金融模式，对商业银行各类资源进行评估，以评价商业银行在实施农产品供应链金融上的服务能力；三是要以商业银行的农产品供应链金融服务能力为约束，将供应链金融模式与服务对象进行双边匹配决策。因此，探索如何在商业银行农产品供应链金融服务能力的约束下，实现农产品供应链金融模式与被服务客户的双边匹配是商业银行农产品供应链金融运营的核心内容。

1.3 研究意义

在坚定不移地走中国特色社会主义乡村振兴道路，全面实施乡村振兴战略的目标引领下，持续优化商业银行金融供给，健全农村金融服务体系，对推动中国乡村经济高质量发展具有重要意义。本书探究农业经营主体融资过程中面临的现实困境，并基于区块链技术和商业银行服务模式深度结合的视角，围绕商业银行农产品供应链金融模式构建和匹配机制这一研究命题展开深入探讨，以期推动商业银行农产品供应链金融发展创新，破解农业经营主体融资的现实困境，实现商业银行金融服务和农产品供应链的相互促进与质效提升。因此，本书的研究不仅具有重要的理论意义，更具有深远的实际应用价值。

1.3.1 理论意义

（1）基于区块链技术提出商业银行农产品供应链金融模式构建的新思路，并详细设计了农产品供应链金融平台的主要功能结构和业务逻辑，拓展了区块链技术的应用范畴，丰富了农村金融领域的研究视角，促进了供应链金融理论体系的完整性和系统性。

（2）构建商业银行、农业经营主体、增信机构三方参与主体的演化博弈模型，厘清各主体以自身利益最大化为目标时的动态行为决策选择，以及相互影响的演化机理，提升农产品供应链金融理论模型的复杂性和现实贴合度，拓展农产品供应链金融交易行为和策略选择研究的深度和广度。

（3）创新构建商业银行农产品供应链金融服务能力评价模型，为商业银行农产品供应链金融服务能力评价领域研究带来新的视角和方法，并从服务能力角度为商业银行农产品供应链金融模式的构建提供指导，分析模式中可能存在的缺陷或不足，增进对商业银行农产品供应链金融模式的理论认识，为改进设计提供理论依据和方向。

（4）创新构建"模式—能力—客户"匹配机制，为商业银行农产品金融服务模式运营提供了新视角和新思路。从目前所掌握的文献来看，将"双边匹配"作为成功核心机制在商业银行农产品供应链金融的相关研究中属于首次提出，这一概念的引入为农产品供应链金融的实施提供了新的思路和方法，具有一定的理论创新意义。

1.3.2 现实意义

（1）深刻阐明了农村金融需求的实际痛点，从分析农产品供应链和市场参与主体的融资特性入手，充分考虑农业经营主体的偏好信息，可以为商业银行创新开展适合农产品供应链的金融业务提供方向，填补农村金融服务的空白，促进金融服务与实体经济的深度融合，推动农业产业的健康发展。

（2）构建基于区块链的四种农产品供应链金融模式，搭建了农产品供应链金融平台，分析得出形成多元协作的供应链金融发展格局的策略建议，这不仅为商业银行农产品供应链金融业务创新提供了发展方向，以促进农产品供应链金融的进一步完善和升级，同时也对促进供应链金融平台的高效运作起到至关重要的作用。

（3）建立商业银行农产品供应链金融服务能力评价模型，有助于商业银行基于农产品供应链金融服务能力评价情况，调整不同模式的信贷额度配置，促进信贷资源更加合理和有效的利用，推动农产品供应链金融模式在实践中转化，从而提高农产品供应链金融服务效率，有效发挥金融对农业经济的支持作用。

（4）突破现有研究中将农业经营主体视为商业银行服务中被动方的约束，强调通过商业银行与农业经营主体双方利益最大化的匹配机制设计，激发农产品供应链金融各参与方的内生动力，提高农产品供应链金融实施的整体效率，最大限度地打通发展创新之路、提升金融服务农村经济的能力。

1.4 研究内容与章节安排

1.4.1 研究内容

本书系统研究基于区块链的商业银行农产品供应链金融模式的构建及其运行机理。主要研究内容如下。

1. 传统农产品供应链金融模式的系统分析和适用性评价

以三种传统农产品供应链金融模式作为研究对象，分析其在实践中存在的问题，并对相关问题进行定量分析，具体研究内容如下。（1）深入分析农业经营主体的融资特性和传统农产品供应链金融模式的业务流程及应用特点；（2）定性分析传统农产品供应链金融模式实践中存在的问题；（3）运用耦合协调度模型检验传统农产品供应链金融模式存在的问题。

2. 基于区块链构建商业银行农产品供应链金融模式并进行稳定性分析

从解决传统农产品供应链金融存在的问题出发，引入区块链技术，构建农产品供应链金融模式，通过演化博弈模型对相关模式进行稳定性分析，具体研究内容如下。首先，分析区块链技术对商业银行农产品供应链金融的作用，进而给出区块链技术对农业经营主体融资困境的纾解机制；其次，基于区块链设计商业银行农产品供应链金融平台，分析平台的结构功能及业务逻辑；再次，分析商业银行、农业经营主体、增信机构的互动过程，以增信机制为基础架构，构建四种基于区块链的商业银行农产品供应链金融模式；最后，运用演化博弈模型，探索商业银行、农业经营主体和增信机构之间的策略选择、互动演化及最终达到的动态均衡稳定状态，通过模拟分析给出基于区块链的商业银行农产品供应链金融模式稳定运行的实现策略。

3. 商业银行农产品供应链金融模式服务能力评价及信贷额度配置策略

本书以构建的四种基于区块链的商业银行农产品供应链金融模式为主

要研究对象，运用综合评价方法探讨商业银行农产品供应链金融服务能力的测量评价，形成商业银行信贷额度配置方案，具体研究内容如下。(1) 通过文献研究与梳理、专家问卷调查与归纳，识别商业银行农产品供应链金融模式服务能力的影响因素，构建农产品供应链金融服务能力评价指标体系；(2) 建立商业银行农产品供应链金融模式服务能力影响因素结构方程模型，计算影响因素的载荷因子，确定影响因素的权重；(3) 使用 (2) 中构建的模型，以 ZG 银行某地市分行为例，邀请该行 16 位业务及技术专家对其模拟运行四种基于区块链的商业银行农产品供应链金融模式进行服务能力评价，基于评价结果给出商业银行信贷额度配置的建议。

4. 商业银行农产品供应链金融"模式—能力—客户"匹配机制研究

基于双边匹配理论构建商业银行农产品供应链金融模式与客户的匹配机制，形成商业银行农产品供应链金融模式对客户偏好以及客户对四种商业银行农产品供应链金融模式偏好的最优匹配，具体研究内容如下。(1) 分别分析信贷资源的供给侧——商业银行农产品供应链金融模式的匹配要求，信贷资源的需求侧——农业经营主体的匹配要求，以及商业银行农产品供应链金融模式与农业经营主体之间的相互匹配作用，给出商业银行农产品供应链金融模式与农业经营主体的双边匹配的理论框架；(2) 从信贷供给和需求的影响因素入手，设计商业银行农产品供应链金融模式对农业经营主体偏好测度指标，以及农业经营主体对商业银行农产品供应链金融模式偏好测度指标，构建双边匹配偏好测量指标体系；(3) 根据双边匹配理论构建商业银行农产品供应链金融"模式—能力—客户"匹配模型，设计双边匹配系统和匹配度算法，通过向银行专家及农业经营主体发放问卷的方式收集信息，求解最优匹配模型，验证"模式—能力—客户"匹配系统的可行性和有效性。

1.4.2 章节安排

本书遵循"业务模式构建→服务能力评价→服务客户匹配"的研究思路，综合运用系统分析、演化博弈、结构方程、模糊综合评价、双边匹配算法等多种模型方法。研究内容分为 7 章，安排如下。

第1章，绪论。介绍本书研究的背景和意义，明确阐述研究中要解决的核心问题和研究目标，界定研究的范围和深度，探讨本书对学术理论和业务实践的意义，概述全书的研究目标和主要内容，说明整体架构和章节安排，描述研究的具体路径和步骤，介绍研究所采用的方法论、研究设计等。

第2章，文献综述与相关理论。首先，对研究涉及的农业经营主体、供应链金融、农产品供应链及商业银行服务能力等核心概念进行界定，明确研究的对象和范围。其次，从涉农金融问题、农产品供应链金融模式、商业银行金融服务能力评价、双边匹配问题研究等多个角度进行文献综述，了解当前商业银行农产品供应链金融领域的最新研究进展和潜在问题，为后续研究提供参考与借鉴。最后，介绍农村金融、委托代理、双边匹配等与本书相关的基础理论，强化对后续研究内容的理论支撑和指导，提高研究的严谨性和系统性。

第3章，传统农产品供应链金融模式的系统分析。首先，对农业经营主体融资需求特性进行分析，深入探讨农业经营主体融资需求的实际情况和痛点。其次，对三种传统农产品供应链金融模式业务流程和逻辑开展全面深入的分析，总结传统农产品供应链金融模式实践中存在的问题，并采用定性分析与定量评估相结合的研究方法，运用耦合协调度模型，检验传统农产品供应链金融模式存在的问题，揭示传统农产品供应链金融模式在促进农村金融发展中所面临的挑战。本章研究以期获得对农产品供应链金融模式优化方向的基本认知，进而为构建新型农产品供应链金融模式提供基础现状和经验支撑。

第4章，基于区块链的商业银行农产品供应链金融模式构建与稳定性分析。分析区块链技术对商业银行农产品供应链金融的作用，特别是在解决传统农产品供应链金融存在的问题方面发挥的作用；基于区块链设计商业银行农产品供应链金融平台，分析平台的结构功能及业务逻辑；以增信机制为基础架构，构建四种基于区块链的商业银行农产品供应链金融模式；运用演化博弈模型，探索三方参与主体之间的策略选择、互动演化及最终达到的动态均衡稳定状态，通过模拟分析给出基于区块链的商业银行农产品供应链金融模式稳定运行的实现策略。

第5章，商业银行农产品供应链金融模式服务能力评价。首先基于文献分析和专家调查，识别商业银行农产品供应链金融模式服务能力的影响因素，构建农产品供应链金融服务能力评价指标体系；并以该体系为基础，发放 825 份问卷样本，运用结构方程模型确定各评价指标的权重值。其次以 ZG 银行某地市分行为例，邀请该行 16 位业务及技术专家对其模拟运行的四种新型模式进行能力评价。最后基于评价结果给出商业银行信贷额度配置建议。

第 6 章，商业银行农产品供应链金融的"模式—能力—客户"匹配机制研究。首先分析农产品供应链金融服务中双边匹配决策的特点，阐述农产品供应链金融"模式—能力—客户"匹配机理。其次分别从商业银行和农业经营主体视角构建双边匹配偏好信息测度体系，为后续的匹配决策提供科学依据。最后根据双边匹配理论构建商业银行农产品供应链金融"模式—能力—客户"匹配模型，设计双边匹配系统和匹配度算法，通过向银行专家及农业经营主体发放问卷的方式收集偏好信息，求解最优匹配模型，验证"模式—能力—客户"匹配系统的可行性和有效性。

第 7 章，结论与展望。对本书进行研究总结，并指出下一步的研究方向。

1.5 研究方法与技术路线

1.5.1 研究方法

1. 文献分析法

文献研究旨在对所要研究问题的理论背景和价值进行综合阐述，是开展科学研究的重要环节。本书对涉农金融问题、农产品供应链金融模式、商业银行金融服务能力评价、双边匹配问题研究等相关研究现状进行分析，找出当前领域存在的问题和不足之处，明晰本书的出发点和探索空间，为后续研究提供丰富的理论资源和实践经验。

2. 演化博弈理论

构建商业银行、农业经营主体和增信机构三方的演化博弈模型，对其进行基本假设、均衡分析和仿真模拟，探索在基于区块链的商业银行农产品供应链金融中参与主体各方的策略选择与协作冲突问题，最终得出三方合作的理想状态，为构建良好运营生态提出建议，以保障商业银行农产品供应链金融模式更稳健、有效运行。

3. 结构方程模型

商业银行农产品供应链金融服务能力是一个涉及多方面的、多评价的复杂问题，结构方程模型（SEM）能够同时探讨多个变量之间的因果关系、允许测量误差，并且能够对多评价的复杂问题进行综合评估，从而提高研究结果的合理性和可靠性，并准确评价商业银行农产品供应链金融服务能力的优劣及未来的改进方向，推动农产品供应链金融领域的发展和创新。

4. 问卷调查法

问卷调查法是一种通过向特定人群发放问卷来收集数据的定量研究方法。本书在评价传统供应链金融模式与农产品场景的适用度、识别商业银行服务能力影响因素、评价服务能力及收集双边匹配偏好信息等多个方面采用了问卷调查法。通过 Delphi 法与结构化问卷结合，确保了数据的全面性和可靠性。在具体实施中，设计了简明易懂的问卷，确保隐私与数据保护，获取了来自不同领域专家的专业意见，为农产品供应链金融模式的优化和商业银行服务能力的提升提供了重要参考。

5. 双边匹配算法

双边匹配算法是一种基于参与者之间的相互关系和特征的匹配方法，通过将参与者分为两个组别进行匹配，以实现最佳合作伙伴之间的组合。本书针对农产品供应链金融的供需双边匹配问题，构建了以双边主体满意度最大化为目标的"模式—能力—客户"匹配模型，有助于在商业银行供应链金融业务中准确匹配偏好信息并作出正确决策。

1.5.2 技术路线

本书的研究框架和技术路线如图 1-1 所示。

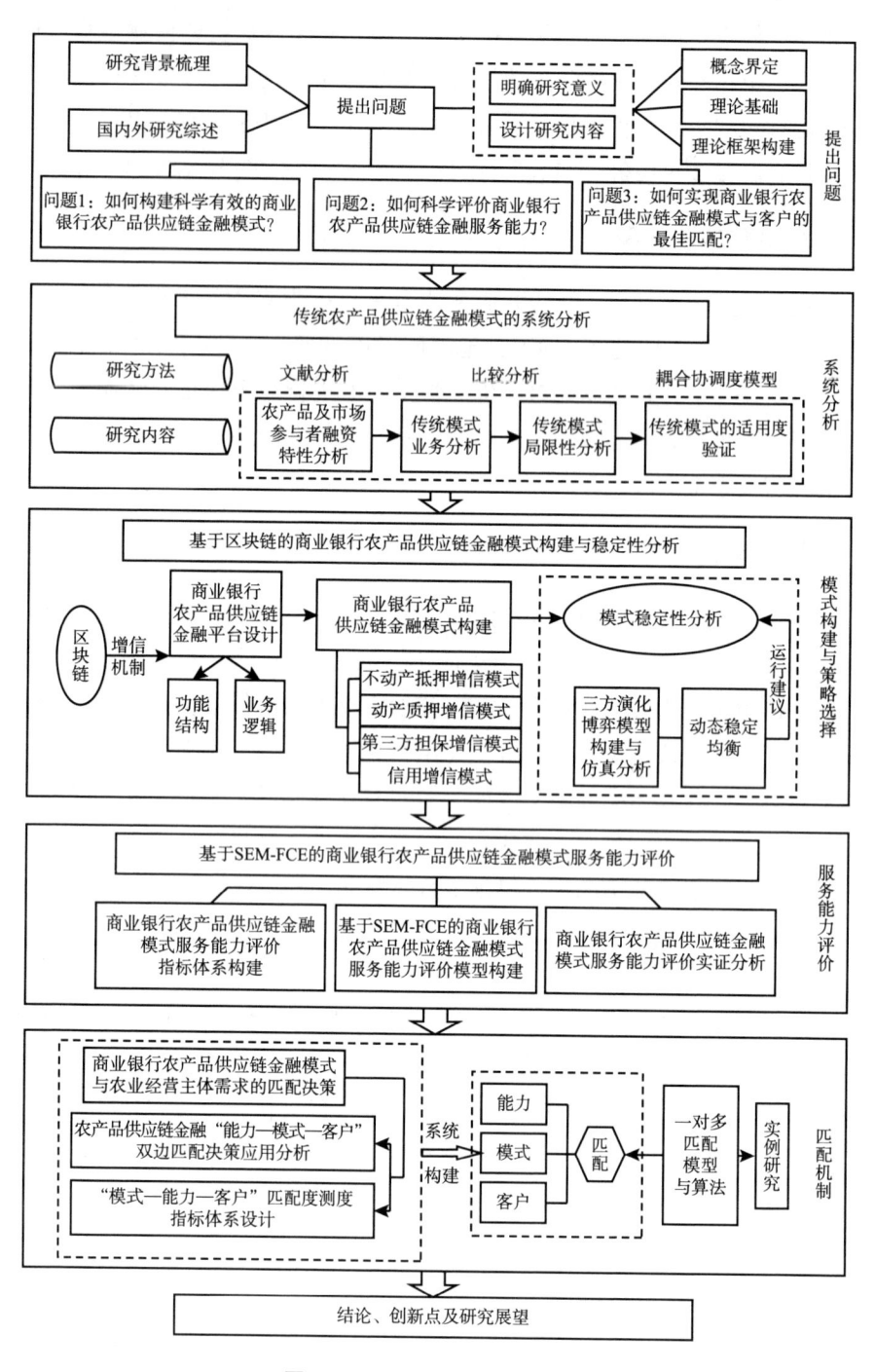

图 1-1 本书研究的技术路线

1.6 主要创新点

本书从农业经营主体融资困境出发，设计了基于区块链的商业银行农产品供应链金融模式，并在此基础上开展商业银行农产品供应链金融匹配机制研究，在研究内容上形成"农产品供应链金融模式构建—服务能力评价—匹配机制设计"三位一体的系统框架，最终给出解决农业经营主体融资困境的有效农产品供应链金融模式。这一研究有助于丰富商业银行农产品供应链金融的理论内涵和实施路径，为商业银行创新实施农产品供应链金融模式提供新的思路和有效工具。具体创新之处表现如下。

首先，基于区块链构建商业银行农产品供应链金融模式。本书设计了具备可信数据存储、智能合约、二次开发、Dapp 与 Web 应用、数据隐私与安全保障等功能的基于区块链的商业银行农产品供应链金融平台，并分析了其业务逻辑，以该平台作为基础构架，构建了不动产抵押增信、动产质押增信、第三方担保增信、信用增信四种商业银行农产品供应链金融模式，有效解决了传统农产品供应链金融还款来源的自偿性保障不足、质押农产品价值不确定性高、授信额度与融资需求匹配性低、农业核心企业信用不足等方面的问题。此外，本书构建了三方演化博弈模型，并对上述四种模式进行了稳定性分析，为构建商业银行农产品供应链金融的良好运营生态提供了有力保障。

其次，构建商业银行农产品供应链金融模式服务能力评价模型。本书以商业银行农产品供应链金融模式服务能力的影响因素为切入点，科学全面地构建了包括 4 个一级指标和 12 个二级指标的商业银行农产品供应链金融服务能力评价指标体系，并利用结构方程模型刻画指标权重，在评价数据模糊处理的基础上得到服务能力评价结果，最终形成商业银行农产品供应链金融模式服务能力评价体系，并以 ZG 银行某地市分行为例，对其模拟运行四种新型模式进行能力评价，最后基于评价结果提出了商业银行对四种模式进行信贷额度配置的策略建议。

再次，设计商业银行农产品供应链金融"模式—能力—客户"匹配度测度的指标体系。本书在综合考虑四种供应链金融模式、农业经营主体特征、双边匹配决策特点的基础上，从商业银行和客户视角设计了匹配度测度指标体系，利用模糊综合评价法对双边满意度偏好进行计算与排序，为双方提供了更精确、有效的对接方式，为开展匹配提供了坚实的基础。

最后，基于双边匹配理论创新构建商业银行农产品供应链金融"模式—能力—客户"匹配模型。本书阐明了商业银行农产品供应链金融"模式—能力—客户"匹配的机制，利用多目标规划方法构建了"模式—能力—客户"匹配的优化模型，通过实例研究验证了四种新型供应链金融模式与农业经营主体双边匹配的可行性、有效性，有效克服了商业银行农产品供应链金融中存在的资源错配问题。

第2章

02 Chapter

文献综述与相关理论

本章界定本书研究的相关概念，综述相关文献，并介绍相关理论。首先，为保证研究的科学性和模型构建的合理性，本章对研究涉及的农业经营主体、供应链金融、农产品供应链及商业银行服务能力等主要概念进行界定，明确研究的对象和范围。其次，针对本书的科学范畴，本章从涉农金融问题、农产品供应链金融模式、商业银行服务能力评价、双边匹配问题研究等角度进行文献回顾，旨在了解当前商业银行农产品供应链金融领域的最新研究进展和潜在问题，为后续研究提供有力的参考和借鉴。再次，本章对与本书研究相关的基础理论进行了介绍，强化对后续研究内容的理论支撑和指导，提高论文研究的严谨性和系统性。最后，本章提出本书所依托的理论分析框架，为后续研究内容的展开奠定坚实的基础。

2.1 概念界定

2.1.1 农业经营主体

在长期的农村发展历程中，中国农村一直以小规模家庭经营为主体，这种分散的农业生产方式导致了生产效率相对较低，难以形成规模经济效应，制约了农产品的市场竞争力（宋洪远等，2020）。随着中国经济的不断发展和人民生活水平的普遍提高，人们对农产品的数量和质量要求也越来越高。同时，随着家庭经营方式的突破和创新，适度规模化的经营模式开始在农村崭露头角。2008年，党中央顺应这一中长期发展趋势，政策上开始支持土地承包经营权的多样化流转，如转包、互换、出租等方式（刘守英，2022；李铜山等，2019），这促进了土地的市场化流转，提高了土地利用率，同时也吸引更多有经济实力和管理能力的新型经营主体参与到农业生产中来。2013年党的十八届三中全会进一步明确了对专业大户、家庭农场、农民合作社及农业企业这些新型农业经营主体的支持，鼓励他们利用市场机制获取土地承包经营权并实施适度规模化经营（李星光等，2023）。上述措施的实施加速了传统农业向现代农业的转变，提高了农业的整体生产效率（侯银萍，2021；钟真，2018）。2018年《中共中央 国务院关于实施乡村振兴战略的意见》（以下简称"2018年中央一号文件"）首次将乡村振兴战略上升为国家层面的战略任务，随后的中央经济工作会议再次强调要培育家庭农场、农民合作社等新型农业经营主体，促进农业产业化和现代化发展（陈军等，2021）；2019年《中共中央 国务院关于坚持农业农村优先发展做好"三农"工作的若干意见》（以下简称"2019年中央一号文件"）继续深化了这些政策，提出要促进小农户和现代农业发展的有机结合，表明我国政府正致力于通过政策引导和支持，提升整个农业产业链的效率和竞争力。

因此，本书研究的农业经营主体不局限于传统的自耕农，还包括种植大户、农业合作社、农业企业及农业产业链上的各个参与者，他们通过土地流转和资金的集中投入，实现了规模化经营，提升了生产效率，改善了农产品的质量和品牌形象（王文龙，2019），作为推动中国农业现代化的中坚力量，承担着农业生产的各个阶段、整合农村各个行业、组织小农进入农业产业化经营轨道等重要任务（孔祥智，2020）。但与此同时，考虑到农业经营主体规模化经营使得投资周期延长、资金周转需求加大的情况，其所受到的融资约束会进一步加剧。因此，解决农业经营主体的融资难题，特别是通过商业银行的农产品供应链金融模式创新，打破资金瓶颈，对于推动中国农业现代化有着至关重要的意义。

2.1.2 供应链金融

在西方发达国家，供应链金融与其他金融业务同步发展，它的起源可以追溯到19世纪中期的存货质押贷款业务。在工业革命的推动下，生产和商业活动不断蓬勃发展，企业对资金的需求也越来越大。为了应对企业短期融资的需求，金融机构开发出了一种基于实物商业贸易的融资方式，这种业务模式有效地缓解了企业的资金问题，并促进了商业贸易的顺利进行。随着现代信息技术和物流企业的深入参与，供应链金融逐渐演变成为更加多样化和复杂化的金融服务形式。现代供应链金融不仅包括存货质押贷款，还涵盖了预付账款融资、应收账款融资等多种形式。通过整合供应链上游和下游企业的金融需求，金融机构能够提供更为灵活和个性化的融资方案，进一步促进了供应链的畅通和企业的发展。在2008年美国次贷危机期间，供应链金融发挥了重要作用，帮助企业渡过资金链断裂的难关，更加促进了供应链金融的快速发展。

吉伦等（Guillen et al.，2007）、威廉（William，2008）重点研究了供应链金融流动性的优化、风险减轻、成本削减、关系加强、技术利用等几个关键点。兰德尔（Randall，2009）、伍特克等（Wuttke et al.，2013）认为供应链金融的宗旨在于密切融合供应方、需求方及金融服务提供者，并借助对资金流动的即时跟踪和控制，提升供应链资金流的透明度，优化金融成本结构，还能有效缓解存在于银行与企业间的信息不对称问题。2006年6月，平安银行在国内首次提出了"供应链金融"概念，并根据自身在这一领域的实践经验对其进行了定义。供应链金融被定义为对一个产业供应链中核心企业及其上下游多个企业提供全面金融服务的模式（宋华，2019），通过整合物流、信息流和资金流，将供应链上的各个主体相互捆绑在一起，形成一体化协作的关系，增强供应链上各个环节之间的合作和协调，提高运营效率和利润率。在这一体系中，商业银行发挥着关键的角色，它通过对整个供应链的了解，为各个环节的企业量身定制金融产品和方案，满足其不同的融资需求，从而促使供应链所有主体形成互惠共生的局面（Jiang et al.，2017）。

因此，本书认为供应链金融的核心在于整合各种资源和流程，关注供应链全局的运作和效益，通过全面的风险评估和严密的运作协调，帮助企业应对市场挑战和风险，提升供应链效率和企业竞争力，这种综合性的系统性融资安排，以未来现金流作为直接还款来源，为企业提供了更为灵活和可持续的融资支持，促进了供应链各方主体间的合作和共赢，推动整个产业链的良性发展（宋华等，2018）。

2.1.3 农产品供应链

国内关于农产品供应链问题的研究起步较晚，21世纪初期，国内学者将农产品供应链界定为从生产、加工到销售各个环节相互关联的一体化网络系统（陈勇强等，2021）。这一概念涵盖了农作物的种植、收割、储存、加工、包装、运输、分销以及最终的零售等步骤。农产品供应链不仅考虑物理流动，还包括信息流和资金流，其优化目的在于降低成本、提高效率、确保产品质量和响应市场需求（谭砚文等，2023）。

农产品供应链相较于非农产品供应链有自己的特点。第一，农产品本身具有鲜嫩易腐、种类多样、不均质、用途多样的鲜明特点。随着人们对食品安全和品质的关注不断增高，农产品的质量和安全问题越来越突显。例如，农产品中可能存在着农药残留、重金属污染等问题，需要在供应链中加强质量监管和检测控制（张喜才，2022）。第二，参与主体有特殊性。农民是农产品供应链的生产主体，农民的生产生活习惯还和现代化生产不匹配。在中国，数千年以来形成的小农经济模式还没有得到根本改变，农民的生产技能、管理观念、市场意识等方面还存在一定的瓶颈。因此，农产品供应链管理面临着农民素质提升、农业机械化、现代农业技术推广等方面的挑战。第三，农产品供应链的生产与加工过程要求高。农产品的加工工艺、设备和环境要求较为复杂。例如，果蔬的加工需要保持适当的温度、湿度和时间，在不同的季节和气候条件下会有不同的加工要求。此外，农业产业的周期性特点也给加工环节带来了一定的难度，旺季时加工能力需要迅速提高，而淡季时加工设施则可能闲置（蒋伯京等，2022）。

第四，农产品供应链中的消费环节具有一定的特点。相比于其他非农产品，农产品的消费者分布广、需求量少、价值低。单个消费者对于单类农产品的需求量较少，单次购买的价值相对较低。这就要求农产品供应链在销售环节中需要有较好的协调和整合能力，以确保农产品的销售和售后服务能够达到客户的满意度（祁峰等，2020）。

鉴于农产品供应链以上特征，农产品供应链管理的基本目标就是保证农产品质量安全和农产品品质优良。相较于非农产品供应链，农产品供应链涉及主体和不确定性因素更多，其供应链网络更加复杂，商业银行在农产品供应链金融模式创新中需要深入理解农产品供应链管理的基本目标和特征，通过创新业务模式、加强技术应用和合作共建等方式，积极应对农产品供应链的复杂性和不确定性，推动农产品供应链金融的健康发展，实现金融机构和实体经济的双赢。

2.1.4 商业银行服务能力

商业银行服务能力一般是指商业银行在提供信贷等金融服务过程中，综合运用各种资源以满足市场需求、控制信用风险并实现盈利目标的能力（胡海峰等，2023）。这里所说的资源不仅包括财务资本，还包括人力资源、技术、信息和管理等各方面的资源。服务能力反映了商业银行如何通过业务管理手段，实现资产与负债的优化匹配，确保资金的合理流动与高效使用。

具体而言，商业银行服务能力可以从以下几方面来界定。第一，业务创新能力，包括开发新产品、改进和优化现有服务，以适应快速变化的市场需求。商业银行按照客户需求，根据市场趋势和技术进步开发具有差异化和竞争优势的金融业务（胡文涛等，2019），提高服务有效性，并在市场中保持竞争优势。第二，强化客户服务能力，实现高效的客户关系管理是商业银行可持续发展的基础（刘春航，2021）。通过建立良好的客户关系，可以帮助银行深度了解客户需求和偏好，为客户提供个性化的金融产品和服务，提升客户满意度和忠诚度，建立稳固的客户关系也有利于扩大客户口碑和品牌影响力，吸引更多潜在客户，推动市场份额和盈利能力增长。第三，还包括适应数字化时代发展趋势的金融科技应用能力，金融科技的应用可以提高服务效率、优化产品设计和风险管理，也能够拓展业务渠道和增强客户体验（林骅，2020）。商业银行积极采用区块链、大数据分析、人工智能等前沿技术，以提升业务处理速度、提高风险识别能力（杨望等，2020）。人工智能技术可以用于自动处理客户查询和解决问题，提供全天无间断的服务支持，区块链技术可以用于加强交易的安全性和透明度，提高支付结算的效率。第四，商业银行的风险管理能力是确保资产安全和稳健运营的关键，这包括识别、评估和控制信用风险、市场风险、操作风险等各类风险（郑宗杰等，2022）。通过有效的风险管理，商业银行能够保护客户的资金安全，维护金融体系的稳定运营。

综上所述，商业银行服务能力是指其在业务创新、客户服务、科技应用和风险管理等方面的能力，在运营农产品供应链金融模式时，商业银行可以根据其不同业务模式的服务能力水平，合理配置不同业务模式的信贷额度，在兼顾农村普惠金融目标的同时，最大限度地发挥自身优势，以期获得更加稳健和持续的收益。

2.2 文献综述

农业是国民经济的基础，而金融则是推动经济发展的重要手段。然而，在农村地区，由于信息不对称和高风险等问题，金融服务的供给往往不足。而农产品供应链金融通过整合供应链上下游企业的信息，降低了信用风险，提高了金融服务效率，帮助解决农业生产和销售过程中的资金问题，从而推动农业的发展。作为农产品供应链金融服务的主要提供者，商业银行的服务能力强弱直接影响到农业的发展。因此，本书选择了涉农金融问题、农产品供应链金融模式、商业银行服务能力评价、双边匹配问题研究等角度，对国内外相关研究文献进行了综述，旨在为后续研究提供丰富的理论资源和实践经验，并找出当前领域存在的问题和不足之处，为后续研究提供方向指引。

2.2.1　涉农金融问题的研究现状

目前，学者们对农村金融领域的抑制现状及成因开展了广泛研究，并针对农村金融服务存在的诸多问题，探讨了推动农村金融发展的重要突破点，其中包括发展农产品供应链金融，以及推动金融科技应用、完善农村信用体系等建议。这些研究为商业银行基于金融科技开展农产品供应链金融业务、完善农村信用体系提供了丰富的启示。

农村金融抑制的现状及其成因方面，2003年起，政府实施的一系列金融政策未能有效满足当下农村金融市场多样化的需求，未能改善农村金融服务供给滞后于需求的局面，存在明显的脱节现象（周连华，2005）。随着城市化进程的加速，涉农金融机构加速重组改制，削弱其支农支小、支持乡村经济发展的力度（罗知，2023）。国务院多次出台政策，鼓励和引导金融机构通过零售、批发等多种方式，着力扩大农村小额贷款投放，但相对于城市地区，农村地区的信用体系建设较为滞后，农民的信用状况评估较为困难，对小额贷款的投放存在一定限制（祖建新，2020）。而且相对于城市地区，农村地区的基础设施和数字化水平相对滞后，网络覆盖不完善、通信基础设施欠缺等问题限制了农村地区开展金融科技业务的效率和便捷性（吴越菲，2022）。张林等（2023）、邓纲等（2023）指出金融资本在追求利润和规避风险的属性下，更倾向于投资低风险、高收益的领域，难以满足农业领域的特殊需求。此外，农村地区的土地使用权等资产较为特殊，农民往往面临不稳定的土地使用权和产权保障问题。这些问题共同导致农业生产中普遍存在严重的金融抑制现象，限制了我国农业的可持续发展和现代化进程。

为解决农村金融抑制的问题，学者们对农村金融发展创新开展了广泛的研究。主要集中在以下几个方面。一是农产品供应链金融的发展。许玉韫等（2020）认为农产品供应链金融通过农业生产、加工、流通等各个环节建立与农产品相关的融资渠道，为农业经营主体提供了更多融资机会。付玮琼等（2021）指出农产品供应链金融可以通过建立信息共享机制、引入风险分散和担保机制等方式来解决融资难等问题。徐鹏等（2021）认为，通过供应链金融平台，农业经营主体可以更直接地与金融机构对接，金融机构也能更好地了解整个供应链的运作情况。二是推动金融科技应用。通过金融科技的应用，农村金融机构能够汇聚庞大的数据资源，利用智能风控模型、大数据等技术，更迅速、更精准地评估借款人的信用情况，有效降低不良贷款率。刘光星（2020）提出区块链技术可以帮助建立农产品溯源体系，确保产品质量和安全，有效应对农产品交易过程中存在的不确定性和信息不对称问题。三是完善信用体系建设。提高金融资源配置效率和社会效益的有效途径之一是构建符合当地实际、合理的农村信用体系。权飞过等（2021）指出，完善农村信用体系可拓展金融服务多样性，推动多层次服务并提高服务质量和用户满意度。

综上所述，当前学者们对农村金融领域的抑制现状及成因展开了广泛研究，提出了推动农村金融发展的重要突破点，如发展农产品供应链金融、推动金融科技应用、完善农村信用体系等。这些研究为本书下一步分析传统农产品供应链金融模式的问题，以及构建新型农产品供应链金融模式提供了丰富启示。

2.2.2 农产品供应链金融模式的研究现状

农产品供应链金融模式的研究是近年来农村金融领域的热点之一，涉及农业生产、金融服务和供应链管理等多个领域。这一研究方向主要围绕着农业产业链条中各个环节的金融需求和金融服务，旨在探索如何通过金融手段促进农产品供应链的高效运作、降低风险和提升效益。

基于参与主体角色视角的研究，常玉栋（2019）指出，大部分国有银行和股份制商业银行已深入参与农产品供应链金融业务，该领域的快速增长成为各银行的新增利润来源，具有巨大的发展潜力。同时，申云等（2018）提出国内大型物流企业和新兴的现代化供应链管理服务公司应依托核心优势与银行紧密合作，共同开发并提供创新产品。谢世清（2013）梳理了国际供应链金融三种典型的组织模式（物流企业主导模式、企业集团合作模式、商业银行服务模式），提出了对我国更好地开展供应链金融业务的意见建议。刘露等（2021）、董翀（2020）认为供应链金融模式就是供应链金融要实现的目标和渠道的总和，主要表现为金融机构主导的传统供应链金融、核心企业主导的供应链金融新模式、金融科技运用下多主体协同的供应链金融网络。

基于供应链运营模式视角的研究，杨军等（2017）阐述了农产品供应链金融服务的主要业务模式，包括采购阶段的预付账款模式、运营阶段的动产质押模式、销售阶段的应收账款模式。赵晟莹等（2020）、章玲超等（2019）论述了应收账款模式的运作机制，其本质是上下游中小企业将未到期的应收账款债权质押给商业银行或其他金融机构。白世贞等（2013）、程帆（2016）认为存货质押融资模式中企业将其库存商品或原材料作为质押物，以换取金融机构短期贷款额度，这种模式允许企业在未取得存货销售收入的情况下，利用其存货的潜在价值来增强现金流量。刘达（2016）认为预付账款融资模式的优势体现在企业收到资金的时间点前移，可以有更多的灵活性去应对市场波动、调整生产计划，乃至争取折扣价购买原材料等策略性财务举措，该模式适用于那些具有较长生产周期、需要较大前期资本投入的融资主体。

基于新技术应用视角的研究，吴江等（2023）、王宏宇等（2021）、孙睿等（2022）均提出技术进步推动了农产品供应链金融模式创新和风险管理，随着区块链、物联网、大数据等前沿技术的融合应用，金融科技的加速发展对农产品供应链金融的发展产生了深远的影响，能解决农产品供应链金融信息不完整和信息不对称等业务痛点，激发农产品供应链金融的创新活力。李小莉等（2023）认为，通过物联网、区块链等技术的应用，农产品供应链金融能够实现信息互通、交易可信、风险可控，提升运营效率和风险管理能力。邹建国（2023）指出金融科技推动了农产品供应链金融与农业经济的深度融合，为供应链上下游企业提供更便捷、灵活和多样化的融资服务，助推农村经济发展。

其中，区块链技术应用方面，吴江等（2021）、宋晓晨等（2022）关注如何将区块链技术与供应链金融模式相结合，以优化农产品流通和金融服务。通过建立基于区块链的供应链金融平台，可以实现对农产品流通全过程的信息追溯和监管，提高农产品的质量和安全性。同时，利用智能合约和数字货币等技术，可以实现供应链上的资金流动和结算的自动化，提高交易的效率和透明度。刘光星（2020）提出区块链技术可以帮助建立农产品溯源体系，确保产品的质量和安全，有效应对农产品交易过程中存在的不确定性和信息不对称问题。苗家铭等（2021）分析了区块链在农业供应链金融中的应用场景以及面临的挑战。荀延杰（2020）分析了区块链在农业市场供应链金融风险的应用，探究了"区块链+农业供应链金融"的优势。王宏宇等（2021）通过农业银行实际案例分析了区块链技术在农业供应链金融信息核实中的作用，发现区块链技术有助于打破农业供应链金融的信息壁垒，破除金融机构难以准确核实信息的难题，有助于金融机构建立科学的风险预警机制。

综上所述，目前农产品供应链金融模式的研究涵盖了农业生产、金融服务和供应链管理等多个领域。学者们关注供应链上的各个环节的金融需求，旨在促进农产品供应链的高效运作、降低风险和提升效益。学者们从参与主体角度、供应链运营模式和新技术应用视角展开探讨，分析了多种业务模式，如预付账款模式、应收账款模式、存货质押融资模式等。同时，金融科技的发展，尤其是区块链技术的应用，为优化农产品流通和金融服务提供了新思路和解决方案，促进了农产品供应链金融模式的创新发展。

2.2.3 商业银行服务能力评价的研究现状

商业银行的服务能力为其信贷额度配置提供了一种评价和决策依据，当一个业务模式展现出较高的服务能力时，这通常意味着该模式更有效地利用了商业银行的资金、技术、人才等资源，有力地支撑了商业银行的盈利目标。因此，基于服务能力的评估结果，商业银行对未来的信贷资源分配可以作出相应的调整，继而在服务能力约束下实现最优的商业银行信贷模式供需双边匹配。

在当前学术研究中，学者们对商业银行服务能力评价展开了广泛的研究。在能力评价指标及影响因素方面，学者们围绕商业银行服务实体经济的能力、普惠金融能力、支农能力等角度对商业银行服务能力进行评价。李健等（2019）从公司治理、收益可持续、风险管控、运营管理、服务能力、竞争能力、体系智能化、员工知会能力和股本补充能力九个方面，构建了商业银行高质量发展评价指标体系。张丽（2020）综合考虑数据可得性和建模有效性，最终确定履职能力、风控能力、盈利能力三个维度17个二级指标的银行服务能力评价指标体系。赵碧莹（2019）通过对国内外有代表性的商业银行在规模、盈利能力、风险控制能力等指标方面进行比较分析，提出商业银行增强竞争力必须以效益为中心、以客户为主导，提高经营管理水平和业务创新能力。冯兴元等（2024）指出银行服务能力受到稳健经营能力、产品和服务创新能力、同业竞争、宏观经济因素、政策因素、社会信用环境、金融基础设施等因素的影响。姚晓琳（2022）提出银行服务的创新性、融资成本、金融科技的应用程度是影响商业银行服务能力的重要因素。邓翔等（2022）提出从收益性、成长性、流动性和风险性四个方面构建二级指标，考察商业银行的经营状况。

学者们采用了多种主流方法，以全面、准确地评估其服务能力。（1）熵值法被用来确定各项指标在评价体系中的权重。在商业银行服务能力评价中，熵值法可用于衡量各项指标的分散程度，进而确定其对系统的作用大小。通过计算信息熵值，可量化评估每个指标的重要性，借助差异系数确定指标的权重，从而更准确地评估商业银行的服务能力。（2）因子分析法被用来描述商业银行服务能力指标之间的关系，将相关的指标划为同一类别，并通过线性组合得到综合评价。商业银行的服务能力涉及多个方面，如客户满意度、风险管理能力等，因子分析法能够帮助将这些复杂的指标体系化、简化，从而更好地评价商业银行的服务能力。（3）AHP层次分析法通过建立层次结构，将不同因素之间的重要性进行比较，从而确定各指标的权重，并最终得到统计分值。在商业银行服务能力评价中，AHP层次分析法可以帮助决策者根据各指标的相对重要性，更科学地确定服务能力的评价标准，提高评价结果的准确性和可信度。（4）组合赋权法，如熵值和层次分析结合、熵值和TOPSIS结合等，以进一步提高评价方法的准确性和有效性。在商业银行服务能力评价中，组合赋权法能够综合考虑不同评价方法的优势，从而更全面地评估商业银行的服务能力。

综上所述，当前商业银行服务能力评价的研究涉及公司治理、风险管控等多个方面。学者们通过构建评价指标体系、采用熵值法、因子分析法、AHP 层次分析法和组合赋权法等多种评价方法，对商业银行服务能力进行全面、准确的评估。这些研究为本书基于商业银行服务能力评价结果配置信贷额度提供了重要参考。

2.2.4 双边匹配问题的研究现状

商业银行农产品供应链金融模式的供需匹配是在商业银行与农业经营两个主体之间进行相互选择，是通过某种科学合理的方法或措施实现双边主体的相互匹配过程，可以看成双边匹配问题。双边匹配问题是指匹配决策者如何在两个不相交的主体集合中根据各主体针对潜在匹配对象所给出的偏好信息来确定合适的匹配结果。最早研究匹配概念的是美国学者盖尔和沙普利（Gale & Shapley），他们在 1962 年发表的文章中根据实际问题提炼出了婚姻匹配和学生入学匹配的决策问题，该研究被视为双边匹配决策思想的萌芽。此后，双边匹配理论在多个领域中具有广泛应用，如教育系统中学生与学校的匹配、劳动市场中的求职者与职位匹配、婚姻安排、公共住房分配等。这些应用展示了双边匹配理论在优化社会资源配置、提高效率和公平性方面的重要价值。

在国内经济管理等领域，双边匹配理论的应用深入风险投资、企业并购等各个实际操作层面，对提高经济运行的效率和公平性具有重要作用。针对国有企业引入非国有资本的难题，霍晓萍等（2020）提出基于国有资本与非国有资本两个不同经济主体参与改革的利益诉求，构建国有企业引入非国有资本的双边匹配模型，将国有企业引入非国有资本的单边搜寻行为转变为二者双边匹配过程。在教育领域中，刘桔等（2020）针对导师和研究生形成的一对多双边匹配问题，建立稳定匹配条件下最大化师生整体感知满意度的双边匹配决策模型。在区域支援机制方面，文雷等（2022）基于双边匹配理论构建了使支援方与受援方双方利益最大化的东西协作对口支援机制，以期能够克服对口支援中存在的资源错配问题。万树平（2014）根据现实风险投资商与投资企业双边匹配问题的特点，构建了具有不同类型信息的风险投资商与投资企业双向选择的多指标评价匹配模型，给出了一种多指标双边匹配决策方法。于棋（2021）运用双边匹配理论，分析PPP模式中政府方和社会资本方的合作博弈问题，基于双方匹配特征构建决策模型，对形成稳定结果的不同匹配机制进行分析。杨洋（2020）以政府PPP项目匹配供应商和第三方监管机构为研究背景，以三边匹配的理论方法为基础，基于三方主体给出的多指标偏好评价信息，构建了政府PPP项目的三边最优稳定匹配模型，并给出了匹配决策步骤及方法。在创新创业环境中，张淑惠（2024）等以孵化器与入孵企业为研究对象，基于双边匹配理论分析双方在不同偏好特征下的互选匹配机制，提出孵化器与创业企业形成稳定匹配对促进创业企业成长和创新生态系统构建具有重要作用。

总体来看，双边匹配理论的应用不断拓宽，为各种经济活动及其管理提供了科学化、系统化的解决路径，增进了经济活动的内在逻辑和效率。这一理论框架也为本书商业银行农产品供应链金融模式与客户双边匹配的构建提供了思路和借鉴，以确保在供应链金融信贷资源分配过程中实现双方利益的最大化。

2.2.5　国内外研究现状评述

总体来看，国内外对涉农金融问题、农产品供应链金融模式、商业银行金融服务能力评价、双边匹配问题等方面都进行了大量的研究，且均取得了较大的进展。这些都为本书下一步深入研究商业银行农产品供应链金融模式构建、农产品供应链金融能力评价和模式实施的匹配机制提供了坚实的基础，但是，目前的研究对于解决本书提出的研究主题还存在以下不足。

第一，解决农村金融抑制的研究在实际操作层面仍缺乏具体的实施方案和路径。首先，相关研究在理论层面提出了创新思路，但理论与实践之间存在脱节现象，在农村复杂的经济和社会环境中难以落地，限制了研究应用的实际效果。而且，研究多集中于宏观层面的政策建议，缺乏对不同地区、不同类型金融机构在发展中的差异化需求的深入分析，未能提出针对性强的解决方案。其次，信用体系建设的研究虽然提出了不少改进措施，但对如何克服农村地区信用数据不足、信息不对称以及如何激励农户参与信用体系建设等问题，缺乏深入探讨。最后，关于农产品供应链金融的研究，尽管有学者提出了信息共享、风险分散等机制，但在如何具体构建这些机制以适应多变的市场环境方面，研究尚不够深入。

第二，区块链技术与农村金融服务的融合仍处于早期阶段，需要进一步的研究来明确构建框架和实施逻辑。在当前金融科技快速发展的背景下，应用区块链、大数据和人工智能等技术手段来促进农村金融模式的创新和发展已经引起了学者们的广泛关注，学者们也注意到了区块链技术为农村金融发展带来的机遇，部分学者研究区块链引入供应链以及金融领域的作用机理，但对于如何将区块链技术创新融入农产品供应链金融模式设计的研究还相对不足，基于区块链的新模式构成、运行机理等方面的研究也尚未有深入探讨。那么，分析如何将这些新兴技术有效地结合到农村金融实践中，以及合理有效地实现基于区块链的农产品供应链金融业务运行，成为非常重要的科学问题。

第三，农产品供应链金融模式研究中缺乏综合考量商业银行与农业经营主体偏好的研究。目前对农产品供应链金融模式的研究主要有两个出发点：一方面是从农业经营主体的角度出发；另一方面则是从商业银行的角度出发。前者的逻辑是针对农业生产特点提出农业经营主体的融资需求，并由此推导商业银行应当提供怎样的金融服务；而后者的逻辑则是由商业银行自身的发展情况出发，评估其服务能力，以此决定应当提供何种农产品供应链金融服务。这两种研究逻辑存在明显差异，前者强调提供无抵押、低利息、小额信贷，而后者偏向于追求高收益、低风险、规模化运营。因此，农村金融市场的供求不一致成为导致农村金融服务矛盾的焦点。目前尚未有研究将农产品供应链金融模式置于商业银行服务能力的约束条件下，并从客户满意度的角度进行整合和匹配的研究。与此同时，双边匹配理论在很多领域已经得到研究结果，但是该理论在商业银行信贷业务领域的应用研究却非常有限。基于此，本书试图扩展双边匹配理论的应用领域，在充分吸收前人研究成果的基础上，将"双边匹配"应用于研究商业银行农产品供应链金融模式中商业银行与农业经营主体的决策，这一概念的引入为农产品供应链金融模式的实施提供了新的思路和方法。

因此，本书将在前人研究的基础上，结合区块链技术，旨在设计出一种既能满足农业农村生产特点、匹配商业银行服务能力，又能满足农业经营主体需求的新型农产品供应链金融模式，推动农村金融向现代化、智能化发展迈进，进一步满足和促进农村地区的金融需求，为农村金融带来新的发展机遇，从而更好地支持农村经济和农民生活的发展，为"三农"服务，为乡村振兴服务。

2.3 相关理论基础

2.3.1 农村金融理论

对农村进行信贷补贴是20世纪70年代最流行的农村金融理论。这一理论认为，考虑到小农经济的特点——农村居民没有足够的储蓄能力，农业投资周期长、收益低、风险高，这些特点导致商业性金融资本远离涉农融资对象，因此需要政府对农村信贷给予补贴。在这一理论的指导下，发展中国家在20世纪70年代成立了大量的农业政策性金融机构，将大量资金注入农村。初期，在农村地区提供低息信贷资金的确促进了农业生产的增长，但是随着研究和实践的发展，这一理论的问题也开始显现。首先，由于农民能够持续获得低息信贷，因而农民没有增加自己储蓄的激励，导致政策性银行演变成财政转移支付（Braverman et al.，1991）。其次，低息贷款存在对非目标受益人获得贷款的激励，从而破坏了信贷计划目标的实现（Adams et al.，1984）。所以农村贫困人口并不是低息贷款的主要受益人，廉价贷款的补贴被集中转移到使用大笔贷款的比较富有的农民身上。再次，政府支持的、不具有经营责任的政策性农村金融机构缺少有效监督其借款者投资和偿还贷款的动机，造成经营亏损严重。最后，农村信贷机构缺少可持续发展的能力。鲁坦（Ruttan，1986）认为农村地区更需要的既不是贷款也不是储蓄，而是建立一种可持续发展的金融机制。

20世纪80年代以来，随着爱德华·肖（Edward Shaw）和罗纳德·麦金农（Ronald McKinnon）的金融抑制、金融深化理论得到学术界的认可，减少政府对农村金融市场的干预，构建一个完善的金融市场成为农村金融研究的学术主流。首先，农村金融机构作为地区内的主要金融中介，其首要任务是动员和利用农村储蓄，农业经营主体不仅是服务的对象，更是储蓄的主要来源，充分调动农村地区的储蓄潜力是提高金融机构服务效率的基础（Stiglitz et al.，1983）。其次，农村金融市场的利率政策应由市场决定，以真实反映资金的供求关系（Gilbert et al.，1988）。最后，金融机构的经营决策应当尽量减少外部干扰，同时评估其持续经营能力和资金流量管理，这是衡量农村金融体系效率的关键指标。但是过分强调市场功能，其功效也同样遭受质疑。例如，市场定价的高利率成本和缺少担保品仍然会使农业经营主体面临融资困境（Braverman et al.，1990）。

随着研究的深入，学者对农村金融市场存在的问题逐渐形成共识。尤其是"不完全竞争市场理论"的确立，使学者们充分认识到，由于信息不对称，农村金融市场是一个典型的不完全竞争市场。这种信息不对称主要表现为缺乏信用评价的工具，导致信用信息无法在银行、政府、农业经营主体之间传导（Boucher et al.，2005）。所以，农村资金需求仅仅依靠市场要素是无法得到满足的，政府对农村金融市场的介入和干预是必不可少的。但是不同于"农村金融理论"，这种干预必须是体制性或机制性的，能够克服农村金融市场的缺陷，提高农村金融市场的效率（Karla Hoff et al.，1997）。现在，学界普遍认为农村金融发展应在市场机制主导的基础上，通过制度性干预来弥补市场缺陷，从而实现效率与公平的有机统一。

该农村金融理论为本书中商业银行农产品供应链金融模式构建与运行提供了理论框架，对于商业银行解决农业经营主体的融资约束问题具有较为重要的实际指导意义。

2.3.2 委托代理理论

在信息经济学中，委托代理理论自1973年由罗丝（Ross）首次提出以来，成为引领学术研究的重要理论范畴。该理论的核心思想在于如何通过设计最优契约，来引导代理人在行动中兼顾并维护委托人的利益。在委托代理关系中，代理人往往处于信息优势的地位，而委托人则相对处于信息劣势。由于双方都致力于最大化自身利益，信息优势方不太愿意与信息劣

第2章 文献综述与相关理论

势方分享信息,这导致了双方信息的不对称,从而构建了委托代理关系。在信息对称的情况下,委托人能够更准确地评估代理人的能力和表现,实现有效监督和控制代理行为。然而,在信息不对称的情况下,委托人无法获得代理人真实的信息和动机,导致代理人可能选择隐藏信息、追求个人私利或采取不当行为,增加了道德风险和代理成本,进而挑战委托人的利益保护和风险管理能力。

委托代理理论的基本假设条件有三点。首先,委托人和代理人都是有限理性的个体,即在信息不完全和认知受限的情况下作出决策。他们可能无法获取全部信息或进行全面的理性分析,因此在行为中存在一定程度的有限理性。其次,委托人和代理人之间存在利益冲突,即双方的利益可能并不完全一致,代理人可能会追求个人私利或行为自利,而不一定以最大化委托人利益为目标,这种利益冲突是委托代理问题的核心。最后,委托人和代理人拥有不同的信息,代理人掌握更多关于自身能力、动机或行为意图的信息,而委托人无法完全获取这些信息,这种信息不对称是委托代理问题产生的根本原因。

逆向选择和道德风险在委托代理理论研究中占据着重要位置。首先,在提供融资服务时,商业银行会面临大量需要贷款的客户,而在信息不对称的情况下,商业银行难以准确评估客户的还款能力和意愿,由于客户可能掌握更多关于自身财务状况的信息,商业银行在选择贷款对象时容易产生逆向选择,选择了信用较差的客户,导致贷款违约率上升,进而影响商业银行的盈利能力和声誉。其次,道德风险对于商业银行也是一个重要挑战。在贷款过程中,贷款人可能会存在道德问题,如故意提供虚假信息或隐瞒风险,以获取更高额度的贷款或避免还款责任。这种道德风险使得商业银行在管理贷款风险时面临更大的不确定性和困难,贷款损失的风险也会相应增加。为了解决逆向选择和道德风险的问题,商业银行可以通过设定适当的激励机制,激励代理人积极履行职责并承担风险,建立起更加健康、稳定的委托代理关系,实现双方的长期合作与共赢。

在商业银行供应链金融中,商业银行、贷款中小企业和担保核心企业之间确实存在信息不对称的情况,形成委托代理关系。在该业务模式中,代理人的道德风险问题也是存在的,主要表现为贷款中小企业可能利用信息不对称优势进行的风险投资,而不是用于约定的经营活动,增加了银行贷款的违约风险。同时,担保核心企业可能因为对供应链中其他中小企业的控制力较强,忽视对这些中小企业财务状况的审查,进一步加剧了信息不对称和道德风险问题。因此,在商业银行供应链金融中,理解和管理委托代理关系以及代理人的道德风险问题,并据此采取合适的激励和约束措施,确保代理人的行为符合委托人的利益至关重要(周业付,2015)。

2.3.3 双边匹配理论

根据前述分析,目前学者们对于农产品供应链金融模式研究中存在着商业银行与农业经营主体之间的一定割裂现象,即有研究多是单向地仅从一方角度进行探讨。本书旨在突破这一局限,基于双边匹配理论,综合考虑商业银行和农业经营主体的需求与供给能力,尝试实现双方更合理、协调的信贷服务供需匹配。

信贷服务双边匹配的核心在于将资金供给方和需求方进行有效匹配,从而实现资源的最优配置和效率的提升。这一过程通常涉及双方对彼此的偏好和利益进行权衡,并在一定的规则和约束下作出决策。匹配目标通常围绕着实现两个主要准则:最大化双方满意度和确保匹配的稳定性。这意味着寻找一种配对方式,使得参与匹配的两组主体都能在可接受的范围内最大限度地获得满足,其中任何一方都没有动机去违背已经形成的匹配关系以追求更优的选择。具体来说,最大化满意度是通过理解各自的需求偏好,将对方的期望与自身的条件相结合,找到使双方都感到相对合适或收益最大化的配对方案;而稳定性则要求在形成的匹配中没有任一一对主体愿意并且能够脱离当前关系去形成一个新的、对双方都更优的匹配,保证了匹配结果的长期有效性和持久性。从总体上看,双边匹配问题旨在通过精心设计的配对机制,促成一个高效、公平和稳固的匹配结构,满足参与者核心需求的同时也维护整体系统的顺畅运作。

设有集合 A 和集合 B,两集合元素具有异质性,双边匹配的过程可以表示为一个函数 $f: A \times B$,其中 $f(a, b) = 1$ 表示 $a \in A$ 与 $b \in B$ 双边匹配成功,$f(a, b) = 0$ 表示双边匹配失败。在匹配的过程中,可能存在信不对称的情况，即 a 可能对 B 中的元素了解不足，或 b 对 A 中的元素了解不足。如果不存在一对 $a \in A$ 和 $b \in B$，使得它们倾向于离开当前的匹配并组成一个新的匹配对，则该匹配方案被称为稳定匹配。匹配过程如图 2-1 所示。

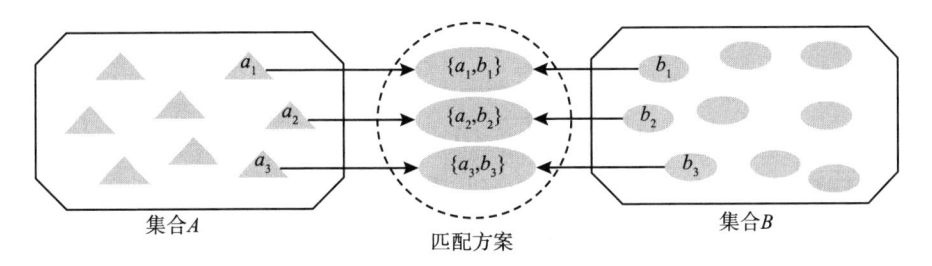

图 2-1 双边匹配问题图示

双边匹配理论为商业银行与农业经营主体间建立有效的合作关系提供了坚实的理论分析基础，通过精准分析双方具体需求与偏好，得出同时满足双方期望的匹配方案，为设计农产品供应链金融模式的供需匹配机制提供了重要参考依据。

2.4 理论框架

本书研究理论框架如图 2-2 所示。

首先，结合农村金融理论分析农产品及市场参与者的特性。通过深入了解农业产业链中的各个环节和参与者的需求和特点，结合委托代理理论，帮助理解商业银行与供应链上下游企业之间的信息不对称现象和代理关系，以进一步研究传统农产品供应链金融模式存在的局限性。通过对现有模式的缺陷和问题进行深入剖析，可以为构建新型供应链金融模式提供理论依据。

其次，在构建新型商业银行农产品供应链金融模式时，基于区块链并引入增信机制解决传统供应链金融模式中存在的问题。区块链作为分布式账本技术，实现了数据的透明性、不可篡改性和可追溯性，从而加强农产品供应链各方的信任和合作。增信机制的引入加强了农产品供应链金融系

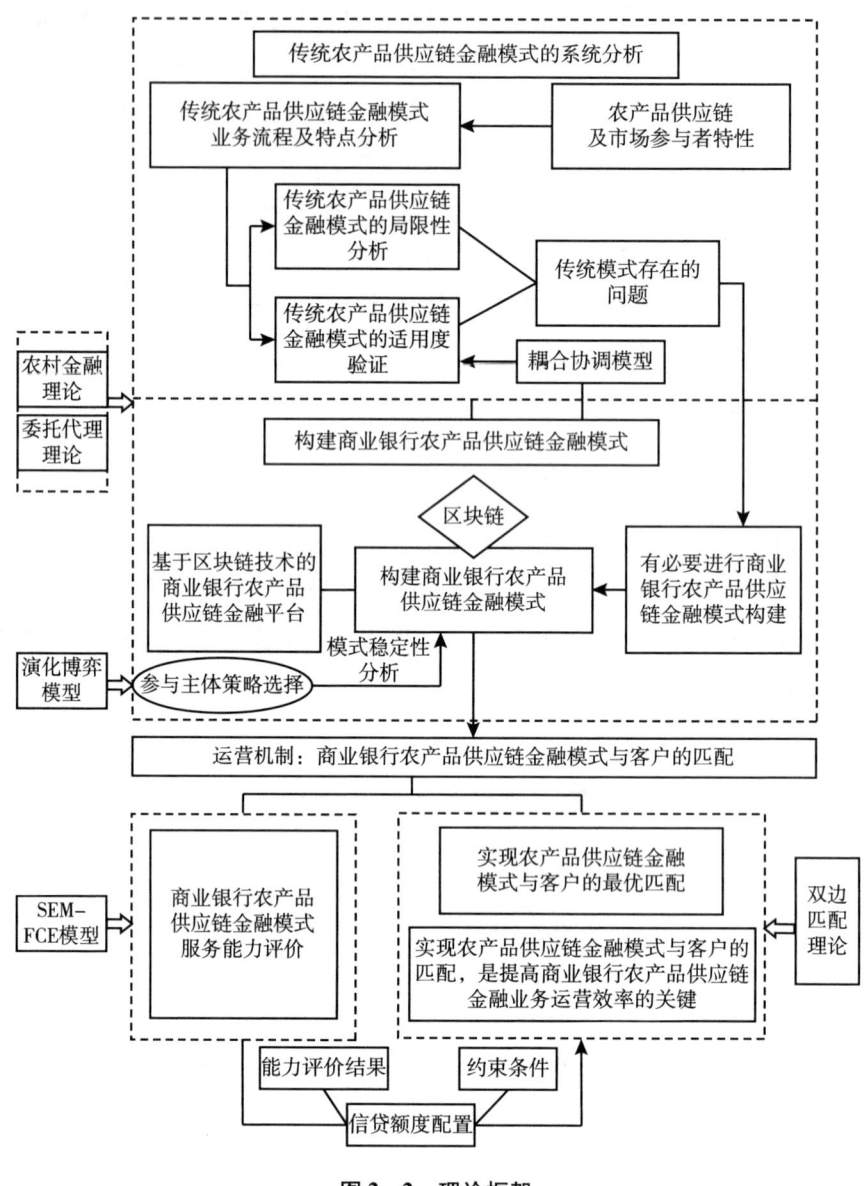

图 2-2 理论框架

统的信用保障，增强了商业银行对农业经营主体的贷款意愿和额度，有助于支持农业经营主体扩大生产规模、提高生产效率。通过运用区块链技术并引入增信机制，可以构建具有高效性、安全性和可信度的金融模式，进一步增加农产品供应链金融的效益和可持续发展。在此基础上，本书运用演化博弈理论对构建的商业银行农产品供应链金融模式中三方参与主体的行为策略进行分析，研究三方参与主体不同策略选择对整个系统的影响，分析系统的行为演化规律和演化稳定策略，为促进商业银行农产品供应链金融模式的稳定运行提供指导。

再次，作为农产品供应链金融服务的主要提供者，商业银行的服务能力强弱直接影响到农产品供应链金融的运作，本书通过结构方程—模糊综合评估模型（SEM-FCE 模型）构建商业银行农产品供应链金融服务能力评价模型。SEM-FCE 模型融合了结构方程模型（SEM）进行因果关系分析的优势和模糊综合评价（FCE）处理不确定因素和进行定性分析的能力，对四种不同的农产品供应链金融模式进行具体评估，客观评价商业银行服务能力在不同模式下的差异，进一步提出基于这些评价结果的信贷额度配置方法，帮助商业银行更有效地利用信贷资源，精确定位服务对象，增强银行服务的针对性和有效性，提高客户群体的规模和满意度，同时还能增强农产品供应链金融服务的整体绩效和回报。

最后，基于双边匹配理论，从匹配双方特征适配性角度进行分析，寻求"模式—能力—客户"的最佳匹配，基于不同商业银行农产品供应链金融模式引导农业经营主体按照实际需求进行匹配，加强商业银行金融资源和能力的协同一致性，提升商业银行与农业经营主体之间的合作效率，最终构建出一个更高效、更紧密协作的金融服务系统，最大程度促进农产品供应链金融效果。实现商业银行和农业经营主体的双边匹配，对于促进农产品供应链金融的良性循环、提高金融效率、扩大信贷覆盖范围，并推动农业可持续发展都将产生深远影响。

2.5 本章小结

首先，本章对农业经营主体、供应链金融、农产品供应链及商业银行服务能力等核心概念进行界定，这些概念为下一步分析和解决相关问题奠定了基础。其次，从涉农金融问题、农产品供应链金融模式、商业银行服务能力评价、双边匹配问题研究等多个角度对与农产品供应链金融相关的研究现状进行了综述，研究发现对于如何将区块链技术创新融入农产品供应链金融模式设计的研究还相对不足，也少有学者从双边匹配的角度研究商业银行农产品供应链金融模式的运营机制，这为本书开展服务能力约束下商业银行农产品供应链金融模式与农业经营主体双边匹配的研究打开了突破口。

第3章

03 Chapter

传统农产品供应链金融模式的系统分析

农产品供应链金融在实践中有效地缓解了农业经营主体的融资困境，并为农业产业化进程作出了积极贡献（蒋伯京等，2021），但传统农产品供应链金融模式在应用过程中仍存在不容忽视的局限性。本章以三种传统农产品供应链金融模式作为研究对象，在深入研究农业经营主体融资特性和传统农产品供应链金融模式的业务流程及应用特点的基础上，分析传统农产品供应链金融模式实践中存在的问题，并采用定性分析与定量评估相结合的研究方法，运用耦合协调度模型，检验了传统农产品供应链金融模式中存在的问题，揭示了传统农产品供应链金融模式在促进农村金融发展中所面临的挑战，为本书第4章构建新型农产品供应链金融模式提供了基础现状和经验支撑。

3.1 农产品供应链及市场参与者融资特性分析

3.1.1 农产品供应链特性分析

农产品作为人类生活不可或缺的食品和原材料,其供应链在确保食品安全和满足不断增长的需求方面扮演着关键角色。与其他工业品行业相比,农产品及其市场参与者具有一系列独特特征,这些特征为农产品供应链金融带来了独特挑战,因此在风险管理、资金调度和合作模式等方面需要制定特定的金融解决方案。并且,深入分析这些特性对于提升农产品供应链金融的效率和可持续性至关重要。本书以农产品生产、储存和销售阶段为切入点,深入研究农产品供应链金融的关键特点,为进一步剖析传统农产品供应链金融模式的局限性提供有益的启示。农产品供应链及市场参与者特性如图 3-1 所示。

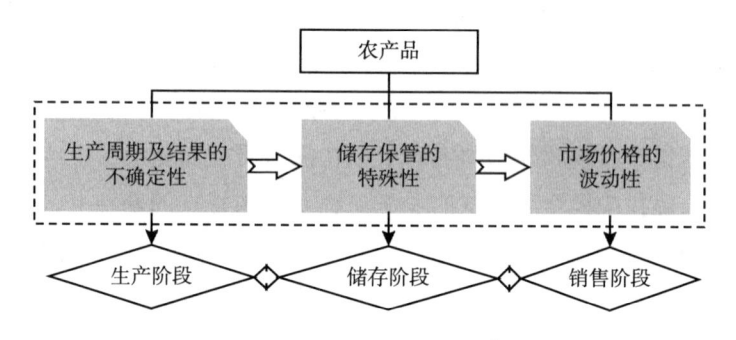

图 3-1 农产品供应链及市场参与者特性

首先,在生产阶段,农产品面临着生产周期和结果的不确定性。不同类型的作物具有独特的生长周期,与传统工业品的生产方式形成明显对比。例如,粮食类作物如水稻、小麦,在几个月到一年的时间内即可完成生长周期,而果树类作物如苹果树、柑橘树则需 3~5 年方能正常结果;此外,多年生作物如葡萄、芒果需要更长时间成熟结果,部分品种甚至需数年才可达到最佳产量。农产品生产所面临的不确定性源自其高度依赖自然

第3章　传统农产品供应链金融模式的系统分析

环境，受到天气、虫害、土壤质量等因素及人为干预的综合影响。这些因素之间错综复杂、相互作用，导致了生产质量和产量难以稳定预测。因此，农产品生产领域的不确定性水平相对较高，要求农户和农业经营者拥有处理各种可能变化的能力和灵活性。这种不断变化和不确定性为农业经营者带来了多方面的挑战。他们需要随时采取行动，调整生产计划并应对突发情况，以确保农产品生产的连续性和经济效益。

其次，在储存阶段，农产品特殊的保管需求导致了额外的成本。与传统工业品相比，农产品一是对生鲜度要求高，特别是新鲜蔬菜、水果、肉类等易腐品，需要快速冷藏或冷冻以保持其新鲜度。维持适宜的温湿度和空气流通是确保农产品品质的关键。二是耗损率高，农产品易受温湿度、氧气和微生物等外界环境因素影响，容易出现变质、损耗和质量下降的情况。三是产量受季节性、气候变化和自然灾害等因素影响较大，产地可能出现产量过剩或短缺的情况，需要应对市场供求的波动及季节性变化，可能需要更大的储存容量和技术调整，从而增加储存成本。四是不同种类的农产品对储存环境有着特殊的要求，如温度、湿度、氧气浓度等。为满足这些储存需求，目前市场上主要采用冷藏、冷冻设备、高湿度保鲜包装、真空包装、冰块或冰包等方法，如需对农产品储存进行更加高效的监测与响应，更精准地控制和保障农产品在储存和运输过程中的质量，还可能会涉及物联网、传感技术、辐射灭菌、冷链物流管理等投资。综合而言，确保农产品储存环境的适宜性需要在设备、技术和管理方面投入相当的资源，而这些特殊要求均增加了储存成本和管理难度。

最后，在销售阶段，农产品受全球市场的供需状况、政府政策及贸易政策等多重因素影响较大。从农产品自身来讲，其生产受气候变化、土壤条件和种植周期等多种因素影响，导致农产品供应调整缺乏灵活性，供给弹性较低。在面临市场需求波动或外部环境变化时，供应不能立即做出有效的调整，容易造成市场供需失衡，从而引起价格波动。同时，农产品作为基本的生活必需品，其需求的价格弹性通常较低，即便价格发生较大波动，消费者的需求量也不会有明显变化，使得价格波动难以通过需求端的调整而快速平衡。此外，农产品的市场结构高度分散性，进一步加剧了价格的波动性。与此相对，传统工业品市场往往由少数几个大型生产者主导，市场结构较为集中，价格波动相对较小。农产品的价值链涉及生产、加工、分销等多个环节，每一环节都可能存在信息不对称的问题，信息不对称导致的低市场透明度使得参与者难以获得准确的市场信息，增加了价格预期的不确定性，从而影响价格稳定性。这种市场价格波动性不仅增加了农产品定价的难度，也使得销售结算变得复杂和充满不确定性。

综上所述，农产品供应链在生产、储存和销售三个阶段都面临着独特的挑战。因此，商业银行在开展农产品供应链金融业务时，需要深入了解并考虑农产品供应链各个阶段的特殊性。这包括充分获取信息，以应对农产品生产阶段生产周期和不确定性、储存环节的成本测算和管理的难度，以及销售阶段市场价格的不稳定性。通过充分了解并针对性地应对这些挑战，商业银行可以最大限度地降低信息不对称风险，从而更好地为农产品供应链提供金融支持。

3.1.2　农业经营主体融资需求特征分析

在农业领域，不同类型的农业经营主体承担着不同的角色和责任，其融资需求也呈现出多样化的特征。考虑当前我国农业经营主体的规模和分化情况，本节从兼业农民、专业农民及农业企业的角度（鄢姣等，2023），探讨不同规模农业融资主体的融资需求特性，为后续构建更加灵活、适应性更强的农产品供应链金融模式提供重要参考。

1. 兼业农民融资需求分析

兼业农民通常同时从事其他职业或业务，他们通常具有一定的能力。然而，农业生产效益不高及农产品市场的不稳定性，会限制他们在农业生产经营上的投入和规模的扩大。如果在非农产业发展顺利，他们会逐步放弃农业，实现农业向非农产业的转移以及农村向城市的转移，如许多小商品经营者、出租车司机、具有一技之长的传统手艺人，以及为兼顾家庭和农业而在本地打工或企业务工的农民等。然而，当其非农产业的发展受阻时，他们便会将主要精力和资源转向农业生产经营，这时便产生了对农业金融服务的需求。

与专门从事农业生产的农业经营主体相比，兼业农民的融资需求有三个特点。一是更加注重灵活性和弹性需求，兼业农民的农产品种植或养殖规模可能相对较小，且收入来源相对不稳定。因此，他们对金融服务的需求更加注重灵活性和弹性，希望能够根据经营情况随时调整金融产品和服务，以应对变化的市场和经营环境。二是相较于专业农民，兼业农民可能对经营规模的需求相对较小。他们在农业生产方面，更注重维持生计和稳定收入，不一定追求大规模的市场份额。因此，他们更需要商业银行提供适合小规模经营的金融产品和服务。三是由于同时从事农业和非农产业，兼业农民的时间和精力有限，因此他们需要融资申请流程和快速响应的客户服务。目前，兼业农民获取金融服务的途径主要包括民间借贷、银行小额贷款、小额贷款公司贷款等（邹新阳等，2021）。

2. 专业农民融资需求分析

专业农民是农村中从事种植业、养殖业生产经营的专业大户，通常具备较强的农业技术能力、创新创业能力以及社会连接和组织能力（徐晓鹏，2020）。一是具备丰富的农业生产知识和经验，熟悉各类农作物的种植技术、养殖管理方法，能够科学合理地选择耕作方式、施肥措施等，从而提高农产品的产量和质量。二是不断追求创新，引进新品种、新设备、新技术等，推动农业现代化和农产品升级换代。三是在农业发展中具有良好的社会连接和组织能力，他们常常积极参与农民合作社、农业龙头企业等组织，与政府、企业和社会各界建立密切合作关系，共同推动农业产业化、规模化和现代化。

鉴于专业农民的上述特征，其对融资需求有以下三个特点。一是融资的方式更加灵活，专业农民通常拥有农用机械设备、农产品库存、土地使用权等动产资产，这些动产具有一定的价值和流动性，可以作为质押物用于获得融资。二是融资期限要求较长，专业农民农业生产往往需要进行长期投资，如购买大型农机设备、兴建农业基础设施等，专业农民希望能够获得长期融资支持，以满足这些长期投资需求，并帮助他们实现可持续发展。三是尽可能降低融资成本，由于专业农民经营规模较大，面临长期投资需求和高风险行业，低利率的融资可以帮助他们降低经营成本、提高偿债能力和竞争力，并促进农业的可持续发展。目前，专业农民获取金融服务的途径主要包括农信社小额贷款、农机融资租赁等（李友艺等，2022）。

3. 农业企业融资需求分析

农业企业通常采用企业化的经营管理模式，与传统的个体农户经营方式不同，更具有商业化发展的追求。他们更倾向于以公司、合作社、合伙制等形式组织经营，实行现代农业管理体系。农业企业在种植养殖、农产品加工和经营管理等方面一般具备较高的技术和专业化水平。他们注重引进先进的农业生产技术、设备和管理经验，通过科技创新提高生产效率、产品质量和附加值（陶玲等，2021）。

农业企业的融资需求特性主要体现在资金规模不断扩大和融资迫切性两个方面。一是对融资规模的需求呈现不断扩大的趋势。由于农业企业逐渐向规模化、集约化发展，农业企业的经营规模不断扩大，对资金的需求也随之增加。尤其是在土地开发和农业基础设施建设方面，资金投入量较大，需要长期、稳定的资金支持才能确保项目的顺利进行。同时，农业企业的现代化经营特点使其注重科技创新和多元经营，为了提高生产效率、产品质量和附加值，农业企业需要引进先进的农业生产技术、设备和管理经验，进行科技创新和技术改造，均需要大量的资金支持。二是融资需求较为迫切。随着农业产业的转型升级，农业企业的经营模式也发生了深刻变化。传统的单一种植或养殖模式逐渐向多元化经营模式转变，农业企业开始涉足农产品加工、销售和服务等多个环节，形成了完整的产业链条。这种多元经营模式不仅增加了企业的盈利渠道，也增加了资金的投入和运营压力，确保资金的及时到位对于农业企业来说尤为重要，从而推动各个经营环节的顺利运作，提高企业的综合竞争力。

综合上述，我国农业经营主体的融资需求特征归纳为以下四个方面。

一是季节性和分散复杂性。由于农业生产深受自然环境条件的制约，尽管农业生产技术不断创新带来了一定程度上的改变，但仍需遵循季节更迭的规律。在中国众多以家庭为单位的小规模农户中，信贷需求延续着"春贷秋还"的周期性交替模式。此外，农业经营主体在经营规模、技术水平、抵押担保条件、内部管理体制等方面存在较大差异，使得它们的金融需求频繁且紧迫。

二是不同主体融资需求的明显差异。不同种类和规模的农业经营主体所需要的融资服务存在显著差异。一些经营规模较小的农业经营主体希望金融产品和服务具备一定弹性，以应对多变的市场和经营状况。他们可能面临气候变化和市场波动导致的农产品价格和销售收入大幅度波动，因此在遭受市场冲击或遇到经营困难时，可能需要低利率的融资产品及更加灵活的担保要求。

三是整体融资需求额度的提升。现代农业生产依赖于高成本的技术和设备，尤其在生产方式现代化和产业化的背景下，土地资源和劳动力成本上升，市场竞争激烈，都要求农业经营主体有稳定而充足的资金投入。为了适应科技进步和市场变化，维持竞争力和可持续发展，农业经营主体对资金的需求更为迫切，除支撑基础性投入外，还包括用于科技创新、产品加工、市场营销和基础设施建设等多方面的资金需求。

四是可抵押品的流通价值低和交易成本高形成了融资的瓶颈（顾庆康等，2021）。农业经营主体农业用地使用权、农产品、农业生产资料、住宅等主要产权，很难进行准确估值并迅速变现（李名峰等，2021）。而且在农村金融服务不足的客观条件下，信息不对称和服务产品缺乏多样性的问题也加剧了抵押品变现的难度以及金融机构提供贷款的风险，导致贷款难、贷款贵的问题依然突出。

3.2 传统农产品供应链金融模式业务流程及特点分析

3.2.1 应收账款融资模式的业务流程及特点

应收账款融资模式主要用于农业经营主体以一定的价格为核心企业提供农产品的销售环节。农业经营主体以核心企业的应收账款凭证作为质押物，向商业银行申请期限不超过应收账款账龄的短期贷款。

应收账款融资模式是一种通过农产品供应链上下游信用结构优化现金

流的方法，这一模式的运作始于上游农业经营主体与信誉较好的核心企业之间的交易关系。在此基础上，农业经营主体与核心企业就未来的应收账款用于融资达成一致，并且将这些应收账款的权利转让给商业银行以取得即期资金。商业银行负责验证所涉及应收账款的真实有效性，并且告知核心企业账款的转让情况，然后依据交易文件、农业经营主体的信用记录以及核心企业的信用背景进行贷款审批。在贷款到期后，核心企业需向由商业银行与农业经营主体共同管理的账户中归还款项。在收到核心企业的偿还款项后，商业银行从中划走对应的本金、利息和费用，余额则转入农业经营主体的账户，这样一来，资金循环得以闭环，确保了融资的安全性和效率，为农业经营主体提供了及时的资金支持，也维系了整个农产品供应链的财务稳定（张保银等，2016）。具体流程如图 3-2 所示。

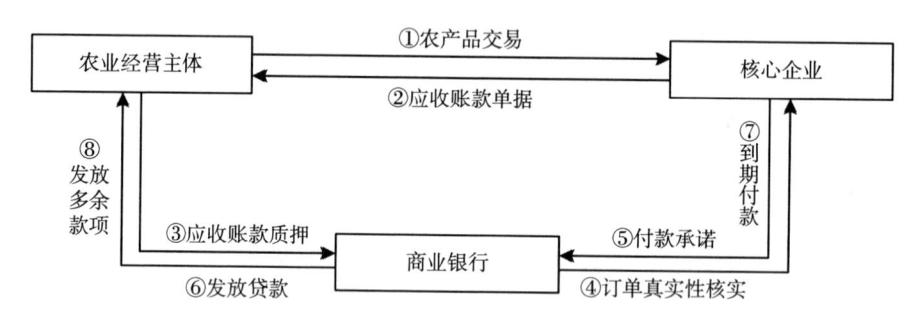

图 3-2 应收账款融资模式基本流程

应收账款融资模式在农产品供应链中突出了一系列明显的特点和优势。一是提供了对抗市场波动和现金流紧张的有力工具，通过将未来的应收账款收入提前变现，高效地解决了资金周转的问题。农业经营主体可以凭借与核心企业签订的稳定订单来规划生产和资金使用，从而更加精准地应对农产品市场需求和资金管理。二是降低了融资门槛和风险分散，由于融资以具体的应收账款为基准，相较传统信用贷款或抵押贷款，商业银行的风险得到了较好的分散，同时也降低了农业经营主体的融资门槛，使他们无须提供额外的财产抵押。三是简化了结算流程，整个结算流程因核心企业对商业银行进行直接支付而得以简化，从而减少了交易各方在清结算环节上可能遇到的复杂度和不确定性。四是压降了融资成本，在应收账款作为担保的情况下，商业银行的信贷风险较低，因此能够提供较低利率的融资服务，减轻农业经营主体的融资压力（曲英等，2014）。

从上述流程分析中可以看出，应收账款融资模式在实际运作中同样面临一些实质性的局限和挑战，主要体现在以下几个方面。一是对核心企业信用的依赖度比较高。应收账款融资大量依赖于核心企业的信用和偿债能力，一旦核心企业出现经营问题或偿债能力下降，相关联的农业经营主体很可能会面临无法及时收回款项的风险，对现金流和运营稳定性构成威胁。二是对订单稳定性的要求较高。此融资方式仅适用于拥有稳定订单的农业经营主体，对于多数小型农户或是市场新进入者而言，其订单难以达到商业银行要求的稳定性和规模，从而造成融资渠道的局限。三是对合同的可执行性及良好的法律保障依赖度较高。在法制不完善或合同纠纷处理机制低效的地区，应收账款实际变现过程中可能存在较大难度。四是审核和管理成本较高，虽然商业银行风险相对分散，但对应收账款的审核、管理及追踪成本较高，尤其针对小额分散的农产品业务，这部分成本可能显著增加商业银行的操作难度和成本。

3.2.2 存货质押融资模式的业务流程及特点

在实践中，农业经营主体可能拥有大量尚未使用或在途的存货，例如，种植业中的农作物、畜牧业中的饲料等，通过将这些存货作为质押物，农业经营者可以获得资金支持，从而盘活资产并解决生产、加工和销售过程中的资金压力。

与传统的现货质押融资不同的是，供应链金融中的存货质押融资往往关注于促进整个产业链条的流动性，需要更深入地了解和整合供应链的运营信息，在操作层面往往涉及更为复杂的物权登记、转让和监督流程。而传统的现货质押融资则侧重于为单一企业提供基于其存货流转的融资服务，侧重点在于管理个别企业的质押物安全和价值。在存货质押融资模式中，农业经营主体通过将其农产品存入仓库来形成存货，并以存货作为质押向商业银行办理融资业务，商业银行重点考查农业经营主体是否有稳定的存货、是否有长期合作的交易对象及整个供应链的综合运作状况，并以此作为授信决策的重要依据。质押的存货可能会随着供应链业务的进行而逐渐销售出去。在这种情况下，农业经营主体需不断更新质押物清单，并按照合同约定将销售收入部分用于还款或替换等价的新存货作为质押物，以满足商业银行的风险控制需求。在这个模式运行过程中，第三方物流企业充当了重要角色，它可以为农业经营主体提供高质量、高附加值的物流与加工服务，同时负责对质押物验收、价值评估与监管，并据此向商业银行出具证明文件，协助商业银行进行风险评估和控制，进一步降低商业银行的风险，提高商业银行信贷的积极性，以提高供应链的整体绩效（王占海等，2018）。具体流程如图3-3所示。

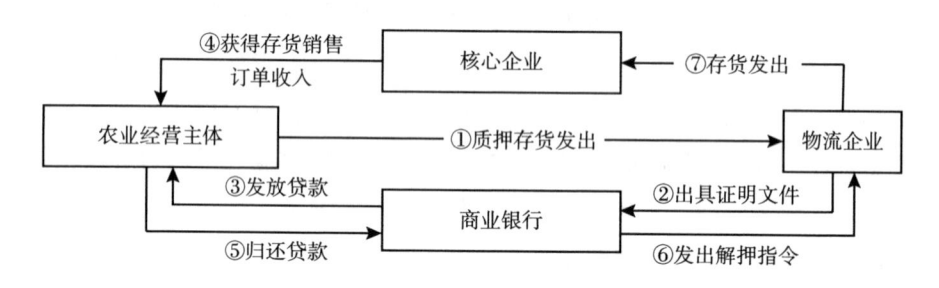

图3-3 存货质押融资模式基本流程

此融资模式具备以下特点。一是依靠质押物融资效率较高。相对仅依靠信用评估进行的融资，通过利用存货作为抵押物，农业经营主体能够更容易获得融资，额度也较高，整体来看资金周转效率较高。二是具有风险分散、成本降低的特点。第三方物流企业的参与可以降低商业银行质押物评估的时间成本，而且以存货作为质押物降低了商业银行的风险，商业银行可以根据存货价值与借款资金的比例关系来设定质押率标准，并根据不同产品和不同时期设定不同的质押率，以满足农业经营主体的融资需求。这种灵活性使得商业银行能够更好地评估风险和控制融资额度，减少不良贷款风险。三是整体流程较为简化。通过引入第三方物流企业，简化了商业银行和农业经营主体融资流程和资料准备的流程，提高了办理效率。四是有助于促进优质农产品的发展。通过信息化管理提升产品品质和追溯能力，增加农产品的市场竞争力（胡国晖等，2013）。

存货质押融资模式为农业经营主体提供了获取资金的便利，但在实际运作中存在一些不可忽视的局限性。一是质押农产品的价值不确定性较高。农产品市场需求季节性和不可预测性可能导致存货无法按期变现或贬值,增加商业银行的信贷风险。二是质押农产品需要高成本的保管。依赖第三方仓储和物流企业的监管可能存在疏漏,放大贷款违约风险。此外,存货评估的复杂性和保管成本增加了农业经营主体和商业银行的财务负担。农产品易腐和价格波动使价值评估变得更加困难。三是容易出现法律纠纷。可能涉及合同履行、质押物变现、风险承担等方面的争议与纠纷,这给商业银行和农业经营主体都带来了额外的法律风险和成本压力。

3.2.3 预付账款融资模式的业务流程及特点

为解决采购原材料过程中资金不足的问题,农业经营主体可以凭借与上游企业的购买合同产生的预付账款进行融资,确保及时付款给上游企业,从而维护生产稳定和商业合作关系。

农业经营主体向商业银行提交融资申请,目的是获取资金以便预先向上游供应商支付采购原材料的款项。商业银行评估农业经营主体的信用情况及项目的融资可行性后,与农业经营主体、上游供应商及物流企业共同签署合作协议。该协议详细规定了货款支付方式、货物交付的时间、日期、地点及物流运输的方式等内容,其中协议约定中的一个关键环节是,如果农业经营主体未能足额提取货物,上游企业承诺回购剩余货物。在供应链上游企业承诺商品回购的条件下,农业经营主体将货物提货权交由参与融资的商业银行进行控制,商业银行将货物交由第三方物流企业保管。农业经营主体根据合作协议向商业银行定期分次缴纳提货保证金。商业银行收到保证金后,通知物流企业分次向农业经营主体交付其预订的生产原材料(刘露等,2018)。在整个预付账款融资过程中,供应链风险由商业银行、农业经营主体和上游供应商共同承担。具体流程如图3-4所示。

此融资模式具备以下特点。一是实现了杠杆采购。预付账款融资模式具备分批支付货款和分批提货的特点,农业经营主体可以根据自身的资金状况和经营需要来灵活安排购货和提货的时间。这为农业经营主体提供了

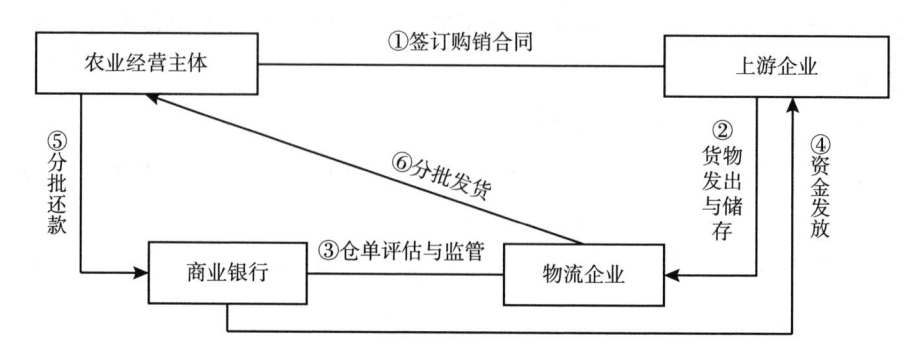

```
          ①签订购销合同
农业经营主体 ──────────────→ 上游企业
     ↑                              ↑
   ⑤分批还款    ⑥分批发货         ②货物发出与储存  ④资金发放
     │                              │
   商业银行 ──③仓单评估与监管──→ 物流企业
```

图 3-4 预付账款融资模式基本流程

更大的资金流动性和筹划空间,减轻了短期资金压力,并且可以更好地规避市场价格波动带来的风险。二是帮助上游企业实现批量销售。上游企业可以充分利用规模经济效应提高生产利润并增强市场竞争力,通过整合农业经营主体的销售渠道、建立独家代理关系等方式与农业经营主体建立长期关系,进一步推动产品的批量销售和市场渗透,为上游企业带来战略性优势和持续的销售增长。三是降低了商业银行的信贷风险。预付账款融资模式以供应链上游企业承诺回购为前提条件,由上游企业为农业经营主体融资承担连带担保责任,并以商业银行指定仓库的既定仓单为质押,既给商业银行带来了收益,又降低了资金风险。

从上述流程分析中可以看出,预付账款融资模式也存在一定的局限。一是对上游企业信用的高度依赖。农业经营主体通过融资以向上游企业预付款项,这一过程中如上游企业出现信用或财务问题,导致按时供货或履行回购承诺,可能会影响整个供应链的运作。二是可能会增加农业经营主体的生产成本。农产品市场价格波动较大,预付账款融资虽可以锁定成本,减少市场波动带来的影响,但也可能因此错失价格下跌时的优势,若市场价格大幅下降,农业经营主体将会面临成本高于市场价格的困境。三是存在仓单质押风险。以仓单作为质押物的过程中,存在伪造或重复质押的风险,若银行对仓单的审查不够严格,可能会增加融资的不确定性和信用风险。而且,银行需要建立起与农业经营主体、仓库和上游企业间的沟通机制,并做好质押货物的监控管理,任何环节的疏漏都可能导致质押物流失、损坏或价值降低,给融资安全带来威胁。

3.3 传统农产品供应链金融模式存在的问题

借助农产品供应链金融，通过核心企业向商业银行传递农业经营主体的生产经营状况、信贷资金潜在风险级别等关键信息，使商业银行可以统筹评价综合指标、还款能力等，适当减少对农业经营主体个体的抵押资产规模和农业经营主体个体收入等数据的孤立测算，在一定程度上缓解了农业经营主体的融资困境。然而，考虑到农产品相对于工业品在生产、储存、销售过程中存在的特殊性以及农业经营主体资金需求特性，传统农产品供应链金融模式在实际运行中面临着诸多问题，制约了农产品供应链金融模式作用的发挥和广泛应用。

3.3.1 传统农产品供应链金融模式中还款来源的自偿性保障不足

供应链金融与传统融资方式的显著区别之一在于其还款机制的自偿性。具体而言，供应链金融所涉及的借贷行为紧密依附于实际的商业交易，通过这些交易所产生的收入直接用于偿还所获得的融资。这种机制使得债务的偿还不再依赖于债务人的整体信用状况或额外的担保，而是与债务人当前进行的销售商品或提供服务等特定经济活动直接相关。由于融资的还款来源已被预期和锁定，信用风险得以显著降低。然而，在农产品供应链金融中，由于农产品的固有属性和市场环境的多变性，这种还款来源的自偿性面临着一系列挑战，具体原因如图 3-5 所示。

一是生产周期及结果的不确定性风险。由于农业生产受季节、气候等自然因素影响，农产品的生长周期和产量往往不稳定，导致农业经营主体的收入也存在不可预测性。这种不确定性增加了农业经营主体偿还贷款的风险，因为无法确定何时能够获得足够的收入来偿还贷款。特别是在极端天气事件如干旱、洪涝等情况下，可能导致农作物减产或毁损，进而影响农业经营主体的收入来源。此外，种植和收获季节的限制也会导

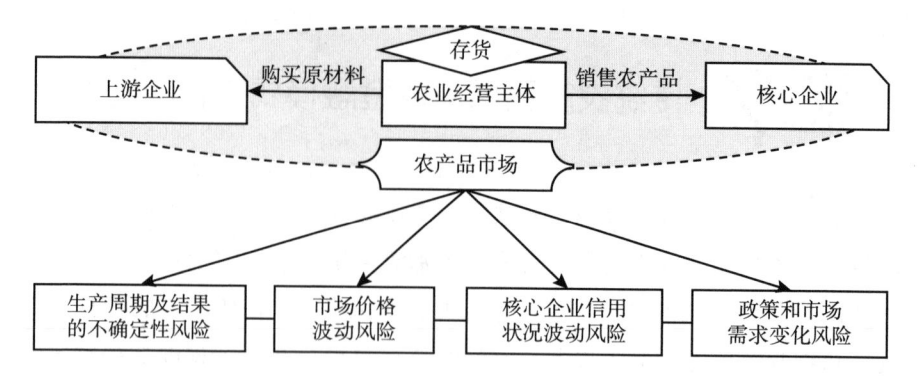

```
                    存货
   ┌──────┐ 购买原材料  ┌────────┐ 销售农产品 ┌──────┐
   │上游企业│◄─────────│农业经营主体│─────────►│核心企业│
   └──────┘          └────────┘           └──────┘
                         │
                     ┌────────┐
                     │农产品市场│
                     └────────┘
           ┌────────┬─────┴──┬─────────┐
   ┌───────────┐ ┌────────┐ ┌──────────┐ ┌──────────┐
   │生产周期及结果│ │市场价格 │ │核心企业信用│ │政策和市场 │
   │的不确定性风险│ │波动风险 │ │状况波动风险│ │需求变化风险│
   └───────────┘ └────────┘ └──────────┘ └──────────┘
```

图 3-5 传统农产品供应链金融还款来源的自偿性保障不足的关键因素分析

致收入的波动，使农业经营主体的偿还时间和金额变得不确定，增加了金融风险。

二是市场价格波动风险。农产品价格受多种因素影响，包括季节性供求变化、国际市场需求、政策调整等，导致价格波动较大。这种价格波动使农业经营主体无法准确预测农产品的销售价格，从而影响了其偿还贷款的能力。尤其在国际贸易争端、政策调整等事件发生时，农产品价格的不稳定性进一步加剧，增加了农业经营主体偿债的风险。

三是核心企业信用状况波动风险。核心企业在农产品供应链中承担着重要角色，其信用状况直接影响着金融机构对供应链的信贷支持程度。然而，由于市场价格波动和竞争激烈，核心企业的盈利能力和偿还能力存在一定的不确定性。此外，农产品供应链中的核心企业规模普遍较小，其资金储备和抵御风险的能力相对较弱，使得其在应对金融风险时更加脆弱。

四是政策和市场需求变化风险。政府政策的调整和市场需求的变化直接影响着农产品的供求关系，进而影响了农业经营主体的收入和盈利能力。例如，政府可能通过调整农产品价格支持政策、调整农业补贴政策等来影响农产品价格，进而影响农业经营主体的收入和偿债能力。同时，市场需求的变化也会影响农产品的销售情况，进而影响农业经营主体的盈利能力和偿债能力。这种政策和市场需求的变化带来的不确定性使得农业经营主体难以稳定预测收入，增加了偿还贷款的不确定性。

3.3.2 传统农产品供应链金融模式中质押农产品价值不确定性高

在存货质押融资模式和预付账款融资模式中，商业银行借助第三方物流企业对质押存货进行价值评估和储存保管工作，然而，鉴于农产品存储的特殊性，应用这两种模式实施的农产品供应链金融面临一些不足之处。

一是质押农产品的保管存在不确定性。农产品的保管过程中，受到天气、温度、湿度等自然因素的影响，容易发生质量变化或损失。例如，农产品在仓储过程中可能因为温度过高而腐烂，或者因为湿度过大而霉变，导致其价值急剧下降。此外，农产品的保管还可能受到人为因素的影响，例如，保管人员的不当操作或管理不善，都可能导致农产品的质量受损。这种保管过程中的不确定性使得银行无法确保农产品在质押期间能够保持其原有的价值，增加了贷款违约的风险。

二是质押农产品的价值评估存在不确定性。农产品的价值受多种因素影响，包括产地、品种、质量等因素，而且不同地区、不同时间的农产品价格可能存在较大差异。由于农产品市场价格波动较大，农产品的实际价值可能与质押时的评估价值存在较大差异。此外，农产品的价值评估还受到评估人员专业水平和评估方法的影响，评估结果可能存在主观性和不确定性。因此，银行在进行质押农产品的价值评估时往往难以准确把握其真实价值，增加了贷款违约的风险。

三是商业银行与仓储公司、第三方物流的信息的不对称加剧了质押农产品价值不确定性的问题。商业银行作为贷款方，往往无法全面了解农产品的实际情况，包括存放地点、保管方式、保管条件等信息，而且在贷款过程中缺乏对农产品实际情况的监管和控制权。与此同时，仓储公司和第三方物流可能存在信息不透明的情况，他们可能会隐瞒农产品的实际情况或者提供虚假的信息，以获取不当利益。这种信息不对称使得银行难以准确了解质押农产品的实际价值和风险，增加了贷款违约的可能性。

3.3.3 传统农产品供应链金融模式中授信额度与融资需求匹配性低

在农业现代化发展进程中，农业经营主体的融资需求日益增加，然而商业银行提供的授信额度往往难以完全满足其需求，导致了授信额度与融资需求匹配性的低下。商业银行对农业经营主体授信额度与融资需求不匹配，主要受两方面因素影响。一方面，农业现代化带来多元化融资需求增加，涉及设施升级、技术创新、基础设施建设、环保与安全生产、营销与品牌建设等方面，使农业经营主体急需大量资金支持；另一方面，农产品供应链金融模式按照一定折算比例计算授信额度，该比例受农产品市场特性和农户信用建设不足等因素影响较大。

一是农业现代化带来的多方面融资需求增加。农业经营主体在设施升级、技术创新、产品开发和市场拓展方面的投入需要大量资金支持。技术投入方面，现代农业需要投资于先进种植技术、智能化农机具和生物技术等，以提高农产品产量和质量，但这些技术投入需要大量资金支持。基础设施建设方面，灌溉、仓储、冷链物流和加工设施等基础设施的建设和改进也需要大量资本投入。环保与安全生产方面，随着环境和质量标准的提高，农业经营主体必须投资于环保和安全生产技术与设施，这增加了融资需求的多样性和广度。营销与品牌建设方面，农产品市场化和品牌化的趋势要求农业经营主体进行市场调研、广告宣传、品牌推广等方面的投资，以上诸多因素叠加，迫使农业经营主体融资需求量大而急迫。

二是农产品供应链金融模式授信额度计算方式的限制。农产品供应链金融模式中，商业银行的融资额度是在订单或质押存货金额的基础上，按照一定折算比例计算得到的。例如，应收账款融资模式和预付账款融资模式基于购销订单金额来确定融资额度，存货质押融资模式基于存货质押品的估算价值计算融资额度。而在确定折算比例时，商业银行会综合考虑农产品自身特性、核心企业的信用评级、供需关系，以及订单情况等多种因素以评估风险。相较于其他行业供应链，农产品供应链在天然风险、产品保质需求、市场波动性、政策不确定性等方面存在更多挑战。此外，由于农业生产特点，农户分散、小规模经营者众多，整合资源、管理现代化程度不足，导致信用建设不足，这也是商业银行在计算授信额度时需要着重考虑的因素之一。综上，考虑到农产品市场的风险特点，商业银行可能会设定较低的折算比例，这可能会导致某些情况下农产品供应链金融的融资额度与农业现代化发展资金需求不匹配的情况。

3.3.4 传统农产品供应链金融模式中农业核心企业信用不足

供应链金融模式主要依靠核心企业向商业银行背书，提高供应链整体的信用等级，核心企业的信用状况直接影响着整个产业链上下游企业的融资能力和发展前景。而在农业金融领域，核心企业信用不足是一大挑战。农业生产的季节性、地域性和不确定性，使得核心企业面临盈利难题和供应链融资风险。参与者分散、地域性强，制约了核心企业的集中控制和融资能力。

一是缺乏规模化经营和龙头企业稀缺。农业生产通常具有明显的季节性，易受气候、政策、国际市场需求等多种因素的影响，这使得农业企业在市场需求低谷时面临较大的经济困难，难以保持持续盈利、实现长期稳定经营、扩大经营规模（Casuga，2008；周玉，2023；李潘坡等，2023）。另外，农业生产受到地理和气候条件的显著影响，因此表现出强烈的本地性，每个地区的农业特点、土壤、气候等都各具特色，导致农业生产的相对碎片化，不同地区的农业生产可能需要采用不同的技术和经验，难以跨地区建立覆盖全面的龙头企业（万宝瑞，2019）。

二是农产品供应链参与者分散性导致对上下游的带动能力不足。农产品供应链涉及众多农户、种植者、生产者、经销商及各种中间环节，形成了一个庞大而复杂的网络。由于参与者众多且分散，核心企业难以对整个供应链进行集中控制，缺乏足够的能力与金融机构合作解决供应链整体的融资问题（董翀等，2020）；农产品生产还具有强烈的地域性和季节性特征，不同地区和季节的生产使得参与者分布广泛，运作时空不确定性强，进而使核心企业难以实现农产品供应链垂直整合和全面一体化管理（张延龙等，2021）。

三是农业生产的不确定性增加了核心企业的信用风险。农业生产受到气候、政策、国际市场需求等多种因素的影响，表现出较强的不确定性。当农产品价格发生较大波动时，龙头企业的产品可能发生大量滞销的情况，导致其一方面不能正常履约收购上游初级农产品，另一方面将使得已获得普惠金融支持的农户陷入资金周转和信用困境，不仅可能引发单一农业供应链的金融风险，还有可能引发农业领域的系统性金融风险（彭路，2018）。总的来说，农产品供应链中核心企业的信贷道德风险和经营风险将引发农产品供应链的银行信用链条断裂（张雅博，2018）。

综上，应收账款融资模式、存货质押融资模式、预付账款融资模式应用中存在还款来源的自偿性保障不足、质押农产品价值不确定性高、授信额度与融资需求匹配性低、农业核心企业信用不足等问题。为降低供应链金融风险并推动农业经济的稳步发展，农产品供应链金融模式有待进一步创新和改进。

3.4 传统农产品供应链金融模式的适用度验证

通过以上分析，我们已经发现传统农产品供应链金融模式在实际应用中存在还款来源的自偿性保障不足、质押农产品价值不确定性高、授信额度与融资需求匹配性低、农业核心企业信用不足等问题。为了更深入地了解传统供应链金融模式在农产品领域的适用性情况，本节将采用耦合协调模型进行定量分析。耦合协调模型在这方面具有显著的优势和适用性，因为它能够全面评估多个子系统的整体效率和协同效应。近年来，耦合协调模型已经被广泛应用于评估不同尺度、不同区域系统间耦合和协调发展水平的研究中，已成为一种有效的评价研究工具。

3.4.1 传统农产品供应链金融模式的适用度评价

1. 耦合协调度模型构建

供应链金融作为一种功能明确的金融服务体系，旨在满足特定供应链环境下的资金流动、信用拓展和风险管理需求,该体系以制造业和大规模分销网络为核心应用领域,其中金融产品和服务的设计考虑了这些领域的稳定性、预测性和规模经济效应。然而,农产品供应链作为一个应用场景,其特殊性在于生产的季节依赖性、产品的易腐性和市场需求的波动性等,这些因素共同构成了与传统供应链金融体系不同的挑战和需求。

耦合协调度模型一般被用来量化评估两个系统之间的相互关系和整体协同发展水平,在传统供应链金融模式与农产品应用场景中,该模型可以帮助理解供应链金融服务和农业生产活动是否相互适应、支持。具体模型表述如下。

C 表示系统与系统之间的耦合程度,其测量多个(n 个)系统之间耦合程度时的表达公式为:

$$C = \left[\frac{\prod_{i=1}^{n} U_i}{(1/n \sum_{i=1}^{n} U_i)^n} \right]^{1/n} \tag{3-1}$$

其中,n 表示子系统个数,U_i 表示各子系统的表征值,其分布区间为 $[0,1]$,故耦合度 C 值区间为 $[0,1]$。C 值越大,代表多个系统之间的互动和依存程度越高,意味着多个系统之间的结合更为紧密。

当 $n=2$ 时,C 表达式可以写为:

$$C = \sqrt{\frac{U_1 U_2}{[1/2(U_1 + U_2)]^2}} = \frac{2\sqrt{U_1 U_2}}{U_1 + U_2} \tag{3-2}$$

为了简化两系统耦合情况下的计算,对表征值进行标准化处理,令 $x = \frac{\min(U_1, U_2)}{\max(U_1, U_2)}$,$x \in (0,1]$。此时 C 的计算公式可以简化为:

$$C = \frac{2\sqrt{x}}{1+x} = \frac{2}{1/\sqrt{x} + \sqrt{x}} \tag{3-3}$$

因此,如果得到一个系统的表征值相对于另外一个系统表征值的相对结果值,就可以得到两个系统的耦合协调度的测量。

2. 指标体系与研究方法

根据3.3节的分析结果,在农业经营主体融资系统中,围绕还款自偿性、农产品质押价值、授信额度、农业核心企业信用水平四个维度进行表征值计算。其中，还款自偿性体现在农业经营主体的信用水平、竞争力水平和农产品市场运行情况三个方面，这些指标反映了农业经营主体的财务状况、经营能力及市场风险，了解并评估这些因素可以预测还款的风险和可能性；农产品质押价值体现在质押农产品的保管、价值评估和商业银行信息获取三个方面，商业银行需要确保质押农产品的有效管理和价值保证；在授信额度方面，授信额度的大小直接关系到商业银行对农产品供应链金融的支持程度，能否实际满足农业经营主体的融资需求也是考量传统供应链金融与农产品场景适用度的关键指标；农业核心企业信用水平体现在经营规模、经营风险水平以及对供应链上下游的控制水平三个方面，这些指标反映了农业核心企业应对市场变化和不确定性的能力，以及对整个供应链运作的影响力，包括调动资源、协调生产流程、优化产品销售等方面，传统农产品供应链金融模式的适用度评价指标和评分标准如表3－1所示。

表3－1　农业经营主体融资系统与供应链金融系统适用度评价指标和评分标准

一级指标	二级指标	评分标准
还款来源的自偿性	农业经营主体信用水平	A. 很适用（5分）； B. 比较适用（4分）； C. 适用（3分）； D. 比较不适用（2分）； E. 很不适用（1分）
	农业经营主体竞争力水平	
	农产品市场风险水平	
质押农产品价值确定性	质押农产品保管情况	
	质押农产品价值评估情况	
	商业银行信息获取情况	
授信额度匹配性	应收账款模式授信额度	
	存货质押模式授信额度	
	预付账款模式授信额度	
核心企业信用水平	对上下游的控制水平	
	自身经营稳定性	
	经营规模	

第3章 传统农产品供应链金融模式的系统分析

本书采用 Delphi 法，精心挑选了 20 位专家组建"咨询专家组"进行专题咨询，邀请的专家在传统供应链金融及农产品应用场景领域权威程度高、见解独到，有着丰富的实践经验或较高理论水平，能够基于他们对传统供应链金融及农产品应用场景的深刻理解进行分析和评价。同时，Delphi 法的匿名反馈机制减少了专家间直接交流可能产生的影响，提高了判断的独立性和客观性。"咨询专家组"中 12 位专家来自业界，8 位专家来自学术界，专家具体来源、筛选条件和人数如表 3-2 所示。

表 3-2 　　　　　　　　咨询专家组背景信息

来源	条件	人数
商业银行	具有农产品供应链金融产品设计与实施经验，能够凭借丰富的实践经验准确指出金融服务在实际操作中遇到的需求与痛点	4
农业企业	直接参与农产品的生产、加工及销售环节，能够从产业链的角度提供对金融服务需求的深层分析的高级管理人员	4
农业合作社	能够代表小规模农民利益，提出农业经营主体对金融服务的具体需求和反馈，确保研究观点的全面性和实践性	4
高校	专注于农业经济学研究领域，掌握农业领域的最新发展趋势及其对金融服务需求的影响	4
高校	专注于金融创新研究领域，能够提供商业银行和农业领域金融创新的新视角和解决方案	4

本书使用下式求得传统供应链金融系统和农产品应用场景的系统得分，即：

$$F = \frac{1}{5} \times \frac{1}{12} \sum_{i=1}^{12} \frac{1}{20} \sum_{j=1}^{20} f_{ij} \qquad (3-4)$$

其中，f_{ij} 表示第 j 个专家在 i 个指标上的打分。经过专家打分（见附录1），计算得出 $F = 0.335$。将 $F = 0.335$ 代入下式：

$$C = \frac{2\sqrt{x}}{1+x} = \frac{2}{\frac{1}{\sqrt{x}} + \sqrt{x}} \qquad (3-5)$$

由式（3-5）得出系统耦合协调度为 0.87。根据王淑佳等（2021）的研究建议，当两个系统之间存在良好协调时，其系统耦合协调度的数值应该超过 0.9428。由于本书计算得出的耦合协调度为 0.87，低于 0.9428 的建议值，这表明传统供应链金融模式与农产品应用场景之间的适用性较低。这一结果反映出两个系统之间存在一定程度的不匹配，从而在一定程度上影响了农产品供应链金融的实施效率。

3.4.2 农产品供应链金融模式适用度评价结果分析

传统供应链金融模式与农产品应用场景之间适用度的实证结果在一定程度上验证了前面的分析结论，即传统农产品供应链金融模式存在一定程度的局限性。下面将从以下四个方面具体分析供应链金融模式与农业经营主体融资应用场景之间的适用度较低的原因。

1. 传统供应链金融难以解决还款来源的自偿性保障不足的问题

在农产品供应链金融还款来源的自偿性方面，一级指标适用性整体得分为 1.7 分，属于很不适用到比较不适用范围。其中农业经营主体的信用水平、农业经营主体的竞争情况、农产品市场风险情况等二级指标得分分别为 1.7 分、1.6 分、1.8 分。可以看出，尽管供应链金融所涉及的借贷行为是紧密依附于实际的商业交易之上，即通过这些交易产生的收入直接用于偿还所获得的融资，但债务的偿还还是与债务人当前正在进行的销售商品或提供服务等特定经济活动直接关联。在农产品供应链中，由于农产品的固有属性和市场环境的多变性，还款的自偿性难以得到充分保障。

首先，农业经营主体的信用水平直接影响了其获得融资的能力和还款的稳定性，而部分农业经营主体由于技术和管理水平不足、土地权属问题等因素，信用水平相对较低，增加了商业银行的信贷风险。其次，农业领域的竞争情况也对还款来源构成了挑战，农产品市场竞争激烈，价格波动大，一旦面临价格下跌或市场需求不足等情况，农业经营主体的经济收入和还款能力可能会受到影响。最后，农产品市场风险也是供应链金融面临的重要问题之一，受季节性和气候因素、国际市场变化等影响，农产品价格波动较大，增加了农业经营主体的经济风险和商业银行的信贷风险。而相较于农产品市场，供应链金融模式在制造业、零售业等领域表现出较高的适用度，这得益于供应链较为规范、交易量大、合作关系相对稳定的特点，商业银行可以通过充分利用相关数据和技术手段，进行风险评估和提供定制化金融服务，满足这类行业的资金需求。

2. 传统供应链金融难以解决农产品质押价值不确定性高的问题

在质押价值方面，一级指标适用性整体得分为1.67分，亦属于很不适用到比较不适用范围。其中质押农产品保管、质押农产品价值评估、商业银行信息获取等二级指标得分分别为1.7分、1.8分、1.5分。

一是农产品的价值受到季节性、气候变化、品质波动、市场需求、国际贸易政策等多种因素的影响，而这些因素在不同时间和地区可能表现出高度不确定性。例如，在一个季节丰收的情况下，同样品种的农产品市场供应充足，价格可能大幅下跌，导致其质押价值急剧下降；而在另一个季节因天气不佳导致产量减少时，市场需求可能迅速增加，使得同一品种的价格上涨。这种市场不确定性使得质押农产品的价值评估变得十分复杂，传统的评估方法往往难以全面考量各种因素，进而导致评估结果的不确定性。二是农产品质押价值的不确定性也受到农业生产和供应链管理的影响。农产品的生产过程受到季节性、自然灾害、种植技术等因素的影响，而农业生产主体的管理水平和生产效率也存在差异。这些因素直接影响着农产品的产量、品质和成本，进而影响其市场价值。在供应链管理方面，农产品的采摘、储存、运输等环节也可能存在损耗和质量变化，进一步增加了质押农产品的价值不确定性。三是农产品质押价值不确定性还受到商业银行内部风险管理能力和信息获取能力的制约。在评估农产品价值时，商业银行需要充分了解农产品的市场情况、产地环境、供应链流通情况等诸多信息，但由于信息不对称、数据获取困难等问题，商业银行往往难以获取到准确的、及时的信息。这使得评估过程中存在较大的盲区，无法全面考量各种风险因素，导致对质押农产品价值的评估不确定性增加。

3. 传统供应链金融难以解决授信额度与农业发展需求不匹配问题

在授信额度方面，一级指标适用性整体得分为1.7分，亦属于很不适用到比较不适用范围。其中应收账款模式、存货质押模式、预付账款模式授信额度等二级指标得分分别为 1.5 分、1.8 分、1.8 分。在农产品供应链金融模式中，商业银行的融资额度是在订单或质押存货金额的基础上，按照一定折算比例计算得到的。具体来说，应收账款融资模式和预付账款融资模式基于购销订单金额来确定融资额度，存货质押融资模式基于存货质押品的估算价值计算融资额度。而在确定折算比例时，商业银行会综合考虑农产品自身特性、核心企业的信用评级、供需关系，以及订单情况等多种因素以评估风险。相较于其他行业供应链，农产品供应链在天然风险、产品保质需求、市场波动性、政策不确定性和信用体系建设等方面存在更多挑战。一般工业品生产和销售相对稳定，企业通常有较完善的财务记录和信用历史，能够提供更多的资产作为抵押物或担保，同时市场对一般工业品的需求和价格波动相对较为可预测。同时，工业品生产往往具有更明确的收益模式和回报周期，相对稳定的现金流和利润水平使得商业银行更容易对其进行信用评估和授信额度的确定。相比之下，在农产品供应链中，农业经营主体作为最初的生产者，其财务状况和信用记录往往较为复杂和不稳定。首先，农业经营主体往往缺乏充足的资产，而且由于农产品生产受季节性和自然因素的影响较大，收益模式和回报周期较不稳定，农业经营主体的收入也具有较大的不确定性，使得商业银行难以准确评估其偿债能力，这导致了商业银行对农业经营主体的授信额度持谨慎态度。其次，农村信用体系建设不完善，这使得商业银行无法全面了解农业经营主体的财务状况、生产经营状况等重要信息，从而无法准确评估其信用风险，因此会偏向较低的授信额度。最后，农产品物流保存技术和设备要求较高，农产品易腐性高，要求快速转运和储存技术与设施，这也是一项成本较高的投入，需要商业银行承担一定的风险。综上，考虑到农产品市场的高风险性和周期性特点，商业银行可能会设定较低的折算比例，这可能会导致某些情况下农产品供应链金融的融资额度依然不能满足农业现代化发展资金需求的情况。

4. 传统供应链金融难以解决核心企业信用水平不足的问题

在核心企业信用方面，一级指标适用性整体得分为 1.8 分，属于很不适用到比较不适用范围。其中对上下游的控制水平、自身经营稳定性、经营规模3个二级指标得分分别为1.9分、1.7分、1.8分。核心企业作为供应链的中枢节点，其信用水平直接影响着整个供应链的稳定性和效率。高信用水平的核心企业能够更有效地获取金融支持和资金融通，提升供应链上下游的信任度和合作意愿。其稳健的财务状况和信誉背书为金融机构提供了更可靠的担保，促进了资金流动和供应链的畅通。反之，低信用水平的核心企业可能面临着融资难题、合作伙伴的疑虑以及供应链的断裂风险，进而影响到整个供应链的运作效率和稳定性。从上述农产品场景核心企业信用水平的得分情况来看，首先，对上下游的控制水平不佳。农业核心企业通常拥有对下游种植户和合作社的采购权力，并且对上游农资供应商产生影响。然而，在实际经营中，一些核心企业的管理和控制水平并不足够，导致供应链的管理不到位。例如，部分核心企业可能没有建立完善的农产品采购合同和质量管理机制，导致采购的农产品质量不稳定，影响到下游的生产效率和经营稳定性。其次，自身经营稳定性不足。农业核心企业面临着诸多经营风险，如天气灾害、市场需求波动、政策调整等，而一些企业可能缺乏有效的风险管理措施和应对策略，导致经营不稳定性增加。特别是在农业领域，天气因素对产量和品质的影响尤为显著，一旦遭受自然灾害或气候异常，核心企业的经营状况可能会急剧恶化，从而影响到其信用水平和商业银行的信贷决策。最后，经营规模具有局限性。农业核心企业往往面临着规模较小、资源有限的局限性，无法像大型企业那样拥有充足的资金和资源储备。这使得一些中小型农业企业在应对市场竞争、应对突发风险等方面较为脆弱，从而增加了商业银行的信贷风险。

3.5 本章小结

本章结合农产品供应链特性及市场参与者金融需求特性，深入探讨农业经营主体金融需求的实际情况和痛点，对传统农产品供应链金融模式开展了全面深入的系统分析，揭示三种传统农产品供应链金融模式的业务流程及特点，综合分析三种传统农产品供应链金融模式在实践中存在的问题，最后运用耦合协调度模型进行检验，定量分析了传统供应链金融模式与农产品场景的适用度。研究结果实现了对传统农产品供应链金融模式局限性的认知拓展，从而为新型商业银行农产品供应链金融模式构建提供了坚实的理论基础。

本章研究发现：（1）农业经营主体的融资特性包括季节性和分散复杂性、主体差异大、需求额度更大、可抵押品流通价值低且交易成本高等方面，掌握上述特性对构建新型农产品供应链金融模式具有一定的启示意义；（2）传统农产品供应链金融模式在实践中面临诸多挑战和问题，包括还款来源的自偿性保障不足、质押农产品价值不确定性高、授信额度与融资需求匹配性低、农业核心企业信用不足四个方面；（3）运用耦合协调度模型对传统供应链金融模式与农产品场景适用度的检验结果表明，还款来源的自偿性等四方面的一级指标适用性整体得分分别为 1.7 分、1.67 分、1.7 分、1.8 分，属于很不适用到比较不适用范围，量化验证了上述四方面问题存在的真实性。

第4章

基于区块链的商业银行农产品供应链金融模式构建与稳定性分析

根据本书第3章的分析，传统农产品供应链金融模式由于存在还款来源的自偿性保障不足、质押农产品价值不确定性高、授信额度与融资需求匹配性低、农业核心企业信用不足四个方面的问题，导致其在缓解农业经营主体融资困境的过程中存在一定的局限性。已有研究发现，区块链技术的应用为金融机构提供了有效的工具，能够帮助其减少信息不对称、降低交易风险，进而提高金融市场的效率和稳定性（宋华等，2024；Chod et al.，2020）。基于此，本章将立足于农产品供应链的特殊性和农业经营主体的融资特点，基于区块链设计商业银行农产品供应链金融平台，利用区块链平台的增信机制，创新构建商业银行农产品供应链金融模式；借助演化博弈模型，分析农产品供应链金融参与主体的动态演化过程及其博弈均衡策略，为构建商业银行农产品供应链金融良好运营生态提供有力保障。

4.1 区块链在商业银行农产品供应链金融中的作用

作为一种新型信息技术，区块链实际上是去中心化的分布式数据库，每一个参与者被称为节点，能够根据交易情况将数据信息自动记录并储存在区块上，而这些区块会共同形成完整、连续的区块链系统，具有公开、透明、可信、历史纪录不可篡改等特征，能够实现数据存储分布式、点对点传输、共识机制、算法加密、可追溯化和去中心化等目标（刘露等，2021）。整体而言，区块链技术应用在提高还款自偿性、防范质押物风险、降低农业经营主体对核心企业的依赖度等方面，为商业银行构建新型农产品供应链金融模型提供了机遇和发展空间。

4.1.1 减少信息不对称，提高还款来源的自偿性

资金流是商业活动的命脉，因为商业的本质是赚取利润，足够的利润才能保证生产和经营的持续运行，才能保障还款自偿性。一方面，区块链技术可以降低信息不对称下的投机行为来保障还款来源的自偿性。区块链技术的不可篡改性、透明性以及智能合约能够鉴定与识别融资主体与相关利益主体之间的真实资金流，可以消灭供应链金融领域的"萝卜章"、假合同等投机行为，进而保障融资主体的还款自偿性。因此，可以认为区块链技术的引入在一定程度上降低了投机行为，提高了融资主体资金流的稳定性水准，增加了融资主体还款自偿性的安全性水准（李秋香等，2024）。另一方面，区块链技术可以实现动态监控融资主体的生产经营效益，进而可以动态调整治理或保障策略来提高绩效，提高还款自偿性能力。学者们通过实践数据验证了区块链技术可以显著提高企业治理能力、经济绩效和运营能力（Wamba et al., 2020；林心怡等，2021；Markus et al., 2022；Zhang et al., 2024）。本质上，区块链技术通过数据共享和知识共享，提升企业部门协同和服务效率，降低企业与企业之间的双边效应和交易壁

第4章 基于区块链的商业银行农产品供应链金融模式构建与稳定性分析

垄,实现企业竞争能力增加及价值创造。

在农产品供应链金融领域,区块链技术的可追溯性可以有助于实现农产品安全保障,还可以随时观测农产品新鲜程度,这就为农产品的良好市场销售提供了保驾护航的工具,实现更多资金收入。此外,区块链技术还可以更好地保障农产品生产,通过区块链中的数据,可以对农业生产外部环境和内部生产进行信息感知,预测农作物市场需求产量、质量要求,设计个性化生产的农作物,实现农业高质量发展。区块链技术还可以通过建立不可篡改的、透明的交易记录来跟踪并验证农产品供应链的各个环节,农产品供应链中的信息共享和数据可追溯性可以使商业银行更准确地评估农业经营主体的信用状况,增加对其还款能力的信心,提高农产品供应链金融的还款自偿性。总之,区块链技术在提高农作物的生产效率、减少资源浪费,并更好地应对市场需求的功能,可以增加农业经营主体的收入资金流,提高还款自偿性能力。

4.1.2 防范质押物风险,保障农产品质押价值

区块链的公共账本能够解决产品物流在货源、时间转移过程、空间转移过程方面的不透明等问题,从而保障质押物品的真实性和价值。例如,2022年山东自贸试验区青岛片区以保税20号天然橡胶为试点商品,构建了基于区块链的大宗商品仓单质押融资,区块链技术可以帮助解决大宗商品货物难管控、货权不清晰的问题[1]。2023年江苏银行在动产质押服务领域搭建区块链服务平台,将区块链与物联网技术相结合,实时了解存储质押物状态信息,再根据区块链上的业务交易数据,可以自动化判断质押物出入库活动是否正常[2]。

在商业银行农产品供应链金融业务中,区块链技术可以解决质押估价难题、增强质押物保值能力、提升质押物变现能力。首先,区块链技术可

---

[1] "区块链+供应链",大宗商品融资有了新模式![EB/OL]. 重庆市人民政府网,2022 – 09 – 05.
[2] 江苏银行:苏银链3.0区块链服务平台在物联网动产质押服务领域的应用[EB/OL]. 搜狐新闻,2023 – 10 – 25.

以确保质押物真实性和流转透明度,解决质押估价难题。结合物联网技术,每个质押物都可以被赋予独一无二的射频识别标签,并将生长周期、品质指标等相关信息存储在区块链上,实现农产品数据的自动采集和记录。商业银行可以通过区块链平台追踪农产品的生产地点、种植方式、采摘时间等溯源信息,确保农产品的质量和来源可靠,从而更准确地评估质押农产品的价值。其次,区块链技术可以实时监测存储状况,增强质押物保值能力。区块链技术可以帮助实时监控和追踪农产品的储存和运输过程。通过传感器等物联网设备,可以实时监测农产品的温度、湿度和运输路径等关键参数。一旦环境异常,系统会发出警报通知相关方及时处理,降低了因存储条件不当导致的损失风险。同时,区块链的不可篡改性和去中心化特点保证了数据的安全和可靠性。这有助于提高农产品的保鲜度和品质稳定性,从而增强质押农产品的保值能力。最后,利用区块链智能合约和去中心化的支付方式,可以减少农产品供应链中的中间环节和时间成本,提高交易的可靠性和透明度,促使农产品质押物更快速、更安全地变现,提高变现处置能力。

4.1.3 降低农业经营主体对核心企业的依赖度

传统的供应链金融模式往往以核心企业的信用作为融资基础,在缺乏核心企业直接参与或核心企业自身信用较差的情况下,农业经营主体融资受到一定程度的制约。根据第 3 章的分析,农业领域核心企业往往面临着信用不足的问题,而这种依赖核心企业的模式不仅限制了供应链的整体灵活性和效率,还增加了单点故障的风险。通过区块链技术分布式账本和去中心化的特性,所有供应链参与者可以在透明、公正的平台上共享信息,这不仅能够提高供应链的整体透明度,还能够降低单一核心企业失败对整个供应链的影响。

农业经营主体可以直接将生产、库存和物流信息上链,这些信息经过验证后可以作为其信用和贷款申请的依据,商业银行可据此直接评估供应链各个环节的信用状况。例如,农产品的生产过程、质量检验结果、仓储条件等数据都可以实时上传至区块链,形成一个不可篡改的记录。这些数

第4章 基于区块链的商业银行农产品供应链金融模式构建与稳定性分析

据可以作为农业经营主体的信用凭证,增强其在金融机构的信用度,从而降低对核心企业担保的依赖。同时,智能合约的应用还可以自动化执行合同、支付和结算过程,确保了合同履行的及时性和准确性,降低了人为因素存在的机会,不需过度依赖核心企业的干预和审批。例如,当农产品达到某个质量标准并完成交付时,智能合约可以自动触发付款,减少人工审核和操作的时间与成本。这不仅提高了交易效率,还减少了违约和拖欠的风险,进一步增强了农业经营主体的融资能力。

综上所述,区块链技术在商业银行农产品供应链金融业务中可以帮助解决农业经营主体的还款自偿性保障性低、质押农产品估价难、保值难和变现难、过于依赖核心企业等问题。区块链功能特征及在商业银行农产品供应链金融中的作用如图4-1所示。

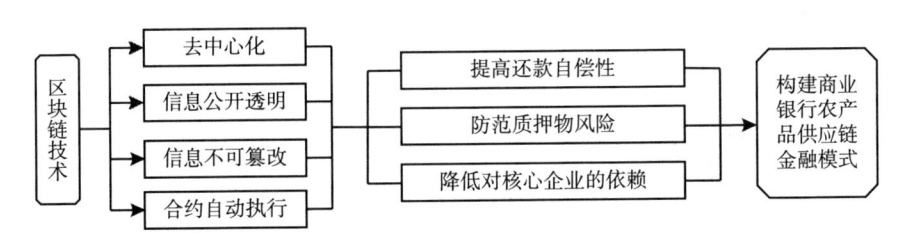

图4-1 区块链功能特征及在商业银行农产品供应链金融中的作用

引入区块链技术后,授信额度与需求之间的不匹配问题已显示出一定程度的缓解,但该问题尚未完全得到有效解决。为破解中小企业因为生产经营风险高带来资信等级达不到银行放贷要求的困局,增加中小企业信用等级的增信活动自然而然成为中小企业融资活动的主要内容(刘红生等,2016)。因此,第三方增信机构也是中小企业融资系统中的重要主体,增信机构可以基于区块链上的信用评级记录,对农业经营主体的不动产、动产进行价值评估,提高农业经营主体抵质押物的价值,增强抵质押物市场的流通性。而且,增信机构还可以为农业经营主体提供不动产抵押、动产质押、第三方担保等服务,有助于农业经营主体获批更高贷款额度。因此,本书中商业银行农产品供应链金融模式中的主要参与主体包括商业银行、农业经营主体及增信机构,基于区块链的农产品供应链金融模式中商业银行、农业经营主体、增信机构之间的信息流如图4-2所示。

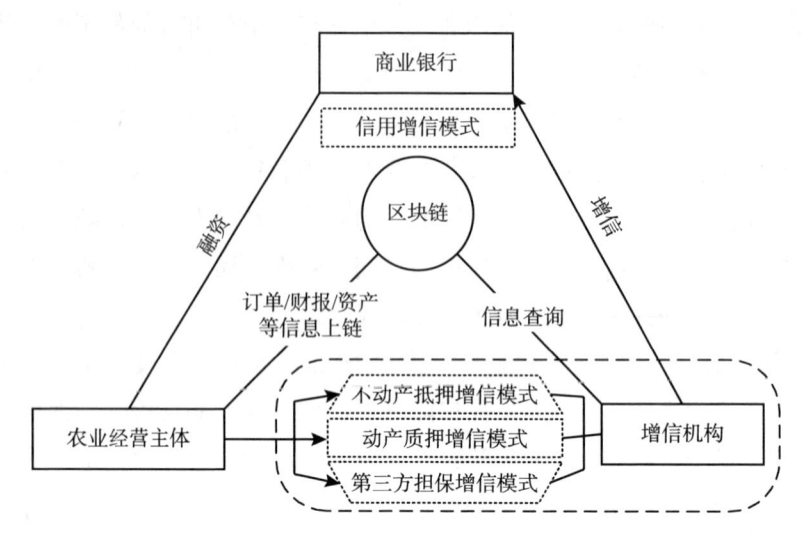

图 4-2 基于区块链的商业银行、农业经营主体、增信机构之间信息流

4.2 基于区块链的商业银行农产品供应链金融平台设计

随着区块链的出现，供应链金融领域的研究者开始研究如何利用区块链技术推动供应链金融的发展，但这些研究基本停留在基于区块链技术特征和供应链金融发展瓶颈的契合点进行设想式和研判式的研究，少有学者对基于区块链的农产品供应链金融平台进行详细的功能结构设计。本节旨在以平台化、网络化和生态化的理念为指导，设计一个基于区块链的商业银行农产品供应链金融平台，包括平台的主要功能结构和业务逻辑，进一步推动供应链金融领域的创新和发展。

4.2.1 基于区块链的商业银行农产品供应链金融平台功能结构

基于区块链的商业银行农产品供应链金融平台具备可信数据存储、智能合约、二次开发、Dapp 与 Web 应用、数据隐私与安全保障等功能，旨

第4章 基于区块链的商业银行农产品供应链金融模式构建与稳定性分析

在提高金融服务的透明度、安全性和效率，满足不同参与者在农产品供应链中的需求（见图4-3）。

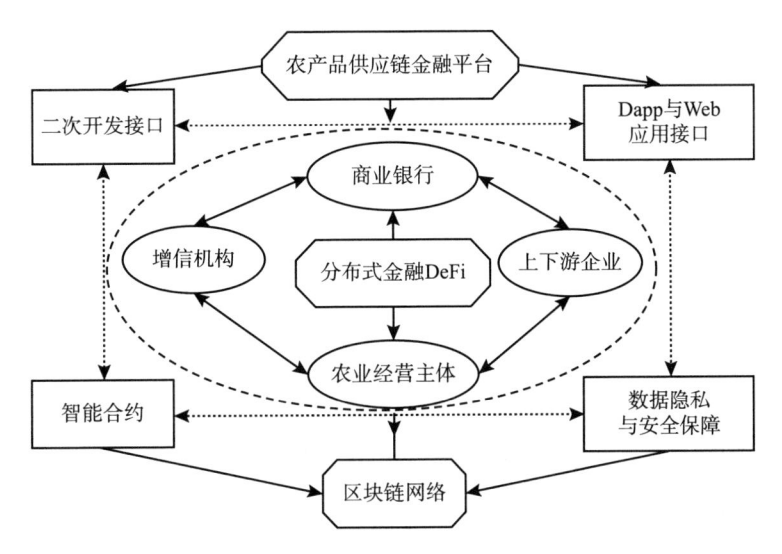

图4-3 基于区块链的商业银行农产品供应链金融平台功能结构

（1）可信数据存储功能。区块链技术通过其去中心化、不可篡改的特性，为农产品供应链的所有参与方提供了一个可靠的数据存储平台。这个平台能够安全地存储供应商信息、交易记录、贷款信息以及生产和物流的详细数据，为整个供应链的透明运作打下坚实基础。首先，供应商信息的可信存储有助于增加供应链中每个环节的可见性。通过区块链技术，从农田到消费者手中的每一步操作都可以被追踪和验证，既能增强消费者对产品来源和质量的信心，也提升供应链管理的透明度，帮助识别和优化生产流程中的瓶颈。其次，交易记录的不可篡改性保障了交易双方的权益，减少了交易过程中的不信任和潜在欺诈。每一笔交易一旦被记录在区块链上，就不能被修改或删除，确保了交易的真实性和完整性。这一特性对于商业银行尤为重要，因为它们依赖于准确无误的数据来评估贷款申请、管理风险和提供金融服务。农业经营主体可以利用区块链记录的信用历史来申请贷款，金融机构可以更容易地验证借款人的信用状况和贷款使用情况。这种透明度和信任的建立有助于降低贷款成本，提高农业经营主体的融资可获得性。区块链上的数据还可以支持高级分析和预测模型的开发，帮助农业企业、供应链管理者和政策制定者作出更加明智的决策。例如，通过分析存储在区块链上的历史交易数据和供应链动态，可以预测市场趋势、优化库存管理和改善供需匹配。

（2）智能合约功能。智能合约能够自动触发支付、结算和其他交易动作，实现自动化的执行和管理，减少人为干预和操作的风险。在产量预售合约中农业经营主体通过智能合约预售未来的农产品产量给买家，合约中包含价格、数量、品质标准和交付日期等信息，一旦农产品达到合约规定的标准并被交付，合约自动执行支付。在质量保证与追溯中，智能合约根据从种植、收获到加工的各个阶段收集到的温度、湿度等数据自动验证农产品的质量，如数据显示产品符合预定的质量标准，合约继续执行；否则，自动触发退货或赔偿程序。在物流与配送合约中，根据物流数据自动管理农产品的配送过程，如设定当物流提供商的 GPS 数据显示货物已经到达指定位置时，自动触发支付给物流提供商的流程在支付与金融服务中，实行支付流程自动化，确保农民及时获得销售收入。在保险执行方面，可以自动处理索赔，如合约中设定了干旱或洪水等特定的天气条件作为保险赔付的触发条件，那么一旦相关的天气数据满足这些条件，智能合约就会自动执行保险赔付给农业经营主体等。

（3）二次开发功能。为商业银行、增信机构和农业经营主体提供开发工具和接口，允许他们根据自身需求开发和部署自己的区块链应用，满足不同用户的特定需求。商业银行可以根据自身需求开发风险评估工具，以更准确地评估客户信用，实现风险控制的精细化管理，还可以开发适用于农产品供应链金融的各类应用，包括物流金融、供应链金融、贷款追踪、跨境支付等功能，这种创新性的服务模式将极大地推动了金融业务向数字化、智能化方向迈进。增信机构可以根据自身需求构建个性化的金融应用，如基于大数据分析和人工智能技术构建不动产、动产评估系统，实现快速、自动化的评估流程，提高评估的准确性和公正性，减少人为因素对评估结果的影响；建立完善的担保风险管理系统，实时监控和评估担保方的资质、经营状况，及时发现和处理潜在风险，提高担保交易的安全性和可靠性。农业经营主体可以二次开发根据自身需求开发生产资金管理、供应链金融服务、农产品销售管理、气象数据分析、精准农业管理等模块，

第4章 基于区块链的商业银行农产品供应链金融模式构建与稳定性分析

帮助他们更好地计划和执行农业生产活动，全面提升生产经营效率，优化资金管理，推动农业行业向智能化、科学化发展，为整个产业链的稳健增长注入新的活力。

（4）Dapp 与 Web 应用功能。通过提供用户友好的 Dapp 去中心化应用和 Web 应用接口，帮助农业经营主体轻松参与农产品供应链金融服务，这不仅是技术的创新，更是一种全新的服务模式，它们通过简化传统金融服务的流程，极大地提高了办理效率。通过简单地点击就能查询供应链的详细信息，如农产品的种植、收获、加工和运输等各个环节的数据，这种透明化的信息流动不仅增强了供应链的可追溯性，还有助于提升消费者对产品质量的信心。农业经营主体可以随时使用手机或电脑在线登记不动产、动产信息、评估价值、选择抵质押方式等，简化办理流程，也可以实现在线提交贷款申请、自动填写信息、即时审核等便捷操作，加强个人用户的参与度和便利性，此外，Dapp 与 Web 应用的推广还有助于推动金融服务的普惠化。在传统模式下，偏远地区的农业经营主体往往难以获得金融服务，而现在，只要有互联网连接，就能够享受到与城市相同的金融服务。

（5）数据隐私与安全保障功能。通过区块链的去中心化和分布式特性，确保数据的隐私和安全。区块链技术的去中心化特性意味着数据不再集中存储在单一服务器上，而是分布于整个网络中的多个节点上，每个节点都维护着完整的数据副本，只有在达成共识的情况下才能进行数据修改，这种分布式存储的方式降低了数据被攻击和篡改的风险，即使某个节点遭到攻击或故障，其他节点仍然能够保持数据的完整性和可用性，确保数据安全不会受到单一节点的影响。利用加密算法对农产品供应链金融平台中参与各方的商业机密、财务信息、信用评估和担保信息等数据进行加密处理，在数据传输和存储的过程中，所有数据都经过加密保护，并采用访问控制机制对数据进行严格管控，设置不同级别的权限和角色，限制不同用户对数据的访问和操作权限，只有具有相应私钥的用户才能解密和访问数据。这种加密技术和访问控制机制有效防止了未经授权的用户获取和篡改数据的可能性，保障数据的隐私性和安全性。

4.2.2 基于区块链的商业银行农产品供应链金融平台业务逻辑

在商业银行农产品供应链金融平台建立和启动的初期阶段，需要通过下列步骤完成平台的初始化，确保平台具备必要的技术基础和资源支持，在后续的运营中提供高效、便捷、安全的农产品供应链金融服务。

（1）签署协议和建立联盟。在这一阶段，商业银行、农业经营主体、核心企业、增信机构等各方将签署协议，共同组建联盟并成为联盟链的节点。这些企业作为联盟链的核心参与者，承担着维护联盟链日常运营和提供可靠数据存储服务的职责。签署协议是确立合作关系和明确各方责任的重要一步。

（2）开发联盟链和智能合约。联合组成联盟的各方将共同开发区块链技术，建立联盟链，并编写相应的智能合约。联盟链是专门针对商业银行农产品供应链金融平台业务需求构建的私有区块链网络，能够满足平台安全性、可扩展性和高效性等要求。智能合约则是在联盟链上执行的自动化合约，规定了各方之间的交易和操作规则，保障交易的可靠性和透明性。

（3）建立稳定链上资产。联盟的成员企业将出资建立稳定链上资产。这些资产作为链上商务行为收费、支付、质押、结算和智能合约执行的基础手段。通常，这些稳定链上资产以法定货币为基础，确保供应链金融交易的稳定和可信。这一步为平台的正常运行提供了坚实的基础。

（4）平台部署和启动。在完成联盟链、智能合约功能和应用接口等开发后，将这些技术部署到实际的供应链金融平台上，并启动平台的运营。平台的部署和启动意味着商业银行农产品供应链金融平台已经准备就绪，可以开始提供供应链金融服务。通过平台，各方可以通过 Dapp 或 Web 应用接口进行查询供应链信息、提交贷款申请、查看贷款状态等操作，实现便捷高效的金融服务。

各参与方在商业银行农产品供应链金融平台运营阶段的职责和激励主要表现为五个方面。一是联盟链核心节点企业负责维护联盟链的日常运营，提供可靠、可信、不可篡改的数据存储服务，并通过收取链上交易的手续费获得激励。二是商业银行通过平台提供信用资金，区块链技术的应用可以降低贷款审批和管理的运营成本，提高贷款服务的效率和客户满意度。三是有融资需求的农业经营主体通过将认证的存货凭证、应收账款等抵押获得链上稳定资产，并通过智能合约向金融机构借出法币资金，从而明显降低融资成本。四是上下游企业基于物联网技术对平台进行二次开发，帮助认证农业经营主体订单信息、经营信息及应收账款的真实性，并通过提供专业服务获得相应的激励。五是增信机构通过收取抵押服务费用或担保费用等方式获得激励，确保了其在维护供应链金融平台信用体系稳定性和参与方信用增强服务中的积极性。

4.3 基于区块链的商业银行农产品供应链金融模式构建

在搭建基于区块链的商业银行农产品供应链金融平台的基础上，本节结合农产品供应链金融和区块链技术的主要特征，构建四种商业银行农产品供应链金融模式，将基于区块链的商业银行农产品供应链金融平台各参与方紧密连接起来，实现信息共享和流通，为农业经营主体提供操作更便利、额度更高的融资服务，提高商业银行金融服务的效率和盈利水平，以期建立稳定且可持续的区块链生态系统。

4.3.1 商业银行农产品供应链金融模式业务逻辑

1. 不动产抵押增信的农产品供应链金融模式

党的十八届三中全会《中共中央关于全面深化改革若干重大问题的决定》明确指出"赋予农民对承包地占有、使用、收益、流转及承包经营权抵押、担保权能"的重要性。2016年，我国印发了《农村承包土地的经营权抵押贷款试点暂行办法》和《农民住房财产权抵押贷款试点暂行办法》，这些政策和试点措施的实施为农村经营主体办理抵质押业务提供了更多的政策便利。特别是针对农村土地经营权抵押贷款的试点，有效地解决了农民因土地资产无法变现而难以获得融资的问题,为其提供了更多的财务支持和发展空间。为进一步加强农村金融支持,中央农办、农业农村部、人民银行等七部门联合发布《关于扩大农业农村有效投资 加快补上"三农"领域突出短板的意见》,提出积极拓宽抵质押物范围,推广农村土地的经营权、农机具和大棚设施等抵押措施。在此背景下,2021年,人民银行昌吉州中心支行率先创新开展了"农村土地经营权抵押 + 政府增信"金融扶贫新模式①。农业经营主体的不动产问题已引起国家层面的高度重视。随着政策的不断完善和试点经验的积累,未来农村不动产抵押制度有望进一步健全,而针对不动产抵押价值评估,可引入第三方具有公信力的评估机构,如不动产登记部门、会计师事务所、专业评估机构,可以解决商业银行不敢以农村不动产抵押贷款的问题(罗剑朝等,2015;李韬等,2020)。

不动产抵押的商业银行农产品供应链金融模式的逻辑如下。第一步,农业经营主体存证不动产信息,农业经营主体将自己所拥有的不动产证明信息数字化,并通过区块链网络进行不动产信息的存证,确保信息的可信性和不可篡改性。这些不动产可以是农村住宅、宅基地、农田等。第二步,产权认证和价值评估,通过不动产登记部门、律师及会计师事务所等相关机构对不动产信息进行产权认证和估值,确保抵押物的合法性和价值,并收取相应的服务费用。第三步,区块链可信计算,区块链网络对存证的不动产信息进行可信计算和验证,以确保所有参与方的数据一致性和完整性。第四步,不动产抵押,农业经营主体与商业银行达成协议后,将不动产作为抵押物,通过智能合约进行抵押登记,并获得稳定链上资产。这些稳定资产可以用作抵押,以满足后续的贷款需求。第五步,法币贷款发放,农业经营主体通过智能合约向商业银行提出抵押稳定资产,获取法币贷款的需求。商业银行通过在区块链上查询不动产的产权信息,确认其合法性和价值后,直接向农业经营主体发放法币贷款,满足资金需求。业务的运作逻辑如图 4 - 4 所示。

---

① 人民银行昌吉州中心支行探索开展"农村土地经营权抵押 + 政府增信"模式支持绿色农业发展 [EB/OL]. 中国人民银行,2021 - 07 - 16.

第4章 基于区块链的商业银行农产品供应链金融模式构建与稳定性分析

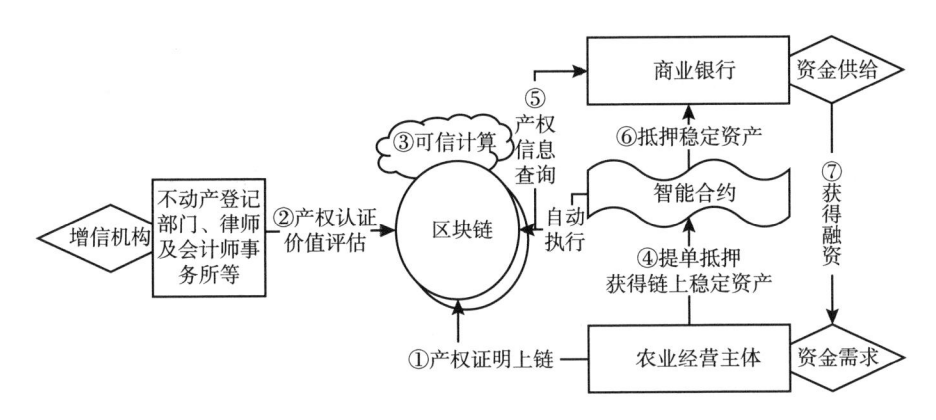

图4-4 不动产抵押增信的商业银行农产品供应链金融模式运作逻辑

2. 动产质押增信的农产品供应链金融模式业务逻辑及流程

2022年5月,人民银行吕梁市中心支行推动动产融资统一登记公示系统,在县域试点指导农商行创新推出"活体牛质押贷"金融产品。该系统中,农业经营主体以活体牛为质押,保险公司承保,商业银行按照每头牛12500～15000元的标准向农业经营主体发放质押贷款,在质押过程中,由农商行和保险公司为牛唯一性配打耳标标识,采用二维码扫码识别身份认证信息,便于活体质押物的价值评定、确权质押登记和后续跟踪管理。[①] 2023年9月,北京农商银行创新性实现了新品种权质押贷款,即种子企业以合法拥有的植物新品种权作为质押物,利用专业机构对质押物进行评估。[②] 这说明在信息技术的推动下,我国商业银行的动产质押业务规模及消费需求正在创新性应用和增长。动产质押和不动产质押的业务流程是一样的,仅仅是质押物从不动产变为动产。其具体业务逻辑如下。

第一步,农业经营主体存证动产信息,农业经营主体将自己所拥有的农机、存栏活禽等动产证明信息进行数字化,并通过区块链网络进行存证,保障信息的可信性。第二步,产权认证和价值评估,估价公司、认证机构等

---

① 人民银行吕梁市中心支行创新动产抵押新模式 为乡村振兴注入金融新动能 [EB/OL]. 中国人民银行,2022-07-05.
② 探索种业融资新模式 北京农商银行落地全市首笔植物新品种权质押贷款 [EB/OL]. 北京农村商业银行,2023-09-20.

机构对动产信息进行估值和认证，以确定质押物的合法性和价值，并收取相应的服务费用。第三步，区块链可信计算，区块链网络对存证的动产信息进行可信计算和验证，以确保所有参与方的数据一致性和完整性。第四步，动产质押登记，农业经营主体与商业银行达成协议后，将动产作为质押物，在区块链上进行质押登记，建立智能合约。第五步，融资发放，农业经营主体通过智能合约向商业银行提出质押动产获取融资的需求，商业银行通过在区块链上查询动产的产权信息，确认其合法性和价值后，直接向农业经营主体发放融资款项。业务的运作逻辑如图4-5所示。

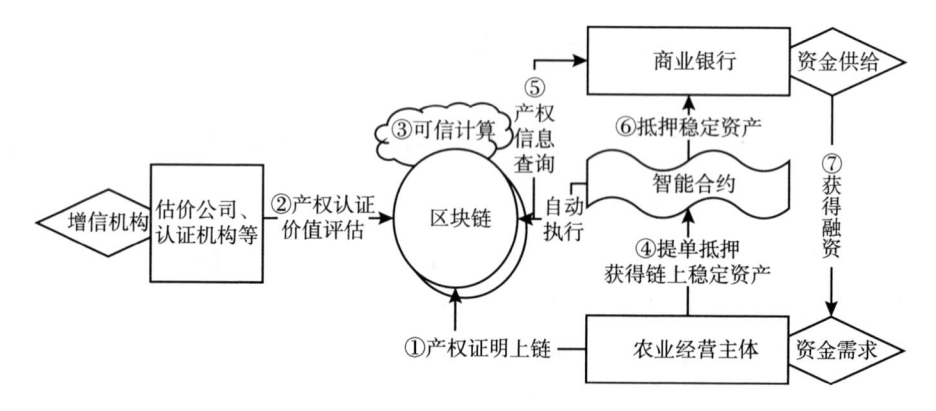

图4-5 动产质押增信的商业银行农产品供应链金融模式运作逻辑

3. 第三方担保增信的农产品供应链金融模式业务逻辑及流程

第三方担保增信机构通常涉及政府性融资担保机构、保险公司或其他第三方机构。2016年以来，财政部、农业农村部、金监局大力推进全国农业信贷担保体系建设工作，2023年4月，数据显示，全国农业信贷担保体系已经担保项目近320万个，累计担保金额已超过1万亿元。[①] 大量研究发现，融资担保机构可以有效帮助中小企业获得更多银行贷款，[②] 但是刘

[①] 七年担保 万亿征途——全国农业信贷担保体系成担保支农主力军［EB/OL］. 泰安市农业农村局，2023-04-07.

[②] Bachas N., Kim O., Yannelis C. Loan guarantees and credit supply［J］. Journal of Financial Economics, 2021, 139（3）: 872-894; 冯林, 刘阳. 从分险、赋能到激活竞争: 农业政策性担保机构何以降低农贷利率［J］. 中国农村经济, 2023（4）: 108-124.

第4章 基于区块链的商业银行农产品供应链金融模式构建与稳定性分析

祥等（2023）通过构建担保融资博弈理论模型，揭示信息不对称对不同担保方式（担保换费用、担保换期权、担保换股权）在中小微企业投融资应用中有负面影响。因此，在区块链技术驱动下，第三方担保增信的商业银行农产品供应链金融模式可以缓解信息不对称的负面影响，以帮助农业经营主体获得更多银行贷款。

第三方担保增信的商业银行农产品供应链金融业务的逻辑如下。第一步，农业经营主体将自己的经营行为加密后数据化，上传至区块链网络。这些数据可以包括经营收入、销售记录、供应链信息等。第二步，区块链网络的可信计算功能负责对用户行为大数据进行可信性分析。通过智能合约和算法，确定数据的可靠性和真实性，并生成相应的可信度评分。第三步，当农业经营主体向商业银行申请担保贷款时，专业增信服务机构通过对信用信息的查询，确定是否提供增信服务。这些机构可以查看区块链上的可信度评分和相关经营数据，以评估借款人的信用状况。第四步，基于区块链上的可信数据，商业银行通过查询担保信息确定是否向资金需求者提供融资服务。业务的运作逻辑如图4-6所示。

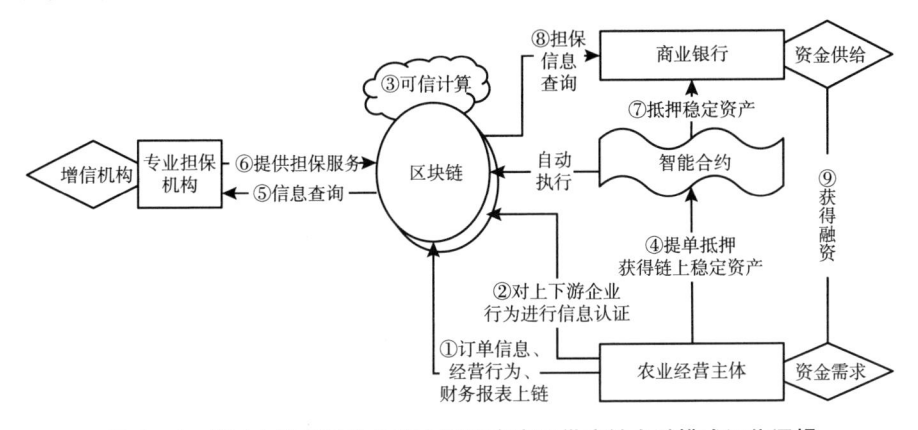

图4-6 第三方担保增信的商业银行农产品供应链金融模式运作逻辑

4. 信用增信的商业银行农产品供应链金融模式业务逻辑及流程

2022年4月6日，国家金融监督管理总局发布《关于2022年银行业保险业服务全面推进乡村振兴重点工作的通知》，要求"加快推进新型农业经营主体信用建档评级"，"在风险可控前提下，加大农户经营性信用贷款投放力度"等。山东省寿光市已经成功探索了以信用为主要依据的信贷模式。通过寿光市蔬菜智慧管理服务平台和产销服务平台，将产品质量溯源、交易数量、农业生产温度湿度、金融服务记录、信用监管状况等信息集成挖掘，为农业经营主体确定信用评级结果，并为合作社及农户授信9.3万户、金额142.6亿元。① 研究发现，业务流程数字化（如数字技术在生产运营、合作伙伴关系、客户关系等的应用）可以通过提高客户的偿付能力和信息透明度，最终作用于企业商业信用。② 因此，区块链技术可以促进信用增信的商业银行农产品供应链金融模式的发展。

信用增信的商业银行农产品供应链金融业务的逻辑如下。第一步，农业经营主体将经营信息经过加密后，上传至区块链网络进行数据化存储。这些信息可能包括交易订单、经营行为、财务信息等。第二步，区块链网络利用其可信计算功能，对用户的经营行为数据进行可信度分析。通过智能合约和算法，对上传的数据进行验证、计算和评估，生成相应的信用评分。在这个过程中，也可以借助核心企业等供应链上下游企业对相关交易信息进行认证。第三步，商业银行作为资金供给者，在借款人申请信用贷款时，通过查询这些公开且可信的数据，以及借款人的信用评分来评估其信用状况和信用风险。基于以上业务逻辑，商业银行可以更准确地判断借款人的信用状况，并更有效地决策是否提供融资服务。借助区块链的可追溯性和透明性，商业银行能够获得更可靠的数据依据，从而更好地帮助农产品供应链中的企业获取所需的信用贷款。该模式下各参与主体之间的互动关系如图 4-7 所示。

4.3.2 商业银行农产品供应链金融的风险收益分析

基于区块链的商业银行农产品供应链金融模式，依托增信机构实现的不动产抵押、动产质押、第三方担保、信用增信的四种模式，为整个商业

---

① 山东省寿光市财政：创新开展"信用农业"模式财金融合支持乡村振兴开拓新路径[EB/OL]. 中华人民共和国财政部，2020-11-18.

② 刘柏，鞠瑶蕾."大水漫灌"到"精准滴灌"：企业流程数字化与商业信用结构调整[J]. 南开管理评论，2024（1）：1-22.

第4章 基于区块链的商业银行农产品供应链金融模式构建与稳定性分析

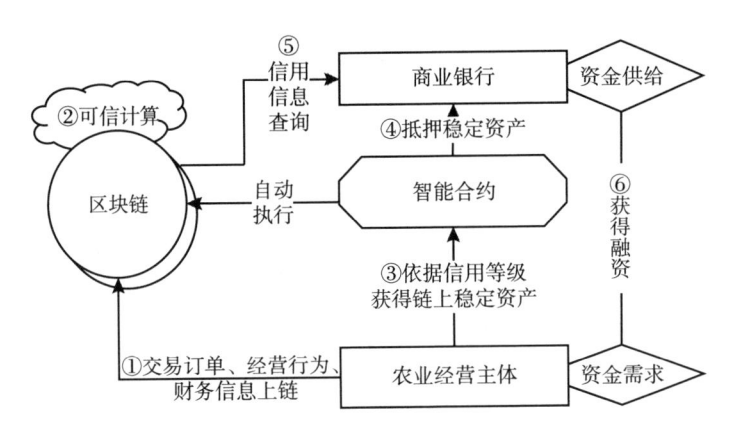

图 4-7 信用增信的商业银行农产品供应链金融模式运作逻辑

银行农产品供应链金融业务的运行强化了信用保障，从而增强了商业银行的贷款意愿、提高了农业经营主体获取的授信额度，为农业经营主体扩大生产规模、提高生产效率提供了有力保障，并将促进整个农产品供应链的稳定和可持续发展。基于区块链的农产品供应链金融成本、收益结构与传统农产品供应链金融有比较大的差异，其风险收益的对比如表 4-1 所示。

表 4-1 基于区块链的农产品供应链金融模式与传统农产品供应链金融模式的风险收益对比

参与者	传统农产品供应链金融模式		基于区块链的农产品供应链金融模式		比较结果
	成本风险	收益	成本风险	收益	
商业银行	特定农业经营主体的经营风险；行业系统性风险	利息收入	行业系统性风险；维护区块链网络支出	利息收入；手续费；网络效应与风险分散带来的价值增值	基于区块链的农产品供应链金融模式下的风险小于传统农产品供应链金融模式；利息收入相当；基于区块链的农产品供应链金融模式下的手续费和维护区块链网络支出相当。基于区块链的供应链金融模式有网络效应与风险分散带来的价值增值。结论：基于区块链的供应链金融模式中商业银行收益增加

续表

参与者	传统农产品供应链金融模式		基于区块链的农产品供应链金融模式		比较结果
	成本风险	收益	成本风险	收益	
农业经营主体	特定农业经营主体的经营风险；行业系统性风险	减少资金垫付，获得市场成长收益	特定农业经营主体的经营风险；行业系统性风险	减少资金垫付，获得市场成长收益；更低的贷款利率和更高的贷款额度；网络效应与风险分散带来的价值增值	两种模式风险相当；基于区块链的农产品供应链金融模式中的收益大于传统农产品供应链金融模式。基于区块链的农产品供应链金融模式有网络效应与风险分散带来的价值增值。结论：基于区块链的农产品供应链金融模式中农业经营主体的收益增加
增信机构	特定农业经营主体的经营风险，信用评估费用	手续费	维护区块链网络支出；特定农业经营主体的经营风险	信息认证费；网络效应与风险分散带来的价值增值	传统农产品供应链金融模式无增信机构，从基于区块链的农产品供应链金融模式来看，可为增信机构带来正向收益

（1）商业银行的风险与收益分析。与传统供应链金融模式相比，商业银行在基于区块链的农产品供应链金融模式中收益来源增加，除了从贷款利息获得收益外，还可以通过参与区块链网络维护来获得交易的手续费收益。在传统供应链金融模式中，商业银行风险主要来自特定农业经营主体的经营风险，如经营不景气、质量问题和退货等，而在基于区块链的农产品供应链金融模式中，通过智能合约的使用和稳定链上资产的抵押，商业银行可以消除特定供应商的经营风险，仅面临行业的系统性风险。由于数字化和去中心化的特点，基于区块链的农产品供应链金融模式中商业银行可以更快地完成资产的转移和交易，提高了资金的利用效率和流动性，提升了资产的流动性。基于区块链的农产品供应链金融模式，所有的交易记录都被记录在不可篡改的区块链上，确保了交易的透明度和可追溯性，这有助于减少欺诈行为，并提供更全面的数据用于风险评估和贷款审批；基于区块链的农产品供应链金融模式，可以促进商业银行与其他金融机构、增信机构和供应链参与方之间的合作伙伴关系的形成，通过合作伙伴关

第4章 基于区块链的商业银行农产品供应链金融模式构建与稳定性分析

系,商业银行可以充分利用各方的资源、技术和市场,创造更多的协同效应和共享收益。

(2)农业经营主体风险与收益分析。农业经营主体在供应链金融中经常面临市场、天气等导致的经营风险,这些风险与采用何种供应链金融模式无关。但在基于区块链的农产品供应链金融模式中,农业经营主体可以享受到一些额外的收益和风险管理优势。一是区块链技术的不可篡改性和透明性可以有效防止信息篡改和造假,从而增强了农业经营主体的市场信任度,这使得农业经营主体能够享受更低的贷款利率,提升其融资能力;二是通过增信机构的引入,结合区块链技术将不动产、动产等资产数字化,并在链上进行记录和流转,增强了农业经营主体的资产价值利用率,拓展担保来源,相比于传统供应链金融模式中仅可以获得订单金额以内的额度,农业经营主体可以获取更高的信用额度;三是缩短农业经营主体资金垫付时间,传统供应链金融平台在审核相关信息的真实性上需要一定的时间,而区块链平台通过公开透明的数据信息和可信计算机制,能够快速验证信息真伪,从而在短时间内实现资金垫付,有助于农业经营主体更好地融入和受益于供应链金融体系,并实现可持续发展。

(3)增信机构风险与收益分析。在传统供应链金融模式下,增信机构可能受到信息不对称、数据可靠性及人为因素的影响,从而导致信用评价的准确性和公正性存在一定的挑战,担保业务也面临很大的不确定性,基于区块链的不动产抵押和动产质押增信模式,增信机构的风险管理效能升级,可以直接访问经过验证和记录在区块链上的真实数据,避免传统供应链金融模式下的信息不对称问题,并可以基于更加准确、全面且实时的数据进行评估,从而提高了信用评价的质量和准确性;基于区块链的农产品供应链金融模式为增信机构带来了新的收益机会,增信机构可以通过提供更精准、更高效的信用评价服务,并利用智能合约和数据验证机制获得相应的报酬。在基于区块链的第三方担保增信模式中,所有经营信息都将被记录在不可篡改的区块链上,使得所有参与方都可以实时获取并验证相关信息,这提高了提供增信服务的第三方担保机构对整个贷款流程的可追溯性和透明度,降低了信息不对称的风险。

(4)区块链网络的网络效应和风险分散功能。区块链网络在供应链金融平台中具有较强的正网络效应，与传统供应链金融模式相比，区块链网络能够通过共享、验证和记录交易数据的方式提供更高效、透明和安全的交易环境。在区块链网络中，核心企业不再扮演担保者的角色，而是重要的区块链网络维护者，这种角色的转变减少了农业经营主体对核心企业担保作用的依赖。随着越来越多的参与者加入区块链网络，基于区块链的农产品供应链金融模式所能提供的服务和数据的可靠性也会提高，从而吸引更多农业经营主体和商业银行参与。同时，区块链金融的特性也为农业经营主体带来了风险分散的功能。在传统供应链金融模式下，商业银行通常提供单个融资者的资金需求，如果其中一个农业经营主体发生偿还危机，将对商业银行造成较大损失。然而，在基于区块链的农产品供应链金融模式中，由于分布式的特点，商业银行容易实现对多个农业经营主体的投资，而单个农业经营主体也可以通过向多个商业银行进行融资，实现风险的分散，有助于减轻商业银行和农业经营主体在供应链金融中面临的单点风险，并为各方带来更加安全和可持续的发展。

4.4 基于区块链的商业银行农产品供应链金融模式的稳定性分析

稳定且可持续的区块链生态系统是实现商业银行农产品供应链金融模式高效、稳健运营的基础，而区块链生态系统的稳定性取决于区块链上各参与主体的行为。本书所构建的基于区块链的商业银行农产品供应链金融模式包括三类主要参与主体：商业银行、农业经营主体及增信服务机构。这三类主体的行动策略相互影响，进而直接决定了系统的稳定性。

演化博弈是一种将进化生态学与博弈论相结合的理论，它假设博弈论中的参与者具有有限的理性，并会根据形势的改变而不断地调整自己的策略以寻找最佳的结果，从而使整个系统最终达到动态均衡（Mahmoudi et al.，2018）。这一方法摒弃了完全理性的假设，注重分析动态的调整过程，弥补了理性和静态视角的不足，能够更好地处理某些管理学问题，因而适用于研究群体在动态过程中反复博弈的过程（李友东等，2013）。因此，本节内容将运用演化博弈论的分析框架，探讨商业银行、农业经营主体和增信机构之间的策略选择、互动演化以及最终达到的动态均衡状态，为构建商业银行农产品供应链金融良好运营生态提出建议，从而为商业银行农产品供应链金融的未来发展提供参考。

4.4.1 三方演化博弈模型构建

1. 基本假设

为便于研究的进行，做出以下假设，模型参数与表达含义如表4-2所示。

表4-2　　　　　　　　模型参数与表达含义

行为主体	参数	表达含义
商业银行	r_L	有增信服务时融资利率
	r_H	没有增信服务时融资利率
	N	农产品供应链金融平台稳定资产的数量
	v	农产品供应链金融平台每单位稳定资产的价值
	N_s	持有的稳定资产数量
	f_s	农产品供应链金融平台接入费
增信机构	W	增信服务收费
	P_m	重新构建供应链的成本
	N_m	持有的稳定资产数量
	f_m	农产品供应链金融平台接入费
农业经营主体	L	资金需求量
	F	融资到期后将获得的经营性收入
	P_d	断链后重新建链的成本
	N_d	持有的稳定资产数量
	f_d	农产品供应链金融平台接入费

假设4-1：商业银行农产品供应链金融三方参与主体商业银行、农业经营主体和增信机构是有限理性、有限信息。

假设4-2：商业银行农产品供应链金融三方参与主体商业银行、农业经营主体和增信机构均具备两种策略选择。商业银行的策略集合为 {积极参与，消极参与}，商业银行根据在区块链平台上获取的信息，决定是否提供融资服务，提供融资服务的概率为 $x(0 \leq x \leq 1)$，不提供融资服务的概率为 $1-x$。增信机构的策略集合为 {提供增信服务，不提供增信服务}；增信机构根据农业经营主体提供的信息和区块链平台上的信息，决定是否为其提供增信服务，提供增信服务的概率为 $y(0 \leq y \leq 1)$，不提供增信服务的概率为 $1-y$；农业经营主体的策略集合为 {不违约，违约}。农业经营主体根据经营情况和供应链运营情况决定是否违约，不违约的概率为 $z(0 \leq z \leq 1)$，违约的概率为 $1-z$。

假设 4-3：商业银行如果想要通过基于区块链的供应链金融平台融出资金，农业经营主体想要通过基于区块链的供应链金融平台筹集短期运营资金，增信机构想要通过基于区块链的供应链金融平台提供服务并收取佣金，都需要接入该基于区块链的供应链金融平台，假设三者的接入费分别为 f_d、f_s 和 f_m。

假设 4-4：假设农业经营主体的资金需求量为 L，当有增信服务时融资利率为 r_L，当没有增信服务时融资利率为 r_H，$r_L < r_H$。融资到期后，农业经营主体将获得 F 的经营性收入。如果农业经营主体不违约将需要偿还 $L(1+r_i)$，$i \in \{L, H\}$，如果选择违约则不需要偿还任何贷款，但是会受到供应链上下游企业的惩罚，即"断链"，而在这种情况下，如果没有增信背书，商业银行的收入为零，如果有增信背书，商业银行的收入为 $L(1+r_L)$。

假设 4-5：假设增信服务机构（单个或联合）以提供稳定资产的形式完成对农业经营主体的增信，且服务收费为 W。如果农业经营主体违约，由于智能合约的自动执行机制，增信机构（单个或联合）将损失 $L(1+r_L)$。同时，增信机构将对农业经营主体施加"断链"惩罚，断链后将会对增信机构造成额外的损失 P_m，即重新构建供应链的成本。同理，农业经营主体的损失为 P_d，即农业经营主体重新建链的成本。

假设 4-6：基于区块链的商业银行农产品供应链金融平台的生态价值取决于平台的稳定资产的数量 N，以及每单位稳定资产的价值 v。假设农业经营主体持有的稳定资产数量为 N_d，商业银行持有的稳定资产数量为

第4章 基于区块链的商业银行农产品供应链金融模式构建与稳定性分析

N_s,增信机构持有的稳定资产数量为 N_m,且 $N = N_s + N_d + N_m$。三方不同的策略选择将会增加或降低稳定资产的单位价值,为了方便计算,本模型假设积极行为将增加稳定资产的价值,消极行为不对稳定资产的价值产生影响,则一次博弈结束后,稳定资产价值的变动取决于策略空间取值的和与最小波动单位 e 的乘积,例如:如果策略空间的取值是 {0,1,1},则博弈结束后单个稳定资产的价值增加 $2e$。

根据假设得出商业银行在 {提供融资服务,不提供融资服务}、增信机构在 {提供增信服务,提供增信服务} 和农业经营主体在 {不违约,违约} 策略集合下,三方主体演化博弈收益矩阵,如表4-3所示。

表4-3 商业银行、增信机构和农业经营主体之间演化博弈收益矩阵

编号	决策组合	收益矩阵		
		商业银行	增信机构	农业经营主体
1	提供融资服务,提供增信服务,不违约	$-f_s + Lr_L + 3N_s e$	$-f_m + W + 3N_m e$	$-f_d + F - W - Lr_L + 3N_d e$
2	提供融资服务,提供增信服务,违约	$-f_s + Lr_L + 2N_s e$	$-f_m + W + 2N_m e - L(1+r_L) - P_m$	$-f_d + F + L - W + 2N_d e - P_d$
3	提供融资服务,不提供增信服务,不违约	$-f_s + Lr_H + 2N_s e$	$-f_m + 2N_m e$	$-f_d + F - Lr_H + 2N_d e$
4	提供融资服务,不提供增信服务,违约	$-f_s + N_s e - L(1+r_H)$	$-f_m + N_m e - P_m$	$-f_d + F + L + N_d e - P_d$
5	不提供融资服务,提供增信服务,不违约	$-f_s - 2N_s e$	$-f_m + W + 2N_m e$	$-f_d - W + 2N_d e$
6	不提供融资服务,提供增信服务,违约	$-f_s + N_s e$	$-f_m + W + N_m e$	$-f_d - W + N_d e$
7	不提供融资服务,不提供增信服务,不违约	$-f_s + N_s e$	$-f_m + N_m e$	$-f_d + N_d e$
8	不提供融资服务,不提供增信服务,违约	$-f_s$	$-f_m$	$-f_d$

2. 模型构建与求解

根据演化博弈矩阵，计算商业银行农产品供应链金融三方参与主体的期望收益与平均收益，进而构建各主体的复制动态方程。

（1）商业银行"提供融资服务"策略的复制动态方程及其均衡点。

依据商业银行是否提供融资服务的演化博弈矩阵，计算商业银行不同策略选择所对应的期望收益，进而构建商业银行演化博弈的复制动态方程。

假设商业银行提供融资服务和不提供融资服务时的期望收益为 E_{S1} 和 E_{S0}，则：

$$E_{S1} = yN_s e + zN_s e - f_s + yL + yLr_H + yLr_L - yzL - 2yzLr_H + N_s e - L - Lr_H + zL + 2zLr_H$$

$$E_{S0} = yN_s e + zN_s e - f_s \tag{4-1}$$

商业银行的平均期望收益：

$$\begin{aligned}\bar{E}_S &= xE_{S1} + (1-x)E_{S0} \\ &= x(yL + yLr_H + yLr_L - yzL - 2yzLr_H + N_s e - L - Lr_H + zL + 2zLr_H) \\ &\quad + yN_s e + zN_s e - f_s\end{aligned} \tag{4-2}$$

根据演化博弈理论，商业银行"提供融资服务"策略的复制动态方程为：

$$\begin{aligned}F(x) = \frac{\mathrm{d}x}{\mathrm{d}t} &= x(E_{S1} - \bar{E}_S) \\ &= x(1-x)[y(L + Lr_H + Lr_L - zL - 2zLr_H) + N_s e - L \\ &\quad - Lr_H + zL + 2zLr_H]\end{aligned} \tag{4-3}$$

令 $F(x) = \dfrac{\mathrm{d}(x)}{\mathrm{d}t} = 0$，求得的点可能为演化博弈的均衡点。

当 $y = y_0 = \dfrac{L + Lr_H - N_s e - zL - 2zLr_H}{L + Lr_H + Lr_L - zL - 2zLr_H}$ 时，$\mathrm{d}(F(x))/\mathrm{d}x \equiv 0$，商业银行不能确定稳定策略。

当 $y \neq y_0 = \dfrac{L + Lr_H - N_s e - zL - 2zLr_H}{L + Lr_H + Lr_L - zL - 2zLr_H}$ 时，令 $F(x) = 0$，这意味着 $x = 0$、

$x=1$ 是两个稳定点。

根据复制动态方程的稳定性定理，商业银行选择提供融资服务的概率处于稳定状态时必须满足：$F(x)=0$ 且 $\mathrm{d}(F(x))/\mathrm{d}x<0$。

对 $F(x)$ 求导得：

$$\frac{\mathrm{d}(F(x))}{\mathrm{d}x} = (1-2x)[y(L+Lr_H+Lr_L-zL-2zLr_H)+N_se-L$$
$$-Lr_H+zL+2zLr_H] \quad (4-4)$$

当 $0<y<\dfrac{L+Lr_H-N_se-zL-2zLr_H}{L+Lr_H+Lr_L-zL-2zLr_H}$ 时，有 $\left.\dfrac{\mathrm{d}(F(x))}{\mathrm{d}x}\right|_{x=0}<0$，$\left.\dfrac{\mathrm{d}(F(x))}{\mathrm{d}x}\right|_{x=1}>0$，此时 $x=0$ 为演化动态均衡点，即商业银行倾向于选择不提供融资服务策略。

当 $\dfrac{L+Lr_H-yL-yLr_H-Lr_L+N_se}{L+2Lr_H-yL-2yLr_H}<y<1$ 时，有 $\left.\dfrac{\mathrm{d}(F(x))}{\mathrm{d}x}\right|_{x=0}>0$，$\left.\dfrac{\mathrm{d}(F(x))}{\mathrm{d}x}\right|_{x=1}<0$，此时 $x=1$ 为演化动态均衡点，即商业银行倾向于选择提供融资服务策略。

（2）增信机构"提供增信服务"策略的复制动态方程及其均衡点。

依据增信机构是否提供增信服务的演化博弈矩阵，计算增信机构不同策略选择所对应的期望收益，进而构建增信机构演化博弈的复制动态方程。

假设增信机构提供增信服务和不提供增信服务时的期望收益为 E_{M1} 和 E_{M0}，则：

$$E_{M1}=W-f_m+N_me-xL-xP_m+xN_me+zN_me-xLr_L+xzL+xzP_m+xzLr_L$$
$$E_{M0}=xN_me-xP_m+zN_me+xzP_m-f_m$$
$$(4-5)$$

增信机构的平均期望收益为：

$$\bar{E}_M = yE_{M1}+(1-y)E_{M0}$$
$$=xN_me+yN_me+zN_me+xzP_m-xP_m-xyL-xyLr_L+xyzL+xyzLr_L$$
$$+yW-f_m \quad (4-6)$$

根据演化博弈理论，增信机构"提供增信服务"策略的复制动态方程为：

$$F(y) = \frac{dy}{dt} = y(E_{M1} - \bar{E}_M)$$
$$= y(1-y)[z(xL + xLr_L) + W + N_m e - xL - xLr_L] \quad (4-7)$$

令 $F(y) = \frac{d(y)}{dt} = 0$，求得的点可能为演化博弈的均衡点。

当 $z = z_0 = \frac{xL + xLr_L - W - N_m e}{xL + xLr_L}$ 时，$d(F(y))/dy \equiv 0$，增值服务机构不能确定稳定策略。

当 $z \neq z_0 = \frac{xL + xLr_L - W - N_m e}{xL + xLr_L}$ 时，令 $F(y) = 0$，这意味着 $y = 0$、$y = 1$ 是两个稳定点。

根据复制动态方程的稳定性定理，商业银行选择提供融资服务的概率处于稳定状态时必须满足：$F(y) = 0$ 且 $d(F(y))/dy < 0$。

对 $F(y)$ 求导得：

$$\frac{d(F(y))}{dy} = (1 - 2y)[z(xL + xLr_L) + W + N_m e - xL - xLr_L] \quad (4-8)$$

当 $0 < z < \frac{xL + xLr_L - W - N_m e}{xL + xLr_L}$ 时，有 $\left.\frac{d(F(y))}{dy}\right|_{y=0} < 0$，$\left.\frac{d(F(y))}{dy}\right|_{y=1} > 0$，此时 $y = 0$。为演化动态均衡点，即增信机构倾向于选择不提供增信服务策略。

当 $\frac{xL + xLr_L - W - N_m e}{xL + xLr_L} < z < 1$ 时，有 $\left.\frac{d(F(y))}{dy}\right|_{y=0} > 0$，$\left.\frac{d(F(y))}{dy}\right|_{y=1} < 0$，此时 $y = 1$。为演化动态均衡点，即增新服务机构倾向于选择提供增信服务策略。

（3）农业经营主体采取不违约策略的复制动态方程。

假设 D 不违约和违约时的期望收益为 E_{D1} 和 E_{D0}，则：

$$E_{D1} = N_d e - f_d + xF - yW + xN_d e + yN_d e - xLr_H + xyLr_H - xyLr_L$$
$$E_{D0} = xF - f_d + xL - xP_d - yW + xN_d e + yN_d e$$

$$(4-9)$$

第4章 基于区块链的商业银行农产品供应链金融模式构建与稳定性分析

D 的平均期望收益为:

$$\bar{E}_D = zE_{D1} + (1-z)E_{D0}$$
$$= xF - f_d + xL - xP_d - yW + xN_de + yN_de + zN_de - xzL + xzP_d$$
$$- xzLr_H + xyzLr_H - xyzLr_L \qquad (4-10)$$

因此,农业经营主体选择不违约时的复制动态方程为:

$$F(z) = \frac{dz}{dt}$$
$$= z(E_{D1} - \bar{E}_D)$$
$$= z(1-z)[x(yLr_H - Lr_H - yLr_L - L + P_d) + N_de] \qquad (4-11)$$

令 $F(z) = \frac{dz}{dt} = 0$,求得的点可能为演化博弈的均衡点:

当 $y = y_0 = \dfrac{xL + xLr_H - N_de - xP_d}{xLr_H - xLr_L}$ 时, $d(F(x))/dx \equiv 0$,农业经营主体不能确定稳定策略。

当 $y \ne y_0 = \dfrac{xL + xLr_H - N_de - xP_d}{xLr_H - xLr_L}$ 时,令 $F(z) = 0$,这意味着 $z = 0$、$z = 1$ 是两个稳定点。

根据复制动态方程的稳定性定理,商业银行选择提供融资服务的概率处于稳定状态时必须满足:$F(z) = 0$ 且 $d(F(z))/dz < 0$。

对 $F(z)$ 求导得:

$$\frac{d(F(z))}{dz} = (1 - 2z)[x(yLr_H - Lr_H - yLr_L - L + P_d) + N_de] \qquad (4-12)$$

当 $0 < x < \dfrac{N_de}{Lr_H + yLr_L + L - yLr_H - P_d}$ 时,有 $\dfrac{d(F(z))}{dz}\bigg|_{z=0} < 0, \dfrac{d(F(z))}{dz}\bigg|_{z=1} > 0$,此时 $z = 0$ 为演化动态均衡点,即农业经营主体倾向于选择违约策略。

当 $\dfrac{N_de}{Lr_H + yLr_L + L - yLr_H - P_d} < x < 1$ 时,有 $\dfrac{d(F(z))}{dz}\bigg|_{z=0} > 0, \dfrac{d(F(z))}{dz}\bigg|_{z=1} < 0$,此时 $z = 1$ 为演化动态均衡点,即农业经营主体倾向于选择不违约策略。

3. 演化博弈模型均衡策略分析

根据以上分析,可得演化博弈的三维动力系统为:

$$F_x(x,y,z) = x(1-x)[y(L+Lr_H+Lr_L-zL-2zLr_H)+N_se-L-Lr_H$$
$$+zL+2zLr_H]$$
$$F_y(x,y,z) = y(1-y)[z(xL+xLr_L)+W+N_me-xL-xLr_L]$$
$$F_z(x,y,z) = z(1-z)[x(yLr_H-Lr_H-yLr_L-L+P_d)+N_de] \quad (4-13)$$

令 $F_x(x,y,z)=0$、$F_y(x,y,z)=0$、$F_z(x,y,z)=0$，可得演化系统存在8个纯策略均衡点：$E_1\{0,0,0\}$、$E_2\{1,0,0\}$、$E_3\{0,1,0\}$、$E_4\{0,0,1\}$、$E_5\{1,1,0\}$、$E_6\{1,0,1\}$、$E_7\{0,1,1\}$、$E_8\{1,1,1\}$。

三方演化博弈系统的雅可比矩阵为：

$$J = \begin{bmatrix} J_{11} & J_{12} & J_{13} \\ J_{21} & J_{22} & J_{23} \\ J_{31} & J_{32} & J_{33} \end{bmatrix} \quad (4-14)$$

其中：

$$J_{11} = \frac{\partial F(x)}{\partial x} = (1-2x)[y(L+Lr_H+Lr_L-zL-2zLr_H)+N_se-L-Lr_H+zL$$
$$+2zLr_H]$$

$$J_{12} = \frac{\partial F(x)}{\partial y} = x(1-x)(L+Lr_H+Lr_L-zL-2zLr_H)$$

$$J_{13} = \frac{\partial F(x)}{\partial z} = x(1-x)(-yL-2yLr_H+L+2Lr_H)$$

$$J_{21} = \frac{\partial F(y)}{\partial x} = y(1-y)(zL+zLr_L-L-Lr_L)$$

$$J_{22} = \frac{\partial F(y)}{\partial y} = (1-2y)[z(xL+xLr_L)+W+N_Me-xL-xLr_L]$$

$$J_{23} = \frac{\partial F(y)}{\partial z} = y(1-y)(xL+xLr_L)$$

$$J_{31} = \frac{\partial F(z)}{\partial x} = z(1-z)[y(Lr_H-Lr_L)-L+P_d-Lr_H]$$

$$J_{32} = \frac{\partial F(z)}{\partial y} = z(1-z)(xLr_H-xLr_L)$$

$$J_{33} = \frac{\partial F(z)}{\partial z} = (1-2z)[x(yLr_H-Lr_H-yLr_L-L+P_d)+N_de]$$

根据雅可比矩阵的特征值分析法，对演化系统存在的8个纯策略均衡

第4章 基于区块链的商业银行农产品供应链金融模式构建与稳定性分析

点进行稳定性分析。若雅可比矩阵的所有特征值都小于0,则均衡点为渐近稳定点;若至少有一个特征值大于0,则均衡点为不稳定点。分析各均衡点的稳定性,如表4-4所示。

表4-4 均衡点的稳定性分析

均衡点	λ_1	λ_2	λ_3	稳定性条件
$E_1\{0,0,0\}$	$N_s e - L - Lr_H$	$W + N_m e$	$N_d e$	不稳定点
$E_2\{1,0,0\}$	$L - N_s e + Lr_H$	$W - L + N_m e - Lr_L$	$P_d - L - N_d e - Lr_H$	$P_d + N_d e < L + Lr_H < N_s e$ $W + N_m e < L + Lr_L$
$E_3\{0,1,0\}$	$N_s e + Lr_L$	$-W - N_m e$	$N_d e$	不稳定点
$E_4\{0,0,1\}$	$N_s e + Lr_H$	$W + N_m e$	$-N_d e$	不稳定点
$E_5\{1,1,0\}$	$-N_s e - Lr_L$	$L - W - N_m e + Lr_L$	$N_d e - L + P_d - Lr_L$	$N_d e + P_d < L + Lr_L < W + N_m e$
$E_6\{1,0,1\}$	$-N_s e - Lr_H$	$W + N_m e$	$L - P_d - N_d e + Lr_H$	不稳定点
$E_7\{0,1,1\}$	$N_s e + Lr_L$	$-W - N_m e$	$-N_d e$	不稳定点
$E_8\{1,1,1\}$	$-N_s e - Lr_L$	$-W - N_m e$	$L - P_d - N_d e + Lr_L$	$L + Lr_L < P_d + N_d e$

由上述8个均衡点的稳定性条件可知,收益与成本的差值决定了3个主体的选择。

情形1:当满足条件一($P_d + N_d e < L + Lr_H < N_s e$)和条件二($W + N_m e < L + Lr_L$)时,博弈处于稳定均衡状态,稳定点为$\{1,0,0\}$,表示博弈组合策略为{提供融资服务,不提供增信服务,违约},即商业银行选择提供融资服务,增信机构选择不提供增信服务,农业经营主体选择违约。对于增信机构,如果其选择提供增信服务的成本大于其选择不提供增信服务的最终收益,其博弈策略将稳定于"不提供增信服务";对于商业银行,如果其选择提供融资服务的成本小于其选择不提供融资服务的最终收益,其博弈策略将稳定于"提供融资服务"。相比之下,即使农业经营主体没有遵守约定,但当商业银行提供融资服务的激励较高时,其依然有着较高的意愿提供融资服务。

情形2:当农业经营主体选择违约的最终收益大于其违约成本时,即满足$N_d e + P_d < L + Lr_L$的情况下,农业经营主体偏向于选择"违约";同时,在增信机构的收益满足$N_s e > L + Lr_L$,即选择提供增信服务所得到的最终收益大于成本时,博弈处于稳定均衡状态,稳定点为$\{1,1,0\}$,即{提供融资服务,提供增信服务,违约}。

情形3:当农业经营主体选择违约的成本大于其选择违约的最终收益时,即满足 $L+Lr_L<N_d e+P_d$,农业经营主体偏向于选择"不违约",此时 $E_8\{1,1,1\}$ 为渐近稳定点,这是商业银行、增信机构和农业经营主体三方进行策略选择的理想状态,这是后续仿真分析的重点。

4.4.2 演化博弈模型数值仿真分析

为系统分析各主体的演化趋势,本部分将利用 MATLAB 对商业银行农产品供应链金融三方参与主体的演化均衡进行直观的展示,并分析优化参数的选择。

1. 均衡结果验证

为了检验均衡分析的正确性,参考相关文献设置三组参数,仿真结果如图 4-8 所示。设置第一组参数为 $f_d=f_s=f_m=10$、$L=60$、$r_H=0.07$、$r_L=0.04$、$F=W=10$、$P_m=P_d=20$、$N_d=40$、$N_s=100$、$N_m=50$、$e=1$,此时均衡收敛到 $E_2\{1,0,0\}$,仿真结果如图 4-8(a)所示。第二组参数为 $f_d=f_s=f_m=10$、$L=60$、$r_H=0.07$、$r_L=0.04$、$F=W=10$、$P_m=P_d=20$、$N_d=40$、$N_s=100$、$N_m=60$、$e=1$,此时均衡收敛到 $E_5\{1,1,0\}$,仿真结果如图 4-8(b)所示;第三组参数为 $f_d=f_s=f_m=10$、$L=50$、$r_H=0.07$、$r_L=0.04$、$F=W=10$、$P_m=P_d=20$、$N_d=50$、$N_s=100$、$N_m=60$、$e=1$,此时均衡收敛到 $E_8\{1,1,1\}$,仿真结果如图 4-8(c)所示。

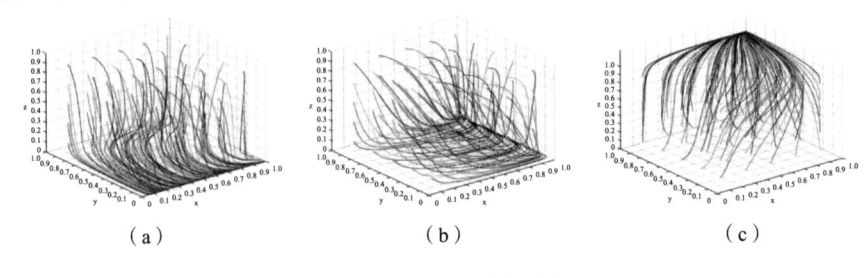

(a)　　　　　　　　(b)　　　　　　　　(c)

图 4-8　均衡点演化路径

2. 外部变量仿真分析

由理想点的稳定性条件（$L + Lr_L < N_d e + P_d$）可知，当农业经营主体选择违约的成本大于其选择违约的最终收益时，各主体的行为才逐渐演化为｛提供融资服务，提供增信服务，不违约｝。因此，将情景与因素相结合，探究外部变量对系统演化结果的影响。仿真实验的基础对标参数设置为 $f_d = f_s = f_m = 10$、$L = 50$、$r_H = 0.07$、$r_L = 0.04$、$F = W = 10$、$P_m = P_d = 30$、$N_d = 40$、$N_s = 100$、$N_m = 70$、$e = 1$。

情景1：贷款规模 L 对系统演化结果的影响分析。

贷款规模对系统演化结果的影响趋势，如图4-9所示。从中可以看出，随着贷款规模向下波动50%、向上波动50%，对商业银行和增信机构的演化趋势影响微小，但对于农业经营主体而言，贷款规模直接影响了其收益，贷款规模向下波动50%，演化收敛速度较快；贷款规模向上波动50%，系统向农业经营主体"违约"演化；贷款规模向上波动70%，系统

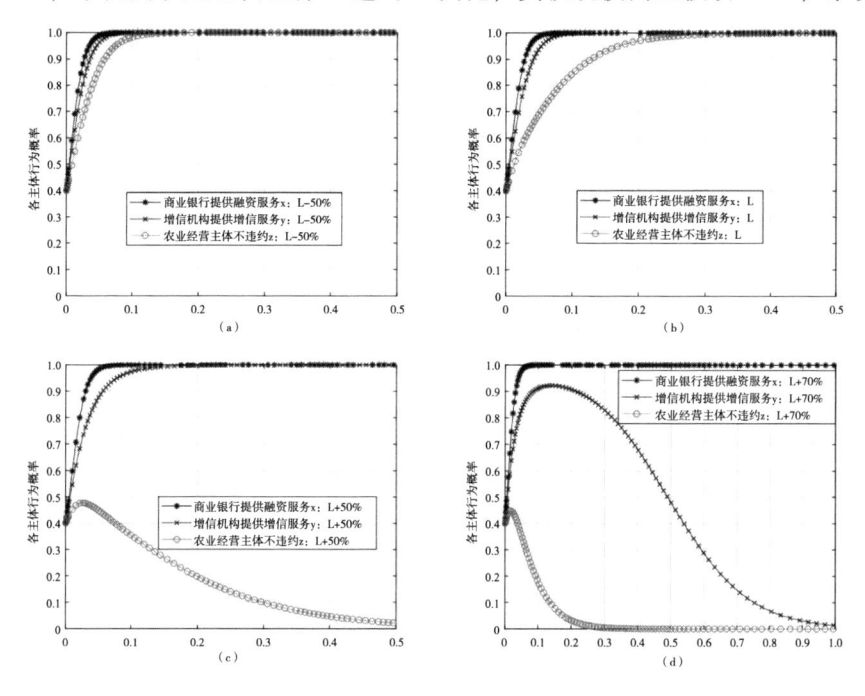

图4-9 贷款规模对系统演化结果的影响

向增信机构不提供增信服务演化。由此分析,当商业银行对农业经营主体的贷款规模较小时,农业经营主体出于自身利益考虑,倾向于选择按约定还款;当贷款规模加大,为追求利益最大化,其行为逐渐趋向于"违约"策略,贷款规模越大,这种趋势越明显。因此,商业银行应与增信机构协作,限制农业经营主体贷款规模,例如,通过设置合理的贷款规模上限,确保贷款规模既能满足农业经营主体的实际需求,又不至于过高以至于增加违约的诱因。此外,商业银行和增信机构可以采用动态调整策略,根据农业经营主体的信用历史、还款能力及市场条件等因素,灵活调整贷款规模。这种做法不仅有助于控制贷款风险,还能够鼓励农业经营主体维持良好的信用记录和财务健康状况。商业银行和增信机构还应加强对农业经营主体的财务培训和指导,提升其财务管理能力,以优化其贷款使用效率,从而实现双方的共赢。

情景2:对农业经营主体违约的断链惩罚 P_d 对系统演化结果的影响分析。

对农业经营主体违约的断链惩罚对系统演化结果的影响趋势,如图4-10所示。从中可以看出,对农业经营主体违约的断链惩罚上下波动50%,而随着供应链惩罚的增加,农业经营主体违约的成本随之增加,对农业经营主体违约的断链惩罚直接影响了其收益,演化收敛速度较快;断链惩罚向下波动70%,系统向农业经营主体"违约"演化。由此分析,当对农业经营主体违约的断链惩罚较小时,农业经营主体出于自身利益考虑,倾向于"违约"策略;当对农业经营主体违约的断链惩罚加大,为追求利益最大化,其行为逐渐趋向于按约定还款。因此,为了引导农业经营主体遵守约定,从而提高整个供应链的稳定性和效率,商业银行和增信机构需要对违约行为实施适当的惩罚机制,其中不仅包括罚款或提高未来贷款的利率等财务性惩罚,还可以包括降低信用等级或公开违约信息等声誉惩罚,以此来增加违约的外部成本。随着对农业经营主体违约的断链惩罚的增加,农业经营主体将更加重视其在供应链中的信誉和合作关系,从而促使其优先考虑履行合同义务,减少违约行为。这种策略不仅有助于降低供应链管理的风险,还能够促进供应链各方之间的信任建立,提高整个供应链系统的运作效率。

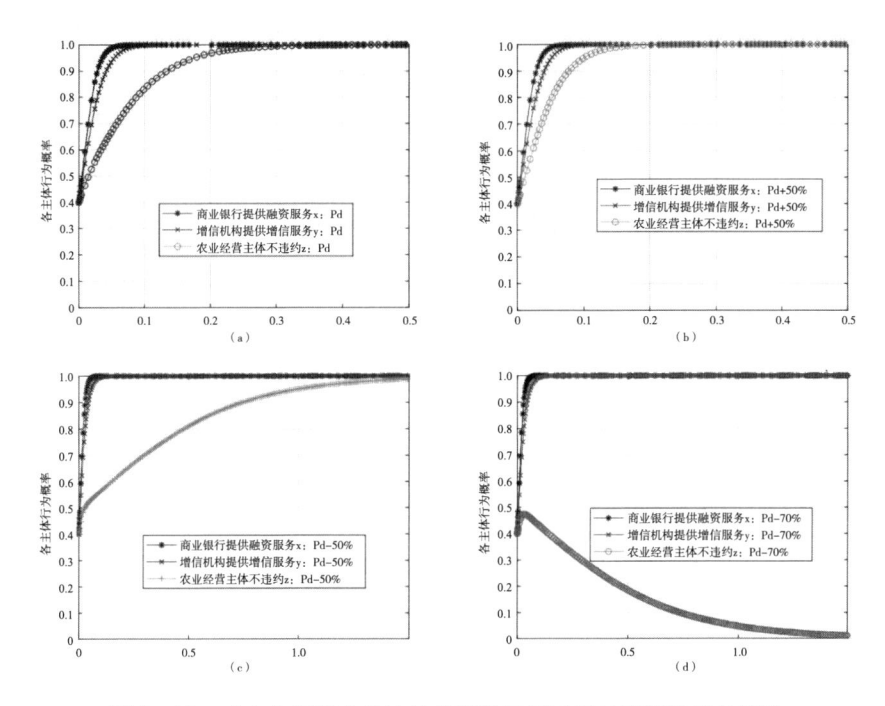

图 4-10　对农业经营主体违约的断链惩罚对系统演化结果的影响

4.5　本章小结

基于本书第 3 章分析得出的农业经营主体面临的融资困境以及传统农产品供应链金融模式的局限性，本章在分析区块链技术在供应链金融中的作用的基础上，设计了商业银行农产品供应链金融平台，创新构建了四种商业银行农产品供应链金融模式，并分析了其在风险控制和收益提高方面的有效性。最后，本章又通过构建三方演化博弈模型对商业银行农产品供应链金融模式进行稳定性分析，以保障该模式能够实现稳定运行。

稳定性分析的结果表明，为推动农业经营主体能够按时按量还款，确保商业银行农产品供应链金融模式整个系统的稳定和可持续发展，以下两种策略建议可以实现商业银行农产品供应链金融模式运行。一是合理控制贷款规模，设置贷款规模上限；二是提高对农业经营主体违约的断链惩罚。当农业经营主体选择违约的成本大于其选择违约的最终收益时，各参与主体是趋向于积极合作的。这对于理解和推动区块链技术在商业银行农产品供应链金融领域的应用与管理具有重要参考价值。

本章的贡献在于围绕引入区块链技术和增信机制构建了四种类型的商业银行农产品供应链金融模式。同时，通过演化博弈进行稳定性分析，保障构建模式的稳健发展。因此，接下来，本书第 5 章和第 6 章的内容，将对构建的商业银行农产品供应链金融模式进行服务能力评价和双边匹配机制设计，为该模式的实践应用提供理论依据。

第5章

05 Chapter

商业银行农产品供应链金融模式服务能力评价

为了对有限的信贷额度进行高效配置,需要对本书第 4 章构建的四种商业银行农产品供应链金融模式的服务能力进行评价。不同信贷额度配置结果会给商业银行带来不同的盈利能力、风险控制能力、市场占有能力等,而商业银行信贷额度配置是通过其构建模式的服务能力来实现的,测量评价农产品供应链金融服务能力是商业银行在实施农产品供应链金融模式过程中的重要决策内容。基于此,本章试图设计一个针对性强、易操作的商业银行农产品供应链金融服务能力评价指标体系,并以该体系为基础构建商业银行农产品供应链金融服务能力评价模型,对第 4 章设计的四种商业银行农产品供应链金融模式进行服务能力评价。最后,以评价结果为依据,研究提出商业银行信贷额度配置策略。

5.1 商业银行农产品供应链金融模式服务能力评价指标体系设计

构建一套精准及全面的评价指标对于衡量商业银行在农产品供应链金

融领域的服务能力至关重要，能够为商业银行农产品供应链金融业务提供清晰的发展方向，指引其持续改进与创新。在挑选评价指标时，必须充分考虑不同商业银行农产品供应链金融模式的具体情况，准确把握对服务能力影响最大的关键要素。同时，这些关键因素应当具备足够的前瞻性与持久性，以长期地支持对商业银行能力评价工作。因此，在构建指标体系的过程中，需汇集并平衡多种因素，同时还要贴合商业银行的实际业务环境，采用合理而有效的方法，使所构建的评价指标体系成为推动商业银行在农产品供应链金融领域发展的坚实基础。

5.1.1 商业银行农产品供应链金融模式服务能力的影响因素识别

为了确保评价指标的科学性与全面性，本章首先利用文献和文本资料以及专家调研访谈的方法对所有可能影响商业银行农产品供应链金融模式服务能力的因素识别出来。

（1）文献研究与梳理。从学术文献、行业报告、政府文件等多个信息源中收集关于农产品供应链金融服务的研究和实践信息，鉴别和总结出与商业银行农产品供应链金融服务能力相关的关键主题。从信贷资源供给侧和需求侧两个维度分析微观影响因素，如银行竞争、风险管理、信贷市场需求、客户信任等，从PEST（政治、经济、社会、技术）四个维度寻找宏观影响因素，如政策支持、监管环境、经济环境、普惠金融发展、金融基础设施、大数据分析、数据技术应用等，初步构成潜在的评价指标。

（2）专家问卷调查与归纳。通过德尔菲法采用电子问卷调查的形式，将初步确定的评价指标清单分发商业银行领域专家研提意见。专家选择包括10名商业银行从业人员，4名银行监管部门从业人员，6名商业银行管理方面的高校老师。商业银行从业人员包括2名熟悉产品设计的创新性、实用性和市场适应性的金融产品设计师、5名对贷款申请的审核流程、风险控制标准以及客户服务有深入了解和丰富实践经验的审批人，以及3名对银行的整体战略、市场定位以及风险管理政策有深刻理解的银行行长，银行类别涉及3家全国性银行和2家地方性银行。这一选择反映了对不同

第5章 商业银行农产品供应链金融模式服务能力评价

角度和专业知识的重视,旨在确保评价指标的全面性和实用性。通过多个回合的讨论并修订指标后,对专家提供的意见和建议进行整理和分类。专家具体来源、筛选条件和人数如表5-1所示。

表5-1 德尔菲法调查专家背景信息

来源		条件	人数
商业银行	全国性银行	深入了解贷款申请的审核流程、风险控制标准及客户服务,并具备丰富实践经验的审批人	2
		熟悉产品设计的创新性、实用性和市场适应性的金融产品设计师	2
		对银行的整体战略、市场定位及风险管理政策有深刻理解的银行行长	2
	地方性银行	深入了解贷款申请的审核流程、风险控制标准及客户服务,并具备丰富实践经验的审批人	2
		熟悉产品设计的创新性、实用性和市场适应性的金融产品设计师	1
		对银行的整体战略、市场定位及风险管理政策有深刻理解的银行行长	1
银行监管部门		拥有多年在银行监管部门工作经验,熟悉国家和地方监管政策法规;具备全面的银行业务知识,包括贷款审批流程、贷款风险控制标准、客户服务要求等方面	4
高校		从事金融机构风险管理研究领域	6

5.1.2 商业银行农产品供应链金融模式服务能力的影响因素确定

根据上一步专家制定的评价指标清单设计新的调查问卷,邀请10名商业银行县域支行从业人员做进一步验证,10名商业银行县域支行从业人员直接从事农村金融服务工作,在日常工作中直接接触农业经营主体与农产品市场融资项目,对农产品供应链金融服务的实际情况以及当地农业产业链的运作模式、市场情况及客户需求更为了解,积累了大量第一手信息,能够提供更具体、更地域化的反馈和评价。他们的参与不仅可以对初步选取的评价指标从理论上进行审核,还可以利用自身实践经验检验指标的可操作性和适用性。这种反复的验证和反馈过程有助于发现可能存在的问题或不足，提高评价体系的内在一致性和可靠性，确保了该评价指标体系能够反映商业银行在当前及未来农业金融发展需求中的实际服务能力。该过程可以逐步完善农产品供应链金融服务能力评价指标体系，使其逐渐趋向相对一致且稳定。

根据专家共识及归纳分析，形成稳定的商业银行农产品供应链金融服务能力评价指标体系，包含4个一级指标和12个二级指标，具体内容如表5-2所示。

表5-2 农产品供应链金融服务能力评价指标体系

项目	一级指标	二级指标
农产品供应链金融服务能力评价	客户满意度（A）	服务响应速度（A1）
		顾客抱怨解决时间（A2）
		产品服务精准度（A3）
	农产品供应链金融技术发展（B）	数据管理能力（B1）
		数据安全性（B2）
		风险控制技术（B3）
	农产品供应链金融政策与监管（C）	信息披露透明度（C1）
		配合度和沟通效率（C2）
		内控体系的完整性（C3）
	农产品供应链金融竞争能力（D）	服务成本（D1）
		风险控制（D2）
		技术和创新能力（D3）

各大类指标细化说明如下。

1. 客户满意度

客户满意度是影响商业银行农产品供应链金融模式服务能力的一个关键因素，是衡量客户对商业银行产品和服务满意程度的指标，它反映了客户对商业银行的期望和实际感受之间的差距。客户满意度对商业银行建立良好声誉、增加客户忠诚度，在竞争激烈的市场中保持竞争优势尤其重要，还能帮助商业银行改善内部流程、发现问题并进行改进。客户满意度主要包括服务响应速度、顾客抱怨解决时间、产品服务精准度三个方面。

服务响应速度是指银行在应对农产品供应链各环节的融资需求和金融服务请求时，所需的时间及提供服务的迅速性；顾客抱怨解决时间是指银行在收到客户的投诉或抱怨后，解决这些问题或抱怨所需的时间；产品服务精准度是指银行提供的金融产品和服务与客户需求的匹配程度和正确性。商业银行可以投入资金和人员在服务响应速度、顾客抱怨解决时间、产品服务精准度三个方面来构建农产品供应链金融服务能力。

2. 农产品供应链金融技术发展

商业银行农产品供应链金融的发展离不开互联网技术的快速发展，具体体现在数据管理能力、数据安全性及风险控制技术三个方面。首先，数据管理能力使商业银行能够通过有效的数据收集、整合和分析更好地了解供应链中各个环节的情况，以优化金融服务、降低风险并提升服务效率。其次，数据安全性确保农产品供应链相关的敏感信息和交易数据得到充分保护，以防止未经授权的访问、泄露或恶意攻击。最后，风险控制技术利用大数据、人工智能和预测建模等技术手段对农产品供应链上的大规模数据进行深入挖掘和分析，以识别潜在风险、预测市场趋势，并制定相应的风险管理策略。这些技术的应用为农产品供应链金融提供了更强大的支持和保障。

3. 农产品供应链金融政策与监管

政策和监管的有效性和严格性对于防范化解金融风险、维护金融市场稳定起到重要作用（明雷等，2023；夏循福等，2023）。商业银行与监管机构之间的合作是金融市场秩序稳定的关键，更是保护金融消费者权益的重要手段（陈斌彬，2019）。信息披露的透明度是指商业银行是否及时、全面地向监管机构披露相关信息，避免存在隐瞒信息、虚假披露等情况，影响监管机构对金融风险的识别和防范。配合度和沟通效率是指商业银行是否积极配合监管机构的检查、调查和监督工作，是否在监管机构执法过程中建立了高效的沟通机制，能够及时回应监管机构的要求和关注点，共同解决问题。内控体系的完整性是指商业银行是否按照监管机构要求建立完善的内部合规制度和体系，确保业务操作符合法律法规和监管要求。

4. 农产品供应链金融行业竞争力

为保持并提升市场竞争力，商业银行正在从过去规模扩张的粗放式增长模式向精细化和低资本消耗的增长方式转型（罗琳，2019），这种竞争力主要体现在服务成本、风险控制、技术和创新能力等方面。商业银行通过控制服务成本，能增强其产品的市场吸引力，提升客户满意度；风险控制能力指商业银行管理和缓解放贷过程中出现的信用风险、市场风险、操作风险等能力的高低，良好的风险控制能力可以减少潜在损失，保护银行资产，并增加客户对银行的信任；技术和创新能力关乎银行在新产品开发、金融科技应用、服务流程改进等方面的能力，技术领先和不断创新有助于提升服务效率和质量，推动业务持续发展。

5.2 商业银行农产品供应链金融模式服务能力评价模型构建

5.2.1 结构方程模型选取理由及建模流程

本书旨在研究商业银行农产品供应链金融服务水平。对这一领域的研究主要依赖于多个关键因素和变量，包括金融产品创新、风险管理、客户需求等，这些因素之间相互影响并构成服务能力的综合体现。而商业银行的农产品供应链金融服务能力也受到内外部环境、政策、市场需求等多种主客观因素的综合影响。由此可见，需要选择一种能够定量评估主观感受的方法，从而保证研究结果的科学性和合理性。与传统的研究方法比较，结构方程模型具有以下优点。

（1）结构方程模型在进行处理各个变量时，能够忽略其他变量之间的相互影响，对单个变量的影响效应进行运算，并且能够同时考虑多个方面的影响作用，与多种因子建立变量关系。

（2）在一些综合评价或者研究中，一定会存在误差，但是结构方程模型却能容许测量误差，并且更加适用于对一些主观测量项的研究。相较于其他的模型或者方法来说，结构方程模型就能更加真实地反映各个变量的影响效应，在误差范围内，更加真实地得出实际的研究结果。

（3）结构方程模型能够估计整个模型的拟合程度。在构建结构方程模型时，可以检验模型是否真实可靠，并对结果进行分析，这样可以判断模型是否符合实际现象，而不同于一般的变量路径关系，结构方程模型能够估计整个关系的影响效应，使结果更加真实。

综上，结构方程模型具有能探讨多个变量因果关系、允许测量误差等优点，而商业银行农产品供应链金融服务能力是一个涉及多方面的、多评价的复杂问题，因此采用有同时处理多个因变量的结构方程模型研究方法，进行商业银行农产品供应链金融的研究，保证结果的合理性与可靠性。

5.2.2 结构方程模型的构建

本书设定了5个潜变量，分别是农产品供应链金融服务能力、客户满意度、农产品供应链金融技术发展、农产品供应链金融政策与监管、农产品供应链金融竞争能力，其中农产品供应链金融服务能力为外生潜变量，其余4个为内生潜变量；12个具体指标为内生显变量。

根据前文的分析和研究理论基础，提出以下假设：

假设5-1：外生潜变量农产品供应链金融服务能力是四个内生潜变量客户满意度，农产品供应链金融技术发展、政策与监管和竞争能力的高阶因子；

假设5-2：客户满意度对农产品供应链金融服务能力有正向影响；

假设5-3：农产品供应链金融技术发展对农产品供应链金融服务能力有正向影响；

假设5-4：农产品供应链金融政策与监管对农产品供应链金融服务能力有正向影响；

假设5-5：农产品供应链金融竞争能力对农产品供应链金融服务能力有正向影响。

利用AMOS 24.0软件绘制商业银行农产品供应链金融服务能力评价结

构方程模型,并对 5 个潜变量和 12 个显变量进行验证性因素分析,初始结构方程模型如图 5-1 所示。

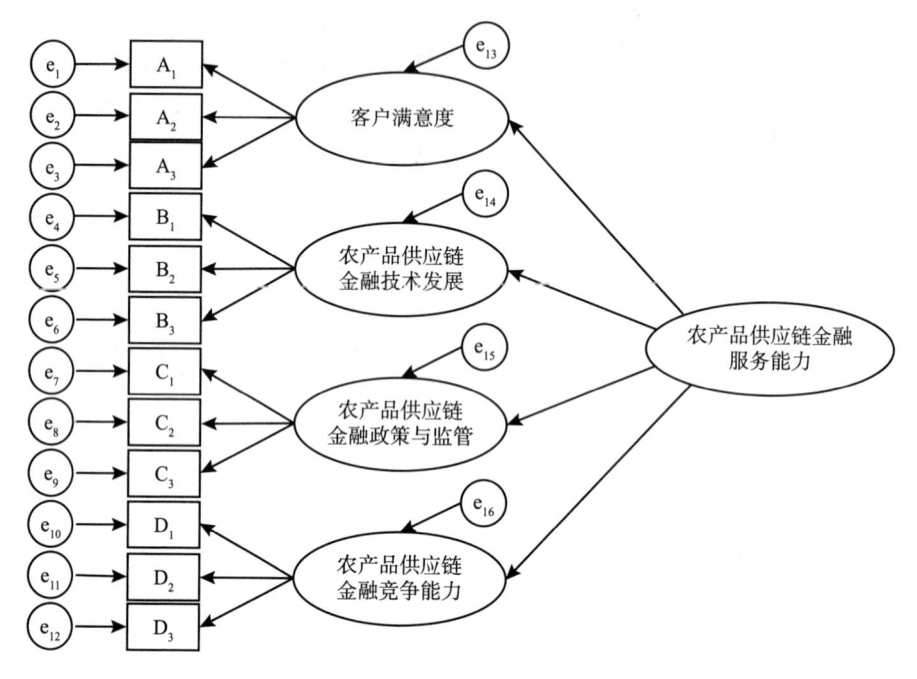

图 5-1 商业银行农产品供应链金融服务能力评价初始结构方程模型

5.2.3 问卷设计与数据分析

为了估量商业银行农产品供应链金融服务能力,本书基于覆盖面、成本效益、真实性、灵活性的考虑,采用问卷调查法进行数据收集。在设计问卷问题时注意语言的直接、简明和易于理解,以适应不同教育背景的受众,并遵循相关的隐私和数据保护法规。在问卷说明部分明确介绍研究目的,并向受调查者承诺保密性和匿名性,确保个人信息及答案将严格保密并仅用于研究分析。在问卷调查开展过程中,提供清晰的指导说明,帮助受调查者理解如何填写问卷,并提供研究者联系信息以便询问和反馈。在应用结构方程模型进行数据分析时,充足的样本量对模型拟合指标和评价指标的可靠性起着至关重要的影响,样本量最小标准通常不低于 200。基于这个标准,本书在开展问卷调查过程中,也遵循了至少 200 份问卷的样本量基线，以确保后续结构方程模型分析的结果有效性。

1. 问卷设计

为了确保问卷调查的有效性和科学性，本书在问卷设计方面进行了细致的规划与考量。我们的目标是通过精心设计的问卷，准确检验影响商业银行农产品供应链金融服务能力的关系假设。问卷设计遵循了专业方法学指导，并对以下三个核心部分进行了专业构建。

首先，问卷的前端部分提供了详尽的卷首说明，旨在向受访者明确介绍研究目的和答题指南，并强调答案的隐私将得到严格保护，并提前对参与者的投入时间表示感谢。这一部分的设计考虑了消除潜在的戒备心理，以促进受访者的真实和自然回应，进一步确保数据质量。

其次，在个人基本信息部分，收集关键的人口统计学数据，包括但不限于年龄、教育水平、职业等。这些信息对于后续数据分析的分层和控制可能的混杂变量至关重要。

最后，主体测量题项则紧密围绕本书评价指标，通过精心设计的问题来评估各种因素对银行服务能力的影响程度。本书选择了验证过的李克特5级量表作为量化工具，因其简洁且用户友好的格式有助于提高回应率。此量表要求受访者根据自己的真实见解，对题目内容进行认真阅读并给出相应的评分，从"完全无关"（1分）到"重大影响"（5分）的范围内选择最符合他们看法的选项。

通过这些专业而周密的设计措施，本书的问卷旨在获取真实准确的数据，为后续的结构方程模型分析打下坚实的基础（见附录2）。这样的方法确保了问卷结果的可信度，从而提升研究的总体质量。

2. 数据收集

为了确保研究的有效样本量并采取多样化的抽样策略，本次调查运用了"问卷星"这一便捷平台，创建了在线问卷，并将其通过微信、新浪微博社交媒体平台以链接和二维码形式广泛传播。我们鼓励符合研究条件的参与者进行滚雪球式的分享，利用个人社交网络扩大问卷的覆盖范围，旨在最大限度地提高样本的多样性和代表性。调查期间共发放了825份问卷，其中通过排除那些填写时间异常短或选择了相同答案的无效问卷后，得到了 760 份有效问卷，有效回收率达到了 92.1%。由于结构方程模型在样本量要求方面通常建议至少 200 份，因此通过这次调查所获得的 760 份有效问卷，不仅满足了 SEM 分析的基本样本量要求，而且提供了充足的数据基础，以便进行更深入准确的统计分析。本次调研问卷的基本信息情况如表 5-3 所示。

表 5-3　　基本信息情况

基本信息		频率	百分比（%）	有效百分比（%）	累计百分比（%）
性别	男	491	64.6	64.6	64.6
	女	269	35.4	35.4	100.0
年龄	18~25 岁	97	12.8	12.8	12.8
	26~35 岁	315	41.4	41.4	54.2
	36~45 岁	213	28.0	28.0	82.2
	46~55 岁	109	14.3	14.3	96.6
	55 岁及以上	26	3.4	3.4	100.0
学历	高中	54	7.1	7.1	7.1
	专科	137	18.0	18.0	25.1
	本科	175	23.0	23.0	48.2
	硕士及以上	234	30.8	30.8	78.9
职业	农民	76	10.0	10.0	10.0
	农产品供应链企业员工	135	17.8	17.8	27.8
	农产品采购商	83	10.9	10.9	38.7
	金融机构或银行员工	146	19.2	19.2	57.9
	高校教授	38	5.0	5.0	62.9
	学生	50	6.6	6.6	69.5
	其他	232	30.5	30.5	100.0

3. 数据的描述性统计分析

结合 SPSS 20.0，对有效问卷的观察变量进行汇总分析，并对数据进行了描述性统计分析，如表 5-4 所示。为了评估被调查者对于对应影响要素的评价，采用 1~5 的取值区间，并结合平均值进行评价。最终采用标准差值来反映该统计量被评价结果的集中程度。为了评估数据的正态性,需要检查数据分布的偏度和峰度。偏度衡量数据分布的不对称性,显示出分布偏向哪一侧;峰度则测量数据分布相对于正态分布的陡峭或平坦程度。如果一个数据集的偏度和峰度都在(-2,2)的区间内,那么这个数据集的分布可以认为是接近正态的。根据表5-4所示的数据分析结果,可以看到影响因素的偏度值介于-1.138~-0.049,而峰度值则介于-0.719和1.539之间。由于这些统计指标全部落在(-2,2)的区间内,可以认为该调查问卷收集的数据满足正态分布的条件。这为使用结构方程模型等统计分析方法提供了可行性,使得数据可以被用于后续研究分析过程中。

表5-4　　　　　　　　数据的描述性统计分析

指标	样本容量	最小值	最大值	均值	标准差	方差	偏度	峰度
A1	760	1	5	3.97	0.887	0.787	-0.796	0.508
A2	760	1	5	3.30	1.042	1.085	-0.329	-0.347
A3	760	1	5	4.06	0.929	0.864	-0.816	0.243
B1	760	1	5	3.86	1.039	1.080	-0.847	0.321
B2	760	1	5	3.60	0.923	0.852	-0.049	-0.719
B3	760	1	5	3.99	0.885	0.782	-0.833	0.750
C1	760	1	5	4.03	0.926	0.857	-0.844	0.236
C2	760	1	5	4.20	0.853	0.728	-1.138	1.539
C3	760	1	5	3.96	0.825	0.681	-0.622	0.099
D1	760	1	5	3.91	0.924	0.854	-0.818	0.581
D2	760	1	5	3.69	0.983	0.966	-0.634	-0.073
D3	760	1	5	3.47	1.050	1.103	-0.365	-0.502

4. 信度与效度分析

为了保证问卷数据整体的有效性,对问卷数据进行信度和效度检验。

首先,进行信度分析是实证分析中评估可靠性的关键步骤,确保信度分析结果与预期效果高度一致直接影响着实证分析工作的顺利进行。通过特定变量的信度分析,同一量表内的结果往往能够揭示实际数据与理想数据之间的差异。在本书中，信度系数被认为是重要的参考依据，推动了量表信度评估工作的展开。此外，总体量表信度的 Cronbach's α 系数应当超过 0.7，以确保内部一致性，变量内部的一致性指标通常不得低于 0.6。基于表 5-5 的信度分析结果显示，基于标准化项的 Cronbach's α 系数为 0.874，这一结果相对较好，反映了良好的信度水平。

表 5-5　可靠性分析

Cronbach's α	基于标准化项的 Cronbach's α	项数
0.873	0.874	12

其次，进行效度分析是必要的。效度检验的首要步骤是进行因子分析的可行性检验，包括 KMO 检验和 Bartlett's 球形检验。KMO 检验用于评估原始变量之间的相关性，确定是否适合进行因子分析。KMO 值接近 1 意味着数据适合因子分析。Bartlett's 球形检验验证了变量之间的相关性。在 SPSS 检验结果中，Sig. <0.05 表示数据呈现球状分布，各因素具有一定独立性，适合进行后续因子分析。本书使用 SPSS 20.0 软件对问卷数据进行效度检验，KMO 值为 0.864＞0.6，显著性水平小于 0.05，表明数据相关性良好，适合进行因子分析（见表 5-6）。这表明变量之间具有一定相关性，符合因子分析的要求，确保所设计的问卷可进行后续分析。

表 5-6　KMO 和巴特利特检验

KMO 值		0.864
Bartlett 的球形检验	近似卡方	4174.489882
	df	66
	Sig.	0.000

5.2.4　结构方程模型检验结果与分析

模型拟合是一种用来评估问卷数据和模型适配度的方法，通常使用最小二乘法、迭代法等，本书采用了最大似然估计法。根据对调查数据的信效度进行测试，可以得知，这些数据满足了结构方程模型操作的需要，可

第5章 商业银行农产品供应链金融模式服务能力评价

以被用来进行模型的验证性因子分析。将数据代入构建的模型中,然后对这些数据进行处理,得到模型的拟合结果,如图5-2所示,其中根据运营结果得到在作用路径下的观测变量参数估计值,如表5-7所示。

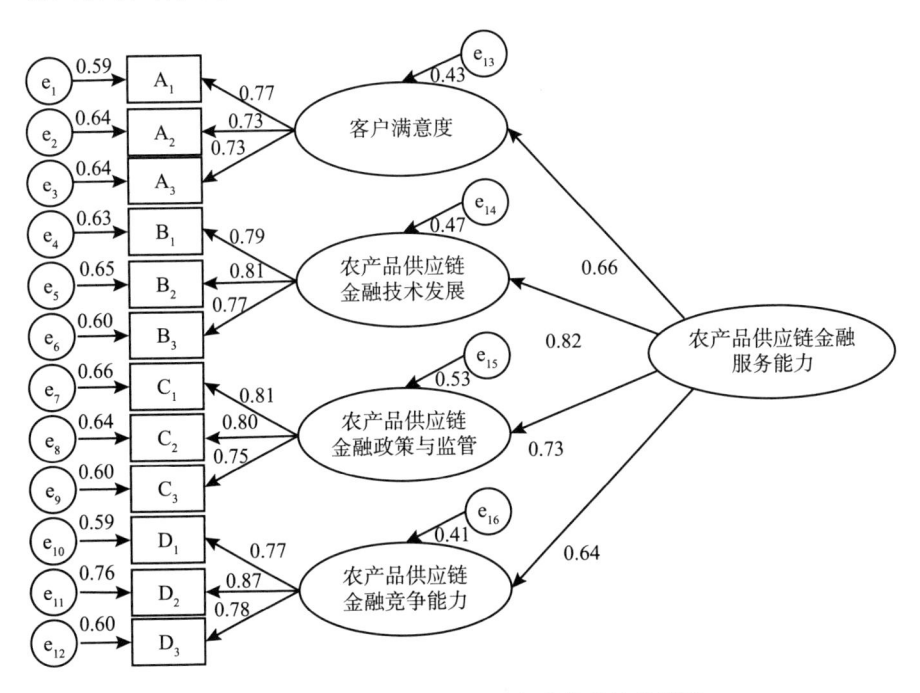

图5-2 结构方程模型最终标准化估计值模型

表5-7　　　　　　　　　　参数估计值

作用路径			估计值	S. E.	C. R.	P
客户满意度	←	农产品供应链金融服务能力	0.659			
农产品供应链金融技术发展	←		0.816	0.112	11.086	***
农产品供应链金融政策与监管	←		0.730	0.094	10.706	***
农产品供应链金融竞争能力	←		0.642	0.113	10.287	***
A3	←	客户满意度	0.734			
A2	←		0.734	0.066	17.004	***
A1	←		0.766	0.057	17.353	***
B3	←	农产品供应链金融技术发展	0.774			
B2	←		0.806	0.051	21.157	***
B1	←		0.794	0.058	20.932	***

续表

作用路径			估计值	S. E.	C. R.	P
C3	←	农产品供应链金融政策与监管	0.752			
C2	←		0.801	0.055	20.161	***
C1	←		0.814	0.06	20.342	***
D3	←	农产品供应链金融竞争能力	0.777			
D2	←		0.872	0.046	22.612	***
D1	←		0.766	0.042	20.908	***

注：*** 代表 P 值小于 0.001。

在进行模型拟合评估时，使用各种拟合指标来评估模型的拟合程度，其中适配度的大小反映了模型的可靠性水平。在 AMOS 中，通常以卡方值（CMIN）为标准。卡方值是一种用于检验模型与观测数据之间的拟合度的统计量。当各个回归方程的卡方值满足一定条件时，这表明模型在拟合效果方面表现良好。但是，卡方值易受样本容量大小的影响，单凭卡方来判定结果的精确性并不高，所以，在选择一个除卡方统计之外，还需要综合选择其他的评价指标来判定。模型拟合指数分析结果如表 5－8 所示。

表 5－8　　　　　　　　模型初始拟合优度指数结果

指标名称	CMIN/DF	RMSEA	CFI	GFI	IFI	NFI	RFI
结果	3.828	0.061	0.966	0.958	0.966	0.954	0.940

农产品供应链金融服务能力评价结构方程模型的假设模型实现了较好的拟合，一级指标和二级指标的路径系数均大于 0.6，表明指标之间具有显著相关性，并且是正相关关系。

农产品供应链金融服务能力评价结构方程模型的运营结果验证了假设条件，检验结果如下：假设 5－1 成立，路径系数均为 0.6 以上，说明农产品供应链金融服务能力是客户满意度、农产品供应链金融技术发展、农产品供应链金融政策与监管、农产品供应链金融竞争能力的高阶因子；同时，假设 5－2 ~ 假设 5－5 成立，路径系数分别为 0.66、0.82、0.73 和 0.64。

5.2.5 评价指标权重的确定

当确定了最后的结构方程模型并具有良好的拟合程度时，就可以得到各个变量之间的路径系数，对其归一化处理，可以得到农产品供应链金融服务能力评价指标的权重，具体权重如表5-9所示。权重计算公式为：

$$G_i = \frac{w_I}{\sum_{i=1}^{n} W_i} \qquad (5-1)$$

其中：$i = 1, 2, \cdots, n$；G_i 表示指标权重值；W_i 表示指标的因子载荷系数；n 表示指标的个数。

表5-9 各指标权重系数

潜变量	权重	显变量	权重
客户满意度（A）	0.232	服务响应速度（A1）	0.345
		顾客抱怨解决时间（A2）	0.327
		产品服务精准度（A3）	0.328
农产品供应链金融技术发展（B）	0.288	数据管理能力（B1）	0.333
		数据安全性（B2）	0.342
		风险控制技术（B3）	0.325
农产品供应链金融政策与监管（C）	0.256	信息披露透明度（C1）	0.343
		配合度和沟通效率（C2）	0.339
		内控体系的完整性（C3）	0.318
农产品供应链金融竞争能力（D）	0.224	服务成本（D1）	0.318
		风险控制（D2）	0.360
		技术和创新能力（D3）	0.322

5.2.6 模糊综合评价模型构建

模糊综合评价方法通过建立模糊关系矩阵来描述模糊因素，并运用运算规则对模糊数据进行操作和处理。通过对模糊数值的输入、操作和输出，可以将原本难以精确度量的模糊因素在一定程度上转化为可定量量化的形式。同时，通过综合考虑多个因素，对被评价对象的模糊隶属等级进行整体评估。这种方法为解决模糊性问题提供了强大的工具，有助于进行有效的评估和决策分析。在建立农产品供应链金融服务能力评价指标体系时，其中包含大量定性指标，而某些指标只能通过比较模糊的概念来评价，无法用精确的分数进行评分。本书选择模糊综合评价方法的原因，一是农产品供应链金融服务能力评价涉及许多模糊和不确定的因素，如市场波动、政策变化等。模糊综合评价方法能够有效处理这些模糊性和不确定性，将定性指标量化，提供更为精准的评估结果。二是综合考虑多重因素，该方法能够综合考虑多个因素的影响，建立起全面的评价体系。通过模糊数学的方法，可以将各个因素的模糊隶属度进行综合，得到一个综合评价结果，从而更全面地反映被评价对象的实际情况。三是模糊综合评价方法具有很强的灵活性和适应性，可以根据不同的评价对象和评价目的，调整和优化评价模型，适用于复杂多变的农产品供应链金融服务环境。四是评价过程中，可以充分利用专家的知识和经验，通过模糊综合评价方法将专家的定性判断转化为定量数据，使得评价结果更加科学和可信。综上所述，模糊综合评价方法在处理农产品供应链金融服务能力评价中的模糊性和不确定性方面具有显著优势，能够提供更为全面和准确的评估结果。因此，为了解决这个问题，本书引入了模糊综合评价方法来构建农产品供应链金融服务能力评价模型。通过相对量化农产品供应链金融服务评价指标，确定供应链金融服务水平。

1. 确定评价因素集和评语集

首先，构建因素集。根据上文构建的评价指标体系，得出农产品供应链金融服务能力的因素集。建立一级农产品供应链金融服务能力评价指标 $R=(R_1,R_2,\cdots,R_m)$，其中 R_i 表示第 i 个一级评价指标。每个一级评价指标 R_i 都包含了 n 个二级评价指标 $R_i=(R_{i1},R_{i2},\cdots,R_{in})$，其中 R_{ij} 表示为第 i 个一级评价指标中的第 j 个二级评价指标。建立层次结构有助于将评价问题细化为更具体和可操作的单元，从而提高模糊综合评价的准确性和可靠性。

其次，构建评语集。确定评价对象的评价等级论域 V，该论域是评价者对被评价对象可能作出的各种总的评价结果组成的集合，本书中对被评价对象变化区间的一个划分表示为：$V = (V_1, V_2, V_3, V_4, V_5)$ = （低，较低，一般，较高，高），每一个评价等级集合相当于一个模糊子集，具体如表5-10所示。

表5-10　　　　　　　　　　评价等级参数

等级	评级	参数区间	参数向量取值
第一级	低	(0，2]	1
第二级	较低	(2，4]	3
第三级	一般	(4，6]	5
第四级	较高	(6，8]	7
第五级	高	(8，10]	9

2. 确定评价指标权重集

通过AMOS软件计算结构方程模型中评价指标之间的路径系数，得出评价指标的权重，指标权重集为 $W = (W_1, W_2, \cdots, W_m)$。

3. 构建隶属度矩阵

单因素评价是从一个因素的角度对评价对象进行评价，通过确定其对评价集合 V 的隶属程度来量化评价结果。在建立等级模糊子集后，从每个因素 R_i 的视角逐一对评价对象进行量化，即确定评价对象对各等级模糊子集的隶属度。通过这样的量化过程，最终得出模糊关系矩阵 P，其中包含了评价对象在不同因素下的隶属程度。

$$P = \begin{bmatrix} P_{11} & P_{12} & \cdots & P_{1m} \\ P_{21} & P_{22} & \cdots & P_{2m} \\ \vdots & \vdots & \vdots & \vdots \\ P_{n1} & P_{n2} & \cdots & P_{nm} \end{bmatrix}$$

4. 模糊综合评价

首先，通过一级模糊综合评价，利用二级评价指标权重和隶属度评价矩阵对商业银行农产品供应链金融服务能力的评价进行量化。通过将二级评价指标权重与隶属度评价矩阵相乘,得到一级评价指标因素对评价集的隶属向量 $X_i = W_i \times P_i$。其次,进行二级模糊综合评价。在这个阶段,使用准则层指标权重与一级评价指标因素对评价集的隶属向量相乘,生成新的矩阵 $X = W \times Y$。这个过程是为了计算农产品供应链金融服务能力的评价向量,其中包含了各个指标对最终评价结果的相对重要性。最后,进行评价矩阵数值化。通过将商业银行农产品供应链金融服务能力的评价向量与评价等级量化矩阵相乘,得出最终的风险综合评价值 $Z = X \times V^T$。这一步骤将把模糊的评价结果转化为具体的数值,方便进一步的数据分析和决策制定。

5.3 商业银行农产品供应链金融模式服务能力评价实证分析

为了能够对第4章构建的四种基于区块链的商业银行农产品供应链金融模式的服务能力进行评价,本节根据拟实施的四种基于区块链的商业银行农产品供应链金融模式,以 ZG 银行某地市分行为例,对实施运行过程进行模拟,更为直观地展现运用上文建立的 SEM-FCE 模型评价四种基于区块链的商业银行农产品供应链金融模式的过程与结果。ZG 银行在农产品供应链金融业务方面具有显著的优势。首先,作为一家拥有广泛国际网络和丰富跨境业务经验的银行,ZG 银行能够为国际农产品供应链提供全面的金融服务,支持跨境贸易融资和结算。其次,该行积极应用区块链、大数据和人工智能等金融科技,提升供应链透明度和效率,降低风险。此外,ZG 银行提供多样化的供应链金融产品,如预付款融资、应收账款融资和存货融资,满足不同企业在供应链各环节的融资需求。其中选择的分行所在地市是中国著名的"蔬菜之乡",拥有高度集中的农业产业和成熟的供应链体系,为研究提供了丰富的实践案例和数据支持。该地市分行在该领域进行了多项金融创新实践,如引入金融科技手段以提升融资效率和降低风险,这些都为研究供应链金融模式的创新提供了宝贵的经验。此

第5章 商业银行农产品供应链金融模式服务能力评价

外,该地市分行得到地方政府的大力支持,具备与当地企业和政府机构合作的丰富经验,具有较强的代表性和示范效应,能够为其他地区和银行提供重要的参考价值。

为确保评价结果的客观性,本书采用问卷调查法(见附录3)向 ZG 银行某地市分行及其辖属两家县域支行的 16 位银行业务专家发送问卷,所请专家均为该银行从事相关领域的管理人员或一线业务人员,熟悉区块链技术应用和农产品供应链金融模式,能够从不同角度综合评价基于区块链的商业银行农产品供应链金融模式的服务能力,确保评价结果全面客观、具有参考价值。专家具体来源、筛选条件和人数如表5-11所示。

表 5-11　　　　　　　　问卷调查专家背景信息

来源	条件	人数
ZG 银行某地市分行	了解风险识别与监控机制、熟悉风险评估模型的风险管理专家	3
	负责管理银行的信息技术架构、熟悉区块链技术创新应用的技术专家	3
ZG 银行某地市分行辖属县域支行	具备农业领域融资项目评估经验、熟悉农产品市场情况的农业金融专家	3
	熟悉客户需求和市场趋势,具备零售银行业务经验的客户服务专家	2
	串联上下游企业,了解产业链各环节,具备实操经验的供应链管理专家	2
	熟悉农产品供应链金融模式运作,具有相应实践经验的供应链金融专家	3

5.3.1　不动产抵押增信模式服务能力评价模型及结果分析

本书将商业银行农产品供应链金融服务能力设为五个等级,即 $V = (v_1, v_2, v_3, v_4, v_5) = $(低,较低,一般,较高,高)。

1. 数据获取

根据专家返回问卷结果,不动产抵押增信模式评价结果汇总如

表 5-12 所示。

表 5-12　　　　不动产抵押增信模式评价结果汇总情况

指标		问卷调查统计数				
一级指标	二级指标	低	较低	一般	较高	高
客户满意度（A）	服务响应速度（A1）	0	0	0	4	12
	顾客抱怨解决时间（A2）	0	0	0	10	6
	产品服务精准度（A3）	0	0	1	2	12
农产品供应链金融技术发展（B）	数据管理能力（B1）	0	0	0	6	10
	数据安全性（B2）	0	0	0	4	12
	风险控制技术（B3）	0	0	1	4	10
农产品供应链金融政策与监管（C）	信息披露透明度（C1）	0	0	0	2	14
	配合度和沟通效率（C2）	0	0	0	2	14
	内控体系的完整性（C3）	0	0	1	6	8
农产品供应链金融竞争能力（D）	服务成本（D1）	0	0	2	6	6
	风险控制（D2）	0	0	1	4	10
	技术和创新能力（D3）	0	0	0	6	10

2. 建立隶属度矩阵

按照隶属度公式计算出评价指标的隶属度值，具体如表 5-13 所示。

表 5-13　　　不动产抵押增信模式能力评价指标的隶属度

评价指标		评价集				
一级指标	二级指标	低	较低	一般	较高	高
客户满意度 R_1	服务响应速度 R_{11}	0	0	0	0.25	0.75
	顾客抱怨解决时间 R_{12}	0	0	0	0.625	0.375
	产品服务精准度 R_{13}	0	0	0.125	0.125	0.75
农产品供应链金融技术发展 R_2	数据管理能力 R_{21}	0	0	0	0.375	0.625
	数据安全性 R_{22}	0	0	0	0.25	0.75
	风险控制技术 R_{23}	0	0	0.125	0.25	0.625
农产品供应链金融政策与监管 R_3	信息披露透明度 R_{31}	0	0	0	0.125	0.875
	配合度和沟通效率 R_{32}	0	0	0	0.125	0.875
	内控体系的完整性 R_{33}	0	0	0.125	0.375	0.5

续表

评价指标		评价集				
一级指标	二级指标	低	较低	一般	较高	高
农产品供应链金融竞争能力 R_4	服务成本 R_{41}	0	0	0.125	0.5	0.375
	风险控制 R_{42}	0	0	0.125	0.25	0.625
	技术和创新能力 R_{43}	0	0	0	0.375	0.625

根据表 5-13 建立一级指标的单因素隶属度矩阵，具体为：

$$客户满意度\ P_1 = \begin{bmatrix} 0 & 0 & 0 & 0.25 & 0.75 \\ 0 & 0 & 0 & 0.625 & 0.375 \\ 0 & 0 & 0.125 & 0.125 & 0.75 \end{bmatrix}$$

$$农产品供应链金融技术发展\ P_2 = \begin{bmatrix} 0 & 0 & 0 & 0.375 & 0.625 \\ 0 & 0 & 0 & 0.25 & 0.75 \\ 0 & 0 & 0.125 & 0.25 & 0.625 \end{bmatrix}$$

$$农产品供应链金融政策与监管\ P_3 = \begin{bmatrix} 0 & 0 & 0 & 0.125 & 0.875 \\ 0 & 0 & 0 & 0.125 & 0.875 \\ 0 & 0 & 0.125 & 0.375 & 0.5 \end{bmatrix}$$

$$农产品供应链金融竞争能力\ P_4 = \begin{bmatrix} 0 & 0 & 0.125 & 0.5 & 0.375 \\ 0 & 0 & 0.125 & 0.25 & 0.625 \\ 0 & 0 & 0 & 0.375 & 0.625 \end{bmatrix}$$

3. 模糊综合评价

首先，一级模糊综合评价。根据以上所得到模糊判断矩阵 P_i 和能力评价指标的权重集 W_i，并按照公式对各因素进行一级模糊综合评价，其结果如下。

客户满意度的模糊综合评价矩阵：

$$\begin{aligned} X_1 &= W_1 \times P_1 \\ &= (0.345, 0.327, 0.328) \times \begin{bmatrix} 0 & 0 & 0 & 0.25 & 0.75 \\ 0 & 0 & 0 & 0.625 & 0.375 \\ 0 & 0 & 0.125 & 0.125 & 0.75 \end{bmatrix} \\ &= (0, 0, 0.041, 0.331, 0.628) \end{aligned}$$

农产品供应链金融技术发展的模糊综合评价矩阵:

$$X_2 = W_2 \times P_2$$

$$= (0.333, 0.342, 0.325) \times \begin{bmatrix} 0 & 0 & 0 & 0.375 & 0.625 \\ 0 & 0 & 0 & 0.25 & 0.75 \\ 0 & 0 & 0.125 & 0.25 & 0.625 \end{bmatrix}$$

$$= (0, 0, 0.041, 0.292, 0.667)$$

农产品供应链金融政策与监管的模糊综合评价矩阵:

$$X_3 = W_3 \times P_3$$

$$= (0.343, 0.339, 0.318) \times \begin{bmatrix} 0 & 0 & 0 & 0.125 & 0.875 \\ 0 & 0 & 0 & 0.125 & 0.875 \\ 0 & 0 & 0.125 & 0.375 & 0.5 \end{bmatrix}$$

$$= (0, 0, 0.039, 0.205, 0.756)$$

农产品供应链金融竞争能力的模糊综合评价矩阵:

$$X_4 = W_4 \times P_4$$

$$= (0.318, 0.36, 0.322) \times \begin{bmatrix} 0 & 0 & 0.125 & 0.5 & 0.375 \\ 0 & 0 & 0.125 & 0.25 & 0.625 \\ 0 & 0 & 0 & 0.375 & 0.625 \end{bmatrix}$$

$$= (0, 0, 0.085, 0.369, 0.546)$$

其次,二级模糊综合评价。根据一级模糊综合评价结果,利用公式对农产品供应链金融服务能力进行二级模糊综合评价,其中二级模糊综合评价的单因素矩阵 Y 由各因素的一级模糊综合评价矩阵构成,其结果如下:

$$X = W \times Y$$

$$= (0.232, 0.288, 0.256, 0.224) \times \begin{bmatrix} 0 & 0 & 0.041 & 0.331 & 0.627 \\ 0 & 0 & 0.040 & 0.291 & 0.667 \\ 0 & 0 & 0.039 & 0.204 & 0.755 \\ 0 & 0 & 0.084 & 0.369 & 0.545 \end{bmatrix}$$

$$= (0, 0, 0.050, 0.296, 0.654)$$

最后,确定风险等级。根据以上得到一级模糊综合评价矩阵 X_1、X_2、X_3、X_4 和二级综合评价矩阵 X,利用公式来对综合评价结果进行量化。

第5章　商业银行农产品供应链金融模式服务能力评价

客户满意度的评价值：

$$Z_1 = X_1 \times V^T = (0,0,0.041,0.331,0.628) \times \begin{bmatrix} 1 \\ 3 \\ 5 \\ 7 \\ 9 \end{bmatrix} = 8.172$$

农产品供应链金融技术发展的评价值：

$$Z_2 = X_2 \times V^T = (0,0,0.041,0.292,0.667) \times \begin{bmatrix} 1 \\ 3 \\ 5 \\ 7 \\ 9 \end{bmatrix} = 8.254$$

农产品供应链金融政策与监管的评价值：

$$Z_3 = X_3 \times V^T = (0,0,0.039,0.205,0.756) \times \begin{bmatrix} 1 \\ 3 \\ 5 \\ 7 \\ 9 \end{bmatrix} = 8.432$$

农产品供应链金融竞争能力的评价值：

$$Z_4 = X_4 \times V^T = (0,0,0.085,0.369,0.546) \times \begin{bmatrix} 1 \\ 3 \\ 5 \\ 7 \\ 9 \end{bmatrix} = 7.921$$

不动产抵押增信模式农产品供应链金融服务能力的评价值：

$$Z = X \times V^T = (0,0,0.050,0.296,0.654) \times \begin{bmatrix} 1 \\ 3 \\ 5 \\ 7 \\ 9 \end{bmatrix} = 8.206$$

4. 结果分析

根据上述分析结果可知，不动产抵押增信模式农产品供应链金融服务能力的评价值为 8.206，根据能力评价等级区分标准，不动产抵押增信模式农产品供应链金融服务能力为五级，表示该模式农产品供应链金融服务能力很强。各一级指标评价值按次序分别为农产品供应链金融政策与监管（8.432）＞农产品供应链金融技术发展（8.254）＞客户满意度（8.172）＞农产品供应链金融竞争能力（7.921）。

农产品供应链金融政策与监管的评价值最高，表明引入不动产抵押增信的商业银行农产品供应链金融模式在应对政策和监管方面表现非常出色，其中信息披露透明度、配合度和沟通效率得分均为 8.75，内控体系的完整性得分为 7.75，表明商业银行对不动产抵押形式的贷款业务的风险管理已发展的较为全面与成熟，能够按照国家和行业的政策监管要求，落实抵押物登记、信贷审批程序、信息披露等方面的规定，提高监管效率。这种高效的风险控制和监管有助于保护金融机构和借款人的利益，减少不良贷款风险，进一步增强了不动产抵押增信模式在政策与监管指标评价中的优势。

农产品供应链金融技术发展也保持了较高评价值，表明不动产抵押增信模式的技术发展水平较高，其中数据管理能力得分为 8.25、数据安全性得分为 8.5、风险控制技术得分为 7.375。在数据管理方面，基于区块链的农产品供应链金融模式可以实现数据的去中心化存储、验证和交换，提高了数据管理的透明度和可追溯性；在数据安全性和风险控制方面，区块链技术以其去中心化、不可篡改等特点，为不动产抵押增信模式提供了更高的数据安全性和隐私保护能力，参与方的交易和数据都会被记录在区块链中，且需要达成共识才能被确认，该模式下信息存储不再依赖中心化的机构和数据库，避免了数据泄露或篡改的风险。

客户满意度评价值较高，表明客户对不动产抵押增信模式的服务较为满意，其中服务响应速度得分为 8.5、顾客抱怨解决时间得分为 7.75、产品服务精准度得分为 8.25。在该模式下，客户不再需要烦琐的纸质文件和复杂的手续，融资申请和审批的过程更加高效和便捷，客户能够获得更快的服务响应速度；通过引入不动产登记部门、律师及会计师事务所等部门进行增信，同时通过智能合约的自动化执行，实现了不动产的确权、估值、抵押物管理等流程的自动化，顾客不满减少，产品服务的精准度大大提高。

农产品供应链金融竞争能力的评价值相对较低，表明不动产抵押增信模式在市场竞争力方面还有改进空间，其中服务成本得分为 7.5、风险控制得分为 8、技术和创新能力得分为 8.25。商业银行可以投入资源深入了解市场需求，获取关于市场规模、发展趋势、竞争格局和客户需求的信息，在此基础上开展技术创新提高模式差异化竞争优势并压降服务成本，如考虑引入更灵活的还款方式、提供附加服务、设计定制化的产品方案等，同时，还要积极引入先进技术，不断加强对风险的识别和管理，确保资金的安全和稳健。

5.3.2 动产质押增信模式服务能力评价模型及结果分析

1. 数据获取

根据专家返回问卷结果，动产质押增信模式评价结果汇总如表 5-14 所示。

表 5-14　　　　　动产质押增信模式评价结果汇总表

指标		问卷调查统计数				
一级指标	二级指标	低	较低	一般	较高	高
客户满意度（A）	服务响应速度（A1）	0	0	0	5	3
	顾客抱怨解决时间（A2）	0	0	3	3	2
	产品服务精准度（A3）	0	0	2	2	4
农产品供应链金融技术发展（B）	数据管理能力（B1）	0	0	1	5	2
	数据安全性（B2）	0	0	2	4	2
	风险控制技术（B3）	0	0	2	2	4
农产品供应链金融政策与监管（C）	信息披露透明度（C1）	0	0	1	4	3
	配合度和沟通效率（C2）	0	0	3	3	2
	内控体系的完整性（C3）	0	0	0	4	4

续表

指标		问卷调查统计数				
一级指标	二级指标	低	较低	一般	较高	高
农产品供应链金融竞争能力（D）	服务成本（D1）	0	0	2	3	3
	风险控制（D2）	0	0	1	3	4
	技术和创新能力（D3）	0	0	4	1	3

2. 建立隶属度矩阵

按照隶属度公式计算出评价指标的隶属度值，具体如表5-15所示。

表5-15　　　动产质押增信模式能力评价指标的隶属度

评价指标		评价集				
一级指标	二级指标	低	较低	一般	较高	高
客户满意度 R_1	服务响应速度 R_{11}	0	0	0	0.625	0.375
	顾客抱怨解决时间 R_{12}	0	0	0.375	0.375	0.25
	产品服务精准度 R_{13}	0	0	0.25	0.25	0.5
农产品供应链金融技术发展 R_2	数据管理能力 R_{21}	0	0	0.125	0.625	0.25
	数据安全性 R_{22}	0	0	0.25	0.5	0.25
	风险控制技术 R_{23}	0	0	0.25	0.25	0.5
农产品供应链金融政策与监管 R_3	信息披露透明度 R_{31}	0	0	0.125	0.5	0.375
	配合度和沟通效率 R_{32}	0	0	0.375	0.375	0.25
	内控体系的完整性 R_{33}	0	0	0	0.5	0.5
农产品供应链金融竞争能力 R_4	服务成本 R_{41}	0	0	0.25	0.375	0.375
	风险控制 R_{42}	0	0	0.125	0.375	0.5
	技术和创新能力 R_{43}	0	0	0.500	0.125	0.375

根据表5-15建立一级指标的单因素隶属度矩阵，具体地：

$$客户满意度\ P_1 = \begin{bmatrix} 0 & 0 & 0 & 0.625 & 0.375 \\ 0 & 0 & 0.375 & 0.375 & 0.25 \\ 0 & 0 & 0.25 & 0.25 & 0.5 \end{bmatrix}$$

第5章 商业银行农产品供应链金融模式服务能力评价

$$农产品供应链金融技术发展\ P_2 = \begin{bmatrix} 0 & 0 & 0.125 & 0.625 & 0.25 \\ 0 & 0 & 0.25 & 0.5 & 0.25 \\ 0 & 0 & 0.25 & 0.25 & 0.5 \end{bmatrix}$$

$$农产品供应链金融政策与监管\ P_3 = \begin{bmatrix} 0 & 0 & 0.125 & 0.5 & 0.375 \\ 0 & 0 & 0.375 & 0.375 & 0.25 \\ 0 & 0 & 0 & 0.5 & 0.5 \end{bmatrix}$$

$$农产品供应链金融竞争能力\ P_4 = \begin{bmatrix} 0 & 0 & 0.25 & 0.375 & 0.375 \\ 0 & 0 & 0.125 & 0.375 & 0.5 \\ 0 & 0 & 0.5 & 0.125 & 0.375 \end{bmatrix}$$

3. 模糊综合评价

首先，一级模糊综合评价。根据以上所得到模糊判断矩阵 P_i 和能力评价指标的权重集 W_i，并按照公式对各因素进行一级模糊综合评价，其结果如下。

客户满意度的模糊综合评价矩阵：

$$X_1 = W_1 \times P_1 = (0.345, 0.327, 0.328) \times \begin{bmatrix} 0 & 0 & 0 & 0.625 & 0.375 \\ 0 & 0 & 0.375 & 0.375 & 0.25 \\ 0 & 0 & 0.25 & 0.25 & 0.5 \end{bmatrix}$$

$$= (0, 0, 0.204, 0.421, 0.375)$$

农产品供应链金融技术发展的模糊综合评价矩阵：

$$X_2 = W_2 \times P_2 = (0.333, 0.342, 0.325) \times \begin{bmatrix} 0 & 0 & 0.125 & 0.625 & 0.25 \\ 0 & 0 & 0.25 & 0.5 & 0.25 \\ 0 & 0 & 0.25 & 0.25 & 0.5 \end{bmatrix}$$

$$= (0, 0, 0.208, 0.461, 0.331)$$

农产品供应链金融政策与监管的模糊综合评价矩阵：

$$X_3 = W_3 \times P_3 = (0.343, 0.339, 0.318) \times \begin{bmatrix} 0 & 0 & 0.125 & 0.5 & 0.375 \\ 0 & 0 & 0.375 & 0.375 & 0.25 \\ 0 & 0 & 0 & 0.5 & 0.5 \end{bmatrix}$$

$$= (0, 0, 0.17, 0.458, 0.372)$$

农产品供应链金融竞争能力的模糊综合评价矩阵：

$$X_4 = W_4 \times P_4 = (0.318, 0.360, 0.322) \times \begin{bmatrix} 0 & 0 & 0.25 & 0.375 & 0.375 \\ 0 & 0 & 0.125 & 0.375 & 0.5 \\ 0 & 0 & 0.5 & 0.125 & 0.375 \end{bmatrix}$$

$$= (0, 0, 0.285, 0.295, 0.42)$$

其次，二级模糊综合评价。根据一级模糊综合评价结果，利用公式对农产品供应链金融服务能力进行二级模糊综合评价，其中二级模糊综合评价的单因素矩阵 Y 由各因素的一级模糊综合评价矩阵构成，其结果如下：

$$X = W \times Y$$

$$= (0.232, 0.288, 0.256, 0.224) \times \begin{bmatrix} 0 & 0 & 0.204 & 0.420 & 0.375 \\ 0 & 0 & 0.208 & 0.460 & 0.331 \\ 0 & 0 & 0.17 & 0.457 & 0.372 \\ 0 & 0 & 0.285 & 0.294 & 0.42 \end{bmatrix}$$

$$= (0, 0, 0.215, 0.414, 0.371)$$

最后，确定风险等级。根据以上得到一级模糊综合评价矩阵 X_1、X_2、X_3、X_4 和二级综合评价矩阵 X，利用公式来对综合评价结果进行量化。

客户满意度的评价值：

$$Z_1 = X_1 \times V^T = (0, 0, 0.204, 0.421, 0.375) \times \begin{bmatrix} 1 \\ 3 \\ 5 \\ 7 \\ 9 \end{bmatrix} = 7.341$$

农产品供应链金融技术发展的评价值：

$$Z_2 = X_2 \times V^T = (0, 0, 0.208, 0.461, 0.331) \times \begin{bmatrix} 1 \\ 3 \\ 5 \\ 7 \\ 9 \end{bmatrix} = 7.245$$

农产品供应链金融政策与监管的评价值：

$$Z_3 = X_3 \times V^T = (0, 0, 0.17, 0.458, 0.372) \times \begin{bmatrix} 1 \\ 3 \\ 5 \\ 7 \\ 9 \end{bmatrix} = 7.404$$

农产品供应链金融竞争能力的评价值：

$$Z_4 = X_4 \times V^T = (0, 0, 0.285, 0.295, 0.42) \times \begin{bmatrix} 1 \\ 3 \\ 5 \\ 7 \\ 9 \end{bmatrix} = 7.269$$

动产质押增信模式农产品供应链金融服务能力的评价值：

$$Z = X \times V^T = (0, 0, 0.215, 0.414, 0.371) \times \begin{bmatrix} 1 \\ 3 \\ 5 \\ 7 \\ 9 \end{bmatrix} = 7.313$$

4. 结果分析

根据上述分析结果可知，动产质押增信模式农产品供应链金融服务能力的评价值为7.313，根据能力评价等级区分标准，该模式农产品供应链金融服务能力为四级，农产品供应链金融服务能力整体上较强。从整体评价值来看，动产质押增信模式的增信服务能力评价值较不动产抵押增信模式低。这是由于动产质押增信与不动产抵押增信在农产品供应链金融模式中具有不同的属性和风险特征，区块链技术能为质押的动产提供良好的信息透明度和可追溯性，但由于农产品种类众多、容易变质的特点，在物流、存储、管理等方面面临更多挑战，而基于区块链的抵质押系统需要对资产的实时状态进行跟踪和评估，相比而言，不动产信息的可靠性和稳定性较强，动产质押相对于不动产抵押更具复杂性。

动产质押增信模式各一级指标评价值按次序分别为农产品供应链金融

政策与监管（7.404）>客户满意度（7.341）>农产品供应链金融竞争能力（7.269）>农产品供应链金融技术发展（7.245）。首先，动产质押增信模式中金融政策与监管评分最高，其中信息披露透明度得分为7.5、配合度和沟通效率得分为6.75、内控体系的完整性得分为8，说明在农产品供应链金融方面，无论是动产还是不动产作为增信机制，贯彻监管政策的执行力度都比较强，对提升整体金融服务能力起到了关键作用。其次，客户满意度评分值也比较高，其中服务响应速度得分为7.75、顾客抱怨解决时间得分为6.75、产品服务精准度得分为7.5，表明在动产质押增信模式中，商业银行能够在相当程度上满足客户的融资需求，提供相对优质的服务体验，这在很大程度上归因于商业银行在动产质押领域的创新尝试，如提高操作流程的便利性、简化申请步骤等举措都对提升客户满意度有所贡献。

在农产品供应链金融竞争能力方面得到的分数较低，其中服务成本得分为7.25、风险控制得分为7.75、技术和创新能力得分为6.75，说明动产质押增信模式在市场中并未形成足够的竞争优势，它面临着诸如资金成本、业务创新能力不足、产品同质性较高等竞争挑战，对商业银行来说，这一指标的提升需要更加适应市场变化，加大产品创新力度，降低服务成本，以及通过有效的手段强化风险控制。另外，农产品供应链金融技术发展的得分相对较低，其中数据管理能力得分为7.25、数据安全性得分为7、风险控制技术得分为7.5，说明使用区块链技术在实现动产质押中的应用相对困难或者不成熟。区块链作为底层技术，尽管在不同领域具有巨大的应用潜力，但若要在动产质押中发挥出预期作用，需要克服动产的易变性和高流动性给技术应用带来的难题，商业银行需要进一步开发和完善与农产品属性相匹配的区块链解决方案，提高技术的适用性和效率，从而增强农产品供应链金融的技术发展能力。

5.3.3 第三方担保增信模式服务能力评价模型及结果分析

1. 数据获取

根据专家返回的问卷结果，第三方担保增信模式评价结果汇总如

第5章 商业银行农产品供应链金融模式服务能力评价

表 5-16 所示。

表 5-16　　　　　第三方担保增信模式评价结果汇总

指标		问卷调查统计数				
一级指标	二级指标	低	较低	一般	较高	高
客户满意度（A）	服务响应速度（A1）	0	0	1	5	2
	顾客抱怨解决时间（A2）	0	0	4	3	1
	产品服务精准度（A3）	0	0	2	3	3
农产品供应链金融技术发展（B）	数据管理能力（B1）	0	0	4	3	1
	数据安全性（B2）	0	0	4	3	1
	风险控制技术（B3）	0	0	1	4	3
农产品供应链金融政策与监管（C）	信息披露透明度（C1）	0	0	2	4	2
	配合度和沟通效率（C2）	0	2	2	3	1
	内控体系的完整性（C3）	0	0	1	4	3
农产品供应链金融竞争能力（D）	服务成本（D1）	0	0	3	3	2
	风险控制（D2）	0	0	2	4	2
	技术和创新能力（D3）	0	0	6	0	2

2. 建立隶属度矩阵

按照隶属度公式计算出评价指标的隶属度值，具体如表 5-17 所示。

表 5-17　　　　第三方担保增信模式能力评价指标的隶属度

评价指标		评价集				
一级指标	二级指标	低	较低	一般	较高	高
客户满意度 R_1	服务响应速度 R_{11}	0	0	0.125	0.625	0.25
	顾客抱怨解决时间 R_{12}	0	0	0.5	0.375	0.125
	产品服务精准度 R_{13}	0	0	0.25	0.375	0.375
农产品供应链金融技术发展 R_2	数据管理能力 R_{21}	0	0	0.5	0.375	0.125
	数据安全性 R_{22}	0	0	0.5	0.375	0.125
	风险控制技术 R_{23}	0	0	0.125	0.5	0.375
农产品供应链金融政策与监管 R_3	信息披露透明度 R_{31}	0	0	0.25	0.5	0.25
	配合度和沟通效率 R_{32}	0	0.25	0.25	0.375	0.125
	内控体系的完整性 R_{33}	0	0	0.125	0.5	0.375

续表

评价指标		评价集				
一级指标	二级指标	低	较低	一般	较高	高
农产品供应链金融竞争能力 R_4	服务成本 R_{41}	0	0	0.375	0.375	0.25
	风险控制 R_{42}	0	0	0.25	0.5	0.25
	技术和创新能力 R_{43}	0	0	0.75	0	0.25

根据表 5-17 建立一级指标的单因素隶属度矩阵，具体为：

$$客户满意度\ P_1 = \begin{bmatrix} 0 & 0 & 0.125 & 0.625 & 0.25 \\ 0 & 0 & 0.5 & 0.375 & 0.125 \\ 0 & 0 & 0.25 & 0.375 & 0.375 \end{bmatrix}$$

$$农产品供应链金融技术发展\ P_2 = \begin{bmatrix} 0 & 0 & 0.5 & 0.375 & 0.125 \\ 0 & 0 & 0.5 & 0.375 & 0.125 \\ 0 & 0 & 0.125 & 0.5 & 0.375 \end{bmatrix}$$

$$农产品供应链金融政策与监管\ P_3 = \begin{bmatrix} 0 & 0 & 0.25 & 0.5 & 0.25 \\ 0 & 0.25 & 0.25 & 0.375 & 0.125 \\ 0 & 0 & 0.125 & 0.5 & 0.375 \end{bmatrix}$$

$$农产品供应链金融竞争能力\ P_4 = \begin{bmatrix} 0 & 0 & 0.375 & 0.375 & 0.25 \\ 0 & 0 & 0.25 & 0.5 & 0.25 \\ 0 & 0 & 0.75 & 0 & 0.25 \end{bmatrix}$$

3. 模糊综合评价

首先，一级模糊综合评价。根据以上所得到的模糊判断矩阵 P_i 和能力评价指标的权重集 W_i，并按照公式对各因素进行一级模糊综合评价，其结果如下。

客户满意度的模糊综合评价矩阵：

$$X_1 = W_1 \times P_1 = (0.345, 0.327, 0.328) \times \begin{bmatrix} 0 & 0 & 0.125 & 0.625 & 0.25 \\ 0 & 0 & 0.5 & 0.375 & 0.125 \\ 0 & 0 & 0.25 & 0.375 & 0.375 \end{bmatrix}$$

$$= (0, 0, 0.288, 0.462, 0.25)$$

农产品供应链金融技术发展的模糊综合评价矩阵：

$$X_2 = W_2 \times P_2 = (0.333, 0.342, 0.325) \times \begin{bmatrix} 0 & 0 & 0.5 & 0.375 & 0.125 \\ 0 & 0 & 0.5 & 0.375 & 0.125 \\ 0 & 0 & 0.125 & 0.5 & 0.375 \end{bmatrix}$$

$$= (0, 0, 0.378, 0.416, 0.206)$$

农产品供应链金融政策与监管的模糊综合评价矩阵：

$$X_3 = W_3 \times P_3$$

$$= (0.343, 0.339, 0.318) \times \begin{bmatrix} 0 & 0 & 0.25 & 0.5 & 0.25 \\ 0 & 0.25 & 0.25 & 0.375 & 0.125 \\ 0 & 0 & 0.125 & 0.5 & 0.375 \end{bmatrix}$$

$$= (0, 0.085, 0.21, 0.458, 0.247)$$

农产品供应链金融竞争能力的模糊综合评价矩阵：

$$X_4 = W_4 \times P_4 = (0.318, 0.360, 0.322) \times \begin{bmatrix} 0 & 0 & 0.375 & 0.375 & 0.25 \\ 0 & 0 & 0.25 & 0.5 & 0.25 \\ 0 & 0 & 0.75 & 0 & 0.25 \end{bmatrix}$$

$$= (0, 0, 0.451, 0.299, 0.25)$$

其次，二级模糊综合评价。根据一级模糊综合评价结果，利用公式对农产品供应链金融服务能力进行二级模糊综合评价，其中二级模糊综合评价的单因素矩阵 Y 由各因素的一级模糊综合评价矩阵构成，其结果如下：

$$X = W \times Y$$

$$= (0.232, 0.288, 0.256, 0.224) \times \begin{bmatrix} 0 & 0 & 0.288 & 0.461 & 0.25 \\ 0 & 0 & 0.378 & 0.415 & 0.206 \\ 0 & 0.084 & 0.21 & 0.457 & 0.247 \\ 0 & 0 & 0.45 & 0.299 & 0.25 \end{bmatrix}$$

$$= (0, 0.022, 0.331, 0.411, 0.236)$$

最后，确定风险等级。根据以上得到一级模糊综合评价矩阵 X_1、X_2、X_3、X_4 和二级综合评价矩阵 X，利用公式来对综合评价结果进行量化。

客户满意度的评价值：

$$Z_1 = X_1 \times V^T = (0,0,0.288,0.462,0.25) \times \begin{bmatrix} 1 \\ 3 \\ 5 \\ 7 \\ 9 \end{bmatrix} = 6.923$$

农产品供应链金融技术发展的评价值：

$$Z_2 = X_2 \times V^T = (0,0,0.378,0.416,0.206) \times \begin{bmatrix} 1 \\ 3 \\ 5 \\ 7 \\ 9 \end{bmatrix} = 6.656$$

农产品供应链金融政策与监管的评价值：

$$Z_3 = X_3 \times V^T = (0,0.085,0.21,0.458,0.247) \times \begin{bmatrix} 1 \\ 3 \\ 5 \\ 7 \\ 9 \end{bmatrix} = 6.735$$

农产品供应链金融竞争能力的评价值：

$$Z_4 = X_4 \times V^T = (0,0,0.451,0.299,0.25) \times \begin{bmatrix} 1 \\ 3 \\ 5 \\ 7 \\ 9 \end{bmatrix} = 6.598$$

第三方担保增信模式农产品供应链金融服务能力的评价值：

$$Z = X \times V^T = (0,0.022,0.331,0.411,0.236) \times \begin{bmatrix} 1 \\ 3 \\ 5 \\ 7 \\ 9 \end{bmatrix} = 6.725$$

第5章 商业银行农产品供应链金融模式服务能力评价

4. 结果分析

根据上述分析结果可知，第三方担保增信模式农产品供应链金融服务能力的评价值为 6.725，根据能力评价等级区分标准，该模式农产品供应链金融服务能力为四级，农产品供应链金融服务能力较强。该模式服务能力的整体评分值低于不动产抵押和动产质押增信模式。在动产质押和不动产抵押中，由于以有形资产作为抵（质）押品，这使得资产状态、所有权等关键信息能够通过区块链进行实时监控和确认，这种链上的不可篡改记录显著提升了交易环节的信任度，其在体现现实资产价值和增强交易双方信心方面展现出了更大的优势。第三方担保增信模式也能从区块链技术中获益，但有依赖于第三方担保机构的信誉及其操作过程完全数字化并上链，而在未来，随着区块链技术的持续成熟和第三方担保业务流程的数字化改进，这种能力差异有望得以进一步缩减。

第三方担保增信模式各一级指标评价值按次序分别为客户满意度（6.923）＞农产品供应链金融政策与监管（6.735）＞农产品供应链金融技术发展（6.656）＞农产品供应链金融竞争能力（6.598）。客户满意度评价值最高，其中服务响应速度得分为 7.25、顾客抱怨解决时间得分为 6.25、产品服务精准度得分为 7.25，这表明引入第三方担保增信机制的商业银行农产品供应链金融能够有效地满足客户的融资需求，尤其在融资流程、透明度和响应速度等方面，这得益于第三方担保机构的专业服务，它们通常具备行业内的权威性和专业知识，能够为农业经营主体提供信誉背书，增加了各方对交易安全性的信心，从而在供应链中构筑起良好的信任基础和品牌形象。农产品供应链金融政策与监管得分居中，其中信息披露透明度得分为 7、配合度和沟通效率得分为 5.75、内控体系的完整性得分为 7.5，表明政策与监管的明晰和执行力度是第三方担保增信模式的一大优势，但整体上不如动产质押或不动产抵押增信模式直接受益于强监管环境，主要是因为第三方担保增信模式涉及非实体资产，其应对风险评估、权益认定和监管的难度要相对较大，由此也促使政策和监管框架需要更加精细化和全面化，以适应第三方担保的特殊需求。

在农产品供应链金融技术发展方面，该模式的评分稍低，其中数据管理能力得分为 6.25、数据安全性得分为 6.25、风险控制技术得分为 7.5，反映出区块链技术在应用于第三方担保这类增信方式仍需要细致的调整和优化。例如，如何提高数据安全性管理，在保证交易透明性的同时保护商业秘密，以及如何强化数据管理和风险控制，将区块链的不可篡改性质与第三方担保的操作程序完美结合，都是技术上亟待解决的问题。随着区块链和其他配套技术的发展和成熟，商业银行会发现更多创新应用方式，以提高服务的效率和稳定性。评分最低的是农产品供应链金融竞争能力，其中服务成本得分为 6.75、风险控制得分为 7、技术和创新能力得分为 6，表明尽管第三方担保增信模式在一定程度上响应了市场和客户的需求，但其市场表现力还未达到领先水平，原因包括服务成本较高、风险控制不足、业务模式同质化等，这些都要求商业银行在增强自身核心竞争力时，进一步优化运营流程、降低管理费用，同时探索差异化战略，如开拓独特的服务组合、提升客户定制化服务水平等。

5.3.4 信用增信模式服务能力评价模型及结果分析

1. 数据获取

根据专家返回的问卷结果，信用增信模式评价结果汇总如表 5-18 所示。

表 5-18　　　　　　　信用增信模式评价结果汇总

一级指标	二级指标	低	较低	一般	较高	高
客户满意度（A）	服务响应速度（A1）	0	1	1	5	1
客户满意度（A）	顾客抱怨解决时间（A2）	0	0	3	3	2
客户满意度（A）	产品服务精准度（A3）	0	0	4	1	3
农产品供应链金融技术发展（B）	数据管理能力（B1）	0	1	3	3	1
农产品供应链金融技术发展（B）	数据安全性（B2）	0	0	6	2	0
农产品供应链金融技术发展（B）	风险控制技术（B3）	0	0	3	4	1
农产品供应链金融政策与监管（C）	信息披露透明度（C1）	0	0	2	5	1
农产品供应链金融政策与监管（C）	配合度和沟通效率（C2）	0	2	5	1	0
农产品供应链金融政策与监管（C）	内控体系的完整性（C3）	0	0	2	4	2

续表

指标		问卷调查统计数				
一级指标	二级指标	低	较低	一般	较高	高
农产品供应链金融竞争能力（D）	服务成本（D1）	0	0	3	4	1
	风险控制（D2）	0	1	2	4	1
	技术和创新能力（D3）	0	0	6	1	1

2. 建立隶属度矩阵

按照隶属度公式计算出评价指标的隶属度值，具体如表5-19所示。

表5-19　　　　信用增信模式能力评价指标的隶属度

评价指标		评价集				
一级指标	二级指标	低	较低	一般	较高	高
客户满意度 R_1	服务响应速度 R_{11}	0	0.125	0.125	0.625	0.125
	顾客抱怨解决时间 R_{12}	0	0	0.375	0.375	0.25
	产品服务精准度 R_{13}	0	0	0.5	0.125	0.375
农产品供应链金融技术发展 R_2	数据管理能力 R_{21}	0	0.125	0.375	0.375	0.125
	数据安全性 R_{22}	0	0	0.75	0.25	0
	风险控制技术 R_{23}	0	0	0.375	0.5	0.125
农产品供应链金融政策与监管 R_3	信息披露透明度 R_{31}	0	0	0.25	0.625	0.125
	配合度和沟通效率 R_{32}	0	0.25	0.625	0.125	0
	内控体系的完整性 R_{33}	0	0	0.25	0.5	0.25
农产品供应链金融竞争能力 R_4	服务成本 R_{41}	0	0	0.375	0.5	0.125
	风险控制 R_{42}	0	0.125	0.25	0.5	0.125
	技术和创新能力 R_{43}	0	0	0.75	0.125	0.125

根据表5-19建立一级指标的单因素隶属度矩阵，具体地：

$$客户满意度\ P_1 = \begin{bmatrix} 0 & 0.125 & 0.125 & 0.625 & 0.125 \\ 0 & 0 & 0.375 & 0.375 & 0.25 \\ 0 & 0 & 0.5 & 0.125 & 0.375 \end{bmatrix}$$

$$农产品供应链金融技术发展\ P_2 = \begin{bmatrix} 0 & 0.125 & 0.375 & 0.375 & 0.125 \\ 0 & 0 & 0.75 & 0.25 & 0 \\ 0 & 0 & 0.375 & 0.5 & 0.125 \end{bmatrix}$$

$$农产品供应链金融政策与监管\ P_3 = \begin{bmatrix} 0 & 0 & 0.25 & 0.625 & 0.125 \\ 0 & 0.25 & 0.625 & 0.125 & 0 \\ 0 & 0 & 0.25 & 0.5 & 0.25 \end{bmatrix}$$

$$农产品供应链金融竞争能力\ P_4 = \begin{bmatrix} 0 & 0 & 0.375 & 0.5 & 0.125 \\ 0 & 0.125 & 0.25 & 0.5 & 0.125 \\ 0 & 0 & 0.75 & 0.125 & 0.125 \end{bmatrix}$$

3. 模糊综合评价

首先，一级模糊综合评价。根据以上所得到模糊判断矩阵 P_i 和能力评价指标的权重集 W_i，并按照公式对各因素进行一级模糊综合评价，其结果如下。

客户满意度的模糊综合评价矩阵：

$$\begin{aligned} X_1 &= W_1 \times P_1 \\ &= (0.345, 0.327, 0.328) \times \begin{bmatrix} 0 & 0.125 & 0.125 & 0.625 & 0.125 \\ 0 & 0 & 0.375 & 0.375 & 0.25 \\ 0 & 0 & 0.5 & 0.125 & 0.375 \end{bmatrix} \\ &= (0, 0.044, 0.329, 0.379, 0.248) \end{aligned}$$

农产品供应链金融技术发展的模糊综合评价矩阵：

$$\begin{aligned} X_2 &= W_2 \times P_2 \\ &= (0.333, 0.342, 0.325) \times \begin{bmatrix} 0 & 0.125 & 0.375 & 0.375 & 0.125 \\ 0 & 0 & 0.75 & 0.25 & 0 \\ 0 & 0 & 0.375 & 0.5 & 0.125 \end{bmatrix} \\ &= (0, 0.041, 0.504, 0.373, 0.082) \end{aligned}$$

农产品供应链金融政策与监管的模糊综合评价矩阵：

$$\begin{aligned} X_3 &= W_3 \times P_3 \\ &= (0.343, 0.339, 0.318) \times \begin{bmatrix} 0 & 0 & 0.25 & 0.625 & 0.125 \\ 0 & 0.25 & 0.625 & 0.125 & 0 \\ 0 & 0 & 0.25 & 0.5 & 0.25 \end{bmatrix} \\ &= (0, 0.084, 0.378, 0.416, 0.122) \end{aligned}$$

第5章 商业银行农产品供应链金融模式服务能力评价

农产品供应链金融竞争能力的模糊综合评价矩阵：

$$X_4 = W_4 \times P_4$$

$$= (0.318, 0.360, 0.322) \times \begin{bmatrix} 0 & 0 & 0.375 & 0.5 & 0.125 \\ 0 & 0.125 & 0.25 & 0.5 & 0.125 \\ 0 & 0 & 0.75 & 0.125 & 0.125 \end{bmatrix}$$

$$= (0, 0.046, 0.45, 0.379, 0.125)$$

其次，二级模糊综合评价。根据一级模糊综合评价结果，利用公式对农产品供应链金融服务能力进行二级模糊综合评价，其中二级模糊综合评价的单因素矩阵 Y 由各因素的一级模糊综合评价矩阵构成，其结果如下：

$$X = W \times Y$$

$$= (0.232, 0.288, 0.256, 0.224) \times \begin{bmatrix} 0 & 0.043 & 0.329 & 0.379 & 0.247 \\ 0 & 0.041 & 0.503 & 0.372 & 0.082 \\ 0 & 0.084 & 0.377 & 0.415 & 0.122 \\ 0 & 0.045 & 0.45 & 0.379 & 0.125 \end{bmatrix}$$

$$= (0, 0.054, 0.419, 0.386, 0.141)$$

最后，确定风险等级。根据以上得到一级模糊综合评价矩阵 X_1、X_2、X_3、X_4 和二级综合评价矩阵 X，利用公式来对综合评价结果进行量化。

客户满意度的评价值：

$$Z_1 = X_1 \times V^T = (0, 0.044, 0.329, 0.379, 0.248) \times \begin{bmatrix} 1 \\ 3 \\ 5 \\ 7 \\ 9 \end{bmatrix} = 6.663$$

农产品供应链金融技术发展的评价值：

$$Z_2 = X_2 \times V^T = (0, 0.041, 0.504, 0.373, 0.082) \times \begin{bmatrix} 1 \\ 3 \\ 5 \\ 7 \\ 9 \end{bmatrix} = 5.991$$

农产品供应链金融政策与监管的评价值：

$$Z_3 = X_3 \times V^T = (0, 0.084, 0.378, 0.416, 0.122) \times \begin{bmatrix} 1 \\ 3 \\ 5 \\ 7 \\ 9 \end{bmatrix} = 6.151$$

农产品供应链金融竞争能力的评价值：

$$Z_4 = X_4 \times V^T = (0, 0.046, 0.450, 0.379, 0.125) \times \begin{bmatrix} 1 \\ 3 \\ 5 \\ 7 \\ 9 \end{bmatrix} = 6.168$$

信用增信模式农产品供应链金融服务能力的评价值：

$$Z = X \times V^T = (0, 0.054, 0.419, 0.386, 0.141) \times \begin{bmatrix} 1 \\ 3 \\ 5 \\ 7 \\ 9 \end{bmatrix} = 6.228$$

4. 结果分析

根据上述分析结果可知，信用增信模式农产品供应链金融服务能力的评价值为6.228，根据能力评价等级区分标准，该模式服务能力为四级，整体显示出较强的金融服务能力，但低于前三种模式的服务能力评价值。虽然区块链能够提供可追溯、不可篡改的记录，但在信用评价体系中，对非物理资产（如信用、交易记录）的验证和评估仍面临技术和操作上的挑战，而且确保上传至区块链网络的信息准确性和完整性也是需要关注的问题。随着区块链技术的不断成熟，可以运用更先进的算法来预测和评估借款人的偿还能力，逐步提高该模式的服务能力。

信用增信模式各一级指标评价值按次序分别为客户满意度（6.663）＞农产品供应链金融竞争能力（6.168）＞农产品供应链金融政策与监管

（6.151）＞农产品供应链金融技术发展（5.991）。客户满意度的评价值最高，其中服务响应速度得分为 6.5、顾客抱怨解决时间得分为 6.75、产品服务精准度得分为 6.75，表明在信用增信模式中，商业银行凭借对借款人信用状况的准确评估和良好的客户关系管理，在无须物理抵押品的情况下，以灵活的融资解决方案、简化的审批流程和个性化的客户服务，能达成高度的顾客信任和满意度。农产品供应链金融竞争能力评分略低于客户满意度，其中服务成本得分为 6.5、风险控制得分为 6.25、技术和创新能力得分为 5.75，说明在越来越多采用非传统安全保障方式的金融市场中，商业银行能通过该模式展现一定程度的技术和创新性。由于信用增信模式不需要物理抵押，银行可以通过降低贷款门槛吸引更广泛的农业经营主体，这种模式带来较低的交易成本，进而提升银行服务的吸引力和竞争优势。

该模式的政策与监管方面评分略低，其中信息披露透明度得分为 6.75、配合度和沟通效率得分为 4.75、内控体系的完整性得分为 7，这反映了商业银行在实施信用增信模式中存在的监管挑战和政策限制。由于缺乏物理担保，商业银行需要依赖更强的信用评估机制和风险管理策略来保证贷款的安全性，这要求有一个健全的法律和监管环境来支撑，同时确保有政策支持应对违约风险。商业银行在审批过程中也需要更严谨地遵循监管要求，以维护整个金融系统的稳定性。最后，技术发展方面的分数是四个指标中最低的，其中数据管理能力得分为 6、数据安全性得分为 5.5、风险控制技术得分为 6.5，说明区块链的应用在信用增信模式中能够完全发挥潜在优势存在一定的挑战，目前的区块链技术在处理无形资产如信用信息时面临技术难题。虽然区块链提供了数据不可篡改、易于验证等技术帮助，但如何提升数据管理能力、增强数据安全性仍需进一步的探索，商业银行需要持续投入资源研发更先进的算法和系统，确保技术的进步能匹配市场和监管的需求，同时也能提升信用评估的精度和风险控制的有效性。

5.4 基于服务能力评价结果的信贷额度配置

在 5.3 节中，我们以 ZG 银行某地市分行为例，对实施运行过程进行模拟，邀请该行16位业务及技术专家对构建的四种基于区块链的商业银行农产品供应链金融模式的服务能力进行了评价，评价结果汇总如表5-20所示。

表5-20　四种农产品供应链金融模式服务能力评价结果汇总
　　　　——以 ZG 银行为例

模式类型	农产品供应链金融政策与监管	农产品供应链金融技术发展	客户满意度	农产品供应链金融行业竞争能力	综合得分
不动产抵押增信的商业银行农产品供应链金融模式	8.432	8.254	8.172	7.921	8.206
动产质押增信的商业银行农产品供应链金融模式	7.404	7.245	7.341	7.269	7.314
第三方担保增信的商业银行农产品供应链金融模式	6.735	6.656	6.923	6.598	6.725
信用增信的商业银行农产品供应链金融模式	6.151	5.991	6.663	6.168	6.228

根据表5-20结果，一方面可以准确分析四种模式在各维度的优劣，有助于商业银行找出各种农产品供应链金融模式存在的薄弱点并有针对性地提升其服务能力；另一方面为了提高资金运营效率，商业银行可以根据服务能力评价结果配置信贷额度。

商业银行在配置农产品供应链金融模式的信贷额度时，应当综合考虑服务能力、资源利用效率和多样性供给等原则，以实现金融资源的有效配置和农业经济的可持续发展。

（1）服务能力导向原则。商业银行应根据不同农产品供应链金融模式的服务能力来分配信贷额度，服务能力越高的农产品供应链金融模式应获得更多的信贷额度，以确保优质服务的供应链金融模式得到充分支持和发展。这样做不仅有利于提升金融服务的质量和效率，也有助于推动行业的竞争与创新。

（2）资源最大化利用原则。商业银行应确保所有的信贷额度都得到合理分配，尽可能地将资金投放到各种供应链金融模式中去。这有助于最大

第5章 商业银行农产品供应链金融模式服务能力评价

化资源的利用效率,促进资金流动和经济活动的增长,同时也能满足尽可能多的农业经营主体的融资需求,推动全行业的健康发展。

(3)多样性供给原则。商业银行应确保每种类型的农产品供应链金融模式都保有一定的信贷额度供给。这样做有助于满足不同农业经营主体的多样化融资需求,包括不同规模、不同地区和不同类型的农业经营主体,同时也符合国家开展普惠金融的战略要求,以促进农村经济的全面发展和融合。

按照以上原则,本书建议采取能力排序加权平均的方式来确定信贷额度的配置,公式如下:

$$F_i = \max\left\{\bar{l}, \frac{N - S_i + 1}{\sum_{j=1}^{N} j} L\right\} \quad (5-2)$$

其中,L 表示信贷总额,N 表示模式总数,S_i 表示服务能力评价排序,$\bar{l}$ 表示涉农贷款人的平均贷款额度。

以 5.3 节中的评价结果为例,假设某商业银行某周期内农产品供应链金融贷款总额为 120 万元,贷款人的平均贷款额度为 20 万元,信贷额度配置计算过程如表 5-21 所示。

表 5-21 信贷额度配置结果

模式类型	服务能力评价结果	排序	信贷额度配置	贷款人数
不动产抵押增信的商业银行农产品供应链金融模式	8.206	1	48	2.4≈2
动产质押增信的商业银行农产品供应链金融模式	7.314	2	36	1.8≈2
第三方担保增信的商业银行农产品供应链金融模式	6.725	3	24	1.2≈1
信用增信的商业银行农产品供应链金融模式	6.228	4	20	1≈1

该配置结果可作为商业银行农产品供应链金融模式运营的依据,据此来匹配各个农产品供应链金融模式的服务客户。

为了高效、准确地配置信贷额度,商业银行在维护农产品供应链金融区块链平台时，要将本章设计的指标体系加入到区块链平台中，根据实际情况按省、市等区域组织相关专家定时、定期对商业银行农产品供应链金融模式服务能力进行评估并填写问卷，更加科学地评价各地区、各模式的服务能力，从而更加合理地分配各地区的农产品供应链金融信贷额度。

5.5 本章小结

围绕第4章构建的四种商业银行农产品供应链金融模式，本章进一步探讨商业银行如何根据其不同模式的服务能力水平，将有限的信贷额度分配给四种不同模式。为了实现对商业银行农产品供应链金融模式服务能力进行有效评价，本章首先基于德尔菲法，根据专家共识及归纳分析设计了科学合理的商业银行农产品供应链金融服务能力评价指标体系，在此基础上通过调查问卷以结构方程模型方法确定各评价指标的权重值。这里，指标体系和权重大小两个模块构成了商业银行农产品供应链金融模式服务能力评价体系的基础内容。其次通过得到的权数应用于模糊综合评价中，以ZG银行某地市分行为例，邀请该行16位业务及技术专家对其模拟运行四种基于区块链的商业银行农产品供应链金融模式的服务能力进行了评价。最后根据评价结果提出了商业银行优化信贷额度配置的策略建议。本章主要研究发现：（1）基于结构方程模型的模糊综合评价方法较好地实现了整体上、系统上考察商业银行农产品供应链金融服务能力的目标，由此衡量出的指标权重更准确与客观；（2）以ZG银行某地市分行为例，模拟运行四种模式的服务能力评价结果来看，不动产抵押增信模式的评价能力最高，其次是动产质押增信模式、第三方担保增信模式和信用增信模式；（3）商业银行可以根据不同模式的评价情况调整信贷额度配置，促进信贷资源的更加合理和有效的利用，从而提高农产品供应链金融服务效率，有效发挥金融对农业经济的支持作用；（4）商业银行可以将本章设计的指标体系维护到农产品供应链金融区块链平台中，结合自身情况按省、市等区域组织相关专家定期对其服务能力进行评估并填写问卷，更加科学地评价各地区、各模式的服务能力，从而帮助其更加合理地分配各地区的农产品

第5章 商业银行农产品供应链金融模式服务能力评价

供应链金融信贷额度。

本章的主要贡献在于识别商业银行农产品供应链金融模式服务能力的影响因素及其权重大小，构建商业银行农产品供应链金融模式的服务能力评价模型，并提出基于能力评价结果的商业银行信贷额度配置策略，即设定每种农产品供应链金融模式下的服务客户数量。该评价结果和信贷额度配置为本书第6章继续探索的服务能力约束下实现最优的商业银行农产品供应链金融模式和农业经营主体的双边匹配奠定了坚实的基础。

第6章

商业银行农产品供应链金融的"模式—能力—客户"匹配机制研究

在业务实践中，商业银行和农业经营主体双方需求的多样性、风险的不确定性以及信息的不对称性等问题都增加了信贷有效双边匹配的难度，导致传统农产品供应链金融在提供金融服务时常常面临资源错配的情况。为解决这一问题，本章在充分考虑商业银行供应链金融服务模式和农业经营主体特点的基础上，基于双边匹配理论构建商业银行农产品供应链金融"模式—能力—客户"匹配机制，设计量化评估不同模式的适用性以及客户类型的匹配程度的指标体系，通过建立匹配系统和设计匹配度算法，帮助商业银行和农业经营主体进行优化决策，最后引入实例研究并验证了最优匹配模型的有效性。

6.1 商业银行农产品供应链金融服务的双边匹配决策分析

6.1.1 商业银行农产品供应链金融"模式—能力—客户"匹配机理

为了保障农产品供应链金融模式的实施效果，商业银行必须开发出既能反映最新金融科技成就又契合自身资源和服务能力的商业模式，同时，还要确保这些模式能得到市场的广泛认可，即满足客户的需求。鉴于不同的农产品供应链金融模式可能适合不同类型的农业经营主体客户，因此精准地识别并选择目标客户群体也是商业银行在农产品供应链金融领域取得成功的重要前提。从本质上讲，"模式—能力—客户"三者之间的高效对接和协调是判断农产品供应链金融模式是否成功的核心要素。

（1）商业银行的农产品供应链金融服务能力直接影响其提供的农产品供应链金融模式的覆盖范围和整体质量。企业的核心能力是其经营领域与范围的关键决定因素，商业银行在着手开展农产品供应链金融服务之前，需先行对自身所拥有的资源和技术进行全面梳理，以此为基础建立起对自身服务能力的准确评估。评估的结果将直接决定商业银行在农产品供应链金融模式和目标服务对象的选择，最终影响了客户的满意度及农产品供应链金融业务的盈利能力。因此，在开展农产品供应链金融服务时，协调好"模式与能力"之间的匹配关系，对于确保农产品供应链金融模式高效实施至关重要。

（2）农产品供应链金融模式对商业银行供应链金融服务能力提出要求。商业银行开展农产品供应链金融业务的关键是解决好信用传递问题以降低业务风险。一方面，先进的技术手段、资源掌握和服务能力可以有效降低商业银行农产品供应链金融的运营成本和运营风险；另一方面，强大的服务能力可以为农业经营主体提供利率更低、额度更大的融资服务。然而，由于农产品的特殊性质和生产环境的限制，商业银行需要付出比从事工业品供应链金融更多的努力才能有效控制信用风险，而且，不同的农产品供应链金融模式对商业银行的资源、技术、能力有不同的要求。因此，实施农产品供应链金融对商业银行供应链金融服务能力提出了更高的要求。

（3）农产品供应链金融模式实施成功的重要标志是客户满意度和商业银行盈利程度。客户满意度是指客户在使用产品或者接受服务后所感受到的主观效用水平。效用水平高则满意度高，效用水平低则满意度低。学者们的研究表明客户满意度不仅对消费者的购买决策产生直接影响，而且还关系到产品声誉、消费者忠诚度及重复购买意愿。农产品供应链金融所面向的农业经营主体，由于农业生产的苛刻条件和生产至消费过程的复杂多变，需要灵活多样的金融服务。如果商业银行提供的供应链金融服务不能针对农产品供应链的特定需求进行有效优化，则可能会削弱用户满意度，影响商业银行的盈利表现，甚至导致金融模式的失效。因此，客户满意度是判断商业银行农产品供应链金融模式是否成功的关键因素之一。同时，为了提高服务质量、降低业务风险并增强盈利能力，农业经营主体在评价商业银行提供的农产品供应链金融服务时，也需接受商业银行对其进行的评估。这种相互评价机制有助于商业银行根据自身的能力和掌握的信息，提供更加优化、个性化的服务，从而确保供应链金融模式的成效与持续性。

由商业银行农产品供应链金融服务能力、农产品供应链金融模式及农产品供应链金融服务对象所组成的复杂系统的最佳状态可以表述如下：在商业银行供应链金融服务能力的约束下，将服务对象与农产品供应链金融模型进行匹配，以达到商业银行满意度和客户满意度同时最大。具体过程可以用图6-1进行描述。

在图6-1中，考虑到商业银行在农产品供应链金融中具有优势地位，这种地位使商业银行有能力通过调整资源配置来提升其在供应链金融服务方面的表现，并且能够借助服务模式创新来扩展可供选择的供应链金融服务模式。农业经营主体通常处于相对被动的位置，然而，农业经营主体可以基于自身满意度决定是否接受特定的农产品供应链金融服务。在该框架下，一个商业银行能够通过其供应链金融服务模式与多个农业经营主体客

第6章 商业银行农产品供应链金融的"模式—能力—客户"匹配机制研究

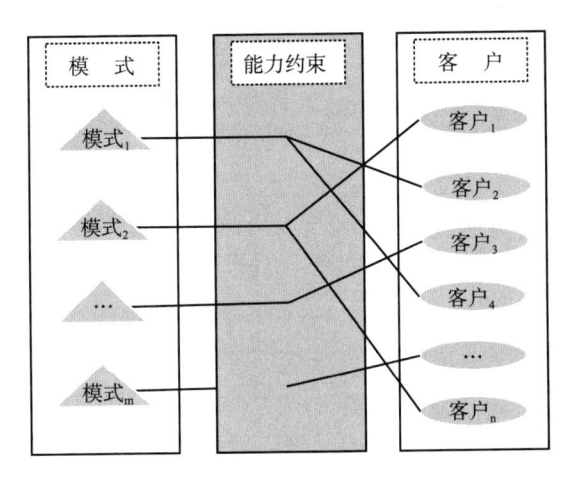

图 6-1 农产品供应链金融与客户匹配的示意

户建立匹配关系,而具体的匹配数量则受限于该种服务模式的能力。所以,这形成了一个扩展的双边匹配问题。本书旨在应用双边匹配决策理论来构建商业银行农产品供应链金融"模式—能力—客户"系统匹配模型。这个模型将帮助研究和探讨商业银行在农产品供应链金融中的运行机制,并寻找最优化的配对策略,以实现资源的高效配置,提升服务质量,满足不同农业经营主体的金融需求。

6.1.2 农产品供应链金融服务中双边匹配决策特点

(1) 双边匹配通常涉及两组不同类型的参与者,每组主体均有自己的偏好和选择标准,他们相互选择对方来形成一种匹配或配对(孔德财等,2018)。针对本书的研究,这两类主体分别是商业银行农产品供应链金融模式和被服务对象农业经营主体。通过将商业银行农产品供应链金融模式和农业经营主体纳入双边匹配,我们可以实现商业银行与农业经营主体之间的对接,在农产品供应链金融领域达成供需的匹配关系。这也是本书研究的重点,探讨商业银行农产品供应链金融模式与农业经营主体之间的双边匹配关系,以提高双边匹配的效率和准确性。

(2) 匹配中介旨在促使两个寻求相互合作的不同主体(如求职者和雇主、买家和卖家、租客和房东)找到最合适的配对对象,通过收集和分析信息，确定双方的需求和偏好，然后利用这些数据为参与者提供潜在的匹配建议；它的作用主要在于减少搜寻成本、提高交易效率、帮助参与者发现之前未知的机会并创造价值，同时降低双方因不完全信息造成的风险，满足市场的精确匹配需求，确保资源的最优配置（孔德财等，2018）。在本书中，商业银行就是双边匹配的组织者和决策者，它来决定可供农业经营主体选择的农产品供应链金融的模式种类，同时决定为哪些农业经营主体提供金融服务，收集农业经营主体的信用、需求和偏好信息，推荐合适的农产品供应链金融产品和服务等。

（3）双边主体提供的偏好信息是指在双边匹配市场中，双方主体各自表达的关于对方特征的偏好排列，其作用在于指导匹配过程中的决策，确保匹配结果尽可能地满足双方的期望和需求，从而提升市场参与者的满意度和市场的整体福利。偏好序信息可以根据其明确程度和灵活性来分类，严格偏好序代表着参与者对选项的排列顺序有明显区分，而弱偏好序则允许参与者将几个选项视为相对可接受的同等选择，并且无差异偏好序描述了一个情形，在该情形下参与者对多个选项完全没有优先级之分。本书中将考虑农业经营主体对农产品供应链金融模式给出严格偏好序，商业银行就每种供应链金融模式给出针对被每个服务对象的严格偏好序。

（4）稳定匹配在双边市场中扮演着至关重要的角色，它确保了参与者无法通过重新配对来实现个人利益的最大化，从而维护了整体匹配结果的公平性和效率性。稳定匹配不仅简化了涉及多因素、多条件和多参与者的复杂决策问题，为市场提供了一种可信赖的解决方案，还能指导各类实际应用系统的设计，确保其透明度、可靠性和客户认可度。此外，稳定匹配原则有效降低了匹配失败和策略性行为的风险，鼓励参与者积极参与并信任匹配机制。稳定匹配的概念不仅在理论研究中具有重要影响力，也在实际操作中成为设计工作流程和制定政策的重要依据。本章将通过构建双边匹配模型，求解农产品供应链金融服务模式和农业经营主体之间的稳定匹配，以实现客户满意度最大和商业银行运营成本降低。

（5）双边匹配研究探究的是如何通过协调双方需求和利益，从而在匹配过程中实现让双方都满意的结果。这种研究关注的是如何有效地平衡双边主体的利益和需求。双边匹配可以被视为参与者之间通过相互合作达成最优结果的过程，在博弈中，双方主体需要互相理解彼此的偏好信息，积极分享信息并协调行动，以达成互惠互利的匹配结果。通过有效的合作和博弈，双边匹配可以促进资源的合理配置，减少信息不对称和交易成本，并建立长期稳定的合作关系。在双边匹配中，商业银行和农业经营主体是互相依存的，他们需要相互合作，达成双方都满意的匹配结果，以实现各自的利益最大化。因此，双边匹配的研究不仅关注商业银行和农业经营主体的需求和利益，也涉及如何通过合作或结盟来实现双边主体更高福利的问题。

（6）双边匹配建立在充分了解和平衡双方需求的基础之上，而不是单一方面的需求或供给量、价格机制、随机选择或仅仅基于第三方的判断。相对于其他简化的仅考虑价格或随机分配的匹配机制，基于偏好的双边匹配更能体现市场参与者的真实需求和期望，促进更为稳定和高效的匹配结果。在商业银行提供农产品供应链金融服务过程中，商业银行也不能仅根据农业经营主体支付服务费用的高低来选择服务对象。原因一是农村金融在我国具有一定的公益性，属于政策性金融的范畴；二是国家监管部门出于防范金融风险的目的，往往对金融服务收费进行比较严格的监管，所以双边匹配决策可以提高社会整体福利水平。

6.1.3　农产品供应链金融服务中双边匹配决策模型的构建程序

第一步，对现实问题进行分析，发现和提出双边匹配问题。双边匹配研究的基础在于深入了解实际情况，探索可能存在的挑战和需求，识别影响匹配结果的关键因素，并提出潜在的匹配问题。本书的双边匹配问题来自分析供应链各方在供应链金融服务中配对需求、资源匹配、信息不对称等方面面临的困难与痛点，得出商业银行在提供农产品供应链金融服务中面临的现实问题。具体而言，问题包括商业银行应该采用哪些农产品供应链金融服务模式，这些模式更适合于服务哪些对象，被服务对象又应该选择哪种供应链金融服务模式等。通过抽象和概括出这些问题，为后续的模型构建和决策制定提供基础和参考，可以对双边匹配问题进行准确而全面的研究，为解决实际问题提供科学的理论和方法支持。

第二步，收集双边主体的偏好信息。这些信息反映了双边主体们对于匹配结果的倾向和个人喜好，也是决策匹配过程的重要依据。为获得双边主体的偏好信息，通常有两种途径可供选择。首先是通过调查、访谈或问卷等方式直接向双边主体征询和收集其偏好信息，详细了解他们的优先选择、重要考虑因素及个性化需求。这些信息可以是客观且明确的偏好序，如对于具体的金融产品特性或服务要求的排列顺序，也可以是主观感受或模糊的偏好表达。其次是从提供的信息中提取偏好信息，在现实情况下，双边主体可能无法准确地给出其偏好信息，或者没有完整的偏好序列。在这种情况下，匹配中介可以通过分析双边主体提供的其他相关信息，如历史交易记录、消费行为、上下文信息等来推断其偏好信息。本书农产品供应链金融模式对不同客户的适应度，以及每个客户对不同农产品供应链金融模式的偏好程度都需要通过进行多指标评价获得。

第三步，确定双边匹配目标。双边匹配目标是双方参与者在匹配过程中所追求的最终结果或目标。明确匹配目标有助于指导匹配中介更好地开展匹配工作，确保匹配结果符合双方期望，提高匹配的准确性和可靠性。而且，确立共同的匹配目标有助于促进双方参与者之间的理解与合作，增进双方间的互信，进一步推动匹配目标的达成。在确定双边匹配目标时，需要考虑双方的需求、利益及现实条件等因素。目标应该是切实可行的，并且符合双方的期望，避免过于理想化或不切实际的设定。同时，匹配目标还应该具有一定的灵活性，以适应不同情况和变化的需求。在商业银行农产品供应链金融服务中，确定匹配目标需要结合商业银行和农业经营主体的具体情形和需求，商业银行可能追求风险最小化、资本效率最优化及服务创新等目标，而农业经营主体可能更关注获取稳定的资金支持、提升自身市场竞争力，以及增强抗风险能力等方面，本书选择以商业银行农产品供应链金融模式对被服务对象的适应度，以及被服务对象对农产品供应链金融的偏好程度同时最大化为匹配目标。

第四步，设计匹配算法。设计匹配算法是双边匹配研究中的关键环节，通过选择合适的算法，结合双方的偏好信息和约束条件，可以得出最优的匹配方案，以满足双方的需求并达到最佳匹配效果。双边匹配模型的构建程序如图6-2所示。

第6章 商业银行农产品供应链金融的"模式—能力—客户"匹配机制研究

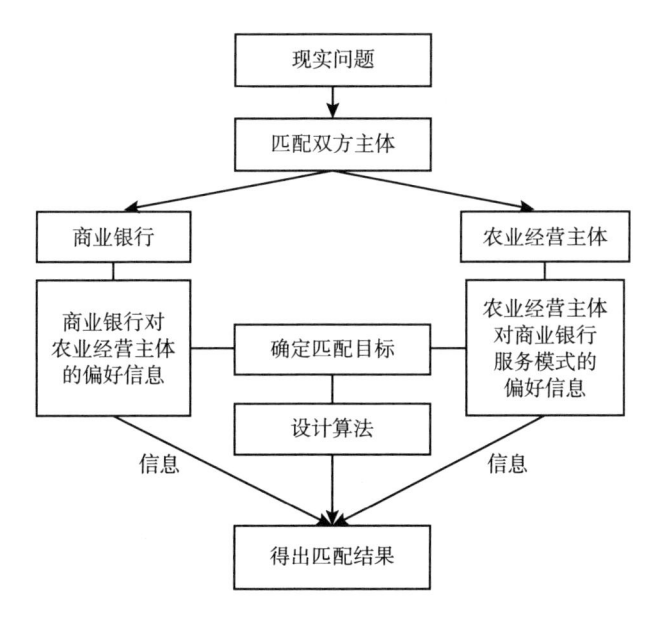

图 6-2 双边匹配模型的构建程序

6.2 "模式—能力—客户"匹配度测度指标体系设计

无论是农业经营主体对农产品供应链金融模式进行偏好排序还是农产品供应链金融模式对农业经营主体进行偏好排序都离不开科学合理的指标体系，因此为了客观获取双方的偏好信息，本书需要设计商业银行农产品供应链金融模式的"模式—能力—客户"匹配度测度的指标体系。

6.2.1 指标选取原则

1. 指标的全面性原则

本书旨在从两个关键角度进行全面评估：一是从农业经营主体的视角评估不同的农产品供应链金融模式；二是商业银行基于不同的供应链进入模式对农业经营主体进行评估。鉴于存在多种类型的农业经营主体和多样化的金融服务模式，指标体系的设计必须包容各种评价对象的差异性和特性，以实现对所有可能影响匹配程度的因素的全面覆盖。

2. 数据可获得性原则

为确保评价体系在实际应用中的有效性和实用性，本书所用到的指标数据有两大类型。一类是数值型指标，指以具体数值形式呈现，直接反映商业银行农产品供应链金融服务和农业经营主体间交互的量化参数，可能包括贷款金额、利率、还款期限等具体的金融指标，或是农业产值、运营成本等经营数据，在设计此类指标时，必须确保数据来源的明确性和可得性。另一类是语义类指标，它更注重评价主体的感受或主观判断，如对服务满意度、金融产品适应性的评价。在设计这些指标时，应采用清晰、易懂的语言来确保评价主体能够准确理解和表达他们的观点和反馈，从而更客观地收集到相关信息。

3. 指标的实用性原则

指标的实用性原则强调指标体系应当准确、有效地反映双方主体间的偏好，并为改进服务和增强合作提供实际价值。本书构建测度指标体系的目的是通过这些指标体系所能反映的信息来度量双方之间的匹配偏好程度，应避免过度复杂化，指标体系应专注于能够直接影响农业经营主体选择金融服务的因素以及商业银行评估农业经营主体信贷风险和合作潜力的关键点，每一个指标都应具有明确的目的性和实际应用价值。

4. 避免重复原则

指标体系的选取既要尽可能全面地反映被评价对象的全貌，又要避免指标之间的重复，这样不仅可以增强指标体系的实用性和效能，而且有助于提升分析结果的可靠性和准确性。选定的每个指标应有明确的定义和用途，能够独立地反映农业经营主体或商业银行供应链金融模式的一个具体方面，避免用多个指标反映一个共同的特征，减少指标间的交叉覆盖，确保评估结果的可信度。

6.2.2 以商业银行视角评价客户与该模式的匹配度

本书在第4章提出了商业银行农产品供应链金融的四种模式，分别为不动产抵押增信的农产品供应链金融模式、动产质押增信的农产品供应链金融模式、第三方担保增信的农产品供应链金融模式及信用增信的农产品供应链金融模式。不同的农业经营主体适合不同的供应链金融模式，商业银行需要对每一个申请供应链金融融资的农业经营主体进行评价。因此，本节将构建一个对农产品供应链金融参与者进行"画像"的指标体系，以更全面地了解商业银行对于不同农业经营主体的偏好，为下一步收集商业银行偏好信息提供有力支持。

1. 农业经营主体自身特征

（1）兼业农民和专业农民是以家庭为基本生产单位的农业经营主体。以贷款人信用记录和年龄为起点，同时关注家庭人口数量和婚姻状态，以及受教育情况、职业状态和社会关系等因素，可以构建一个全面且科学合理的指标体系。

一是贷款人信用记录和年龄。贷款人的信用记录是评估其还款能力的关键指标之一。违约次数越多，贷款人的金融风险也就越高，因而该指标具有较大的参考价值。贷款人的年龄是另一个重要的考虑因素。根据农村地区的情况，贷款人的年龄与其还款能力呈现倒"U"型关系。在某个年龄段之前，贷款人可能还款能力较弱，然而随着年龄的增长，还款能力会逐渐增强，并持续到达某一点后可能再次减弱。因此，在设计指标体系时，可以设定适当的贷款年龄范围，如24～55岁，以反映还款能力随年龄变化的特点。

二是家庭人口数量和婚姻状态。家庭人口数量是评估贷款人还款能力的重要指标之一。较多的家庭成员意味着更大的家庭开销，这会增加经济负担，从而可能导致还款困难。因此，在评估还款能力时，需要充分考虑家庭成员数量，并特别关注考虑家庭中的老人和儿童。贷款人的婚姻状态也可以提供有关其还款资金来源稳定性的基本判断。通常情况下，处于婚姻状态的农业经营主体具有较强的还款能力，而未婚或离异状态的农业经营主体还款能力较弱。

三是受教育情况、职业状态和社会关系。贷款人的受教育程度与其收入水平、信用水平存在明显的正相关关系。许多学者的研究表明，受教育程度越高，贷款人的还款能力往往越强。因此，可以将受教育情况按照初中、高中、大专、本科、研究生等级来划分，以反映贷款人的信息；贷款人的职业状态也是一个重要的指标，反映贷款人是否仅从事农业生产还是兼业其他领域，如仅从事农业领域，则整体风险性可能比较高。此外，贷款人的社会关系也是应考虑的因素。对贷款人的主要社会关系进行信用状态评估，可以包括亲戚朋友中是否有贷款违约情况，以及贷款人所在村庄的整体信用情况。这些方面的信息可以提供有关贷款人的信用可靠度的重要线索。

（2）农业企业的供应链金融客户。这类客户符合现代企业标准，有基本的生产管理制度和财务制度，所以对其进行偏好程度排序的指标主要依靠财务指标（谭春平等，2018）。

首先，选择偿债能力指标，它能够反映农业企业履行其短期和长期财务义务的能力，这对于确定一个农业企业在面临流动资金紧张或市场不景气时保持偿债能力的稳定性至关重要。商业银行依赖这些指标来评估贷款申请的风险程度，从而作出贷款决策。优秀的偿债能力通常意味着较低的贷款违约风险，有利于商业银行资产质量的维护。本书选用三个指标衡量农业企业的偿债能力。一是流动比率，这是基本的流动性指标，对农业企业尤其重要，因为其现金流量通常具有季节性，能够衡量农业企业清偿一年内到期债务的短期资产的充裕程度；二是速动比率，该指标与流动比率类似，但排除了存货的影响，农业企业的存货可能受季节性因素和市场变动的影响，速动比率提供了更为保守的偿债能力评估；三是资产负债率，能够度量农业企业债务融资占总资产的比例，高负债可能导致较大的财务风险，尤其是在价格波动较大的农产品市场中。

其次，选择盈利能力指标，盈利能力指标反映的是农业企业从其基本运营中获取收益的能力。对于商业银行而言，盈利能力指标能展示农业企业的财务健康状况与盈余生成的质量。高盈利能力指示出农业企业具备良

第6章 商业银行农产品供应链金融的"模式—能力—客户"匹配机制研究

好的市场定位和成本控制能力,这将帮助商业银行判断其客户的经营效率、盈利稳定性及偿债前景。本书选用三个指标衡量农业企业的盈利能力,总资产收益率能够体现农业企业使用其所有资产产生净收入的效率,这对于农业企业尤其重要,因为它们通常投入大量资本在土地、机械设备等资产上,总资产收益率高表明农业企业能够有效地利用其资产来生成收益;销售利润率通过比较净利润与销售收入来衡量每一单位收入的盈利能力。农业产品价格波动可能导致收入波动,因此需要掌握销售利润率水平以确保尽管面临市场风险,农业企业仍然能保持一定的盈利水平;成本费用利润率则直接关注农业企业在扣除成本和费用后能从销售额中保留多少利润,考虑到农业企业面临的种子、肥料、劳动力成本等生产成本变动,该指标有助于评估农业企业控制成本和保持盈利水平的效率。

再次,选择运营能力指标,运营能力指标衡量的是农业企业使用其资源获得销售收入的效率,能揭示出农业企业的库存管理、资产利用及应收账款回收情况,对于商业银行来说,这意味着可以更准确地评估客户的日常运营表现。良好的运营管理表明农业企业能有效地将投入转化为输出,获取稳定的现金流入,降低信贷风险。本书选用四个指标衡量农业企业的运营能力,总资产周转率反映企业通过其总资产实现销售的能力,这对于确定那些拥有大量土地和设备的农业企业的资产是否得到了充分运用以实现效益最大化特别重要;存货周转率衡量农业企业将存货转换为销售,有效运用资金的能力,对于生产周期长或受季节影响显著的农业产品,存货管理显得极为关键;应收账款周转率反映了企业收回其销售款项的速度,能快速回收应收账款意味着资金周转更快,有助于改善现金流状况;流动资产周转率展现了企业利用短期资产产生销售的能力,良好的流动资产管理可以支持农业企业在面临价格波动和收入不稳定等挑战时保持灵活性和应对能力。

最后,选择发展能力指标。发展能力指标帮助商业银行预测企业的增长潜力。能够提供关于企业扩张、市场竞争力和可持续发展的信息,商业银行更倾向于向那些展现出明确增长路径的企业提供资金。本书选用三个指标衡量农业企业的发展能力,销售增长率显示了企业收入随时间的增长程度,在农业领域,销售增长可能意味着成功的市场拓展、作物产量提高或产品价值增加；销售利润率增长率能够反映企业提高盈利水平、控制成本和增加效益的能力，由于农业企业常受季节性影响和生产成本波动的影响，利润率的增长表明了企业在市场竞争中保持和提升优势的能力；总资产增长率体现了企业资产规模的变化情况，这包括短期和长期投资增长、固定资产的扩张等，农业企业总资产的增长可能是土地扩张、设备更新或技术革新的结果，这些都是企业发展壮大和实力增强的体现。

2. 农产品供应链特征

农产品供应链涉及的产品特性、产销环节、市场需求和生产投入等因素，构成了它的独特复杂性，是开展农业经营主体评价的重要考虑因素。

一是农产品易腐烂性特征。农产品多为生鲜品，对运输和存储条件的要求比较高，例如，需要适宜的温度和湿度。特殊的农产品如活禽、水产品对运输条件有着较严格的要求，如管理不当，很容易导致产品腐烂或死亡，造成巨大物流损耗。因此，商业银行在评估农业经营主体的产品进行融资时，需要针对不同农产品的保存难易程度进行相应的风险评级。

二是供应链内部信用水平的关联性。一条完整的供应链的可靠程度取决于链条上所有参与主体的信用水平，供应链中任何参与者出现信用违约或交货问题，都可能影响整条供应链的稳定性。因此，商业银行在融资时，除了考察债务人的信用情况外，还需对整个供应链中上下游关联生产者的信用等级有充足了解。

三是消费市场的不确定性。农产品消费市场具有稳定与波动并存的特征。主粮类农产品消费量稳定，而某些非主粮农产品因时令性和价格因素消费波动较大。此外，由于农业生产周期性强，易导致市场短缺或过剩现象，引发价格剧烈波动。再加上产销地理位置分离，市场信息传递效率不高，常导致市场供应与需求不匹配。商业银行需对经营主体所处的市场环境进行细致评估，以合理评价其风险。

四是生产资料的不确定性。农产品生产对农时、农机、农资的需要各不相同，对三者的协调配合要求较为精细。如果农时到来时农机农资无法及时供应，将严重影响农作物生长，可能导致减产。农机农资属于工业品，通常生产于城市工业区，其需求量会随着农业播种面积的变化而波动。商业银行应对农业生产资料准备状况进行合理评估，防止由于农业生产资料的供应不确定性而引起的供应链风险。

3. 农业生产技术特征

在农产品生产技术层面，一是需考察农业经营主体农业技术水平，保证其拥有必要的知识与技能。农业生产需遵从农作物生长的自然规律，考虑动植物的生命周期，对田间管理及劳动调整有着特定要求。二是应评估农业经营主体的经济知识和管理能力，农业生产须注意供求关系、规模经济及边际递减收益等经济规律。农业经营主体需掌握市场信息，预测市场趋势，从而达到产销平衡。规模化经营的追求可助力降低成本，提升效率。三是需要评估农业经营主体在现代化与信息化方面的实力。现代化和信息化的利用可改善生产流程、提升经济效益，合理使用资源，发展智慧农业、无人农业、精准农业等可以提高生产效率。

在农产品加工技术层面，一是需评估农业经营主体的加工深度。随着加工工艺的提升，初级农产品比重下降，深加工产品因其更稳定的生产和较低的风险而受到重视。二是应评估产业化水平，农产品加工业趋向于生产、加工、销售一体化运营，这要求农业经营主体具备自有生产基地、专业加工工厂和严格的质量控制与管理。三是考察加工技术水平，加工技术更新带来的技术如高温瞬时杀菌、真空浓缩等能够大幅提升加工质量和效率，技术水平高的农业经营主体通常竞争力更强。四是评估资源综合利用程度，现代农业强调资源综合利用和环境保护，减少资源浪费，提高资源使用率和经营效益。五是考察产品质量标准化程度，食品安全是农业的重大关注点，对确保公众健康及可持续经营至关重要。

4. 自然风险特征

由于农产品的生产和自然环境有密切的关联，所以自然风险也是涉农金融业务不得不考虑的问题。首先，干旱、低温、风灾、雹灾和雨灾等典型的气象灾害。这些因素通常会导致农业生产遭受重大损失，并严重影响融资者的偿债能力。其次，地质灾害如泥石流和地震，会给农业生产带来极大的风险。此外，病菌、真菌和虫害的暴发会对农作物和养殖业造成严重影响，导致重大经济损失。最后，非常规灾害也存在于农业领域。例如，新冠疫情虽然没有直接影响农业生产，但由于疫情导致的交通中断、农资短缺和农时延误等间接影响，同样对农业生产造成了较大规模的损失。

综上所述，本书从农业经营主体特征、农产品供应链特征、农业生产技术特征、自然风险特征四个维度给出商业银行视角下的农业经营主体偏好测度，具体如表6-1所示。

表6-1　　　　商业银行视角的评价指标体系

维度	一级指标		二级指标
一	农业经营主体自身特征	以家庭为基本生产单位的供应链金融客户	贷款人的信用记录
			贷款人的年龄
			贷款人的家庭人口数量
			贷款人的婚姻状态
			贷款人的受教育情况
			贷款人的职业状态
			贷款人的社会关系
		以企业为基本生产单位的供应链金融客户	偿债能力
			盈利能力
			运营能力
			发展能力
二	农产品供应链特征		产品是否易腐烂
			上下游关联生产者的信用水平
			消费市场的不确定性程度
			生产资料不确定性程度
三	农业生产技术特征	农业生产的技术特点	符合农作物生长规律
			符合农业经济规律
			实现现代化和信息化
		农产品加工业的技术特征	农产品深加工程度
			产业化程度
			加工技术高新化程度
			资源综合利用程度
			产品质量标准化程度

续表

维度	一级指标	二级指标
四	自然风险特征	气象灾害
		地质灾害
		病虫害
		非常规灾害

6.2.3 以客户的视角评价农产品供应链金融模式所带来的满意度

根据前述分析，农产品供应链金融市场是一个双边匹配市场。一方面，商业银行根据获取的客户信息来给出对农业经营主体的偏好性排序；另一方面，农业经营主体也会根据所获得的信息给出对农产品供应链金融模式的偏好性排序。对于不同的农产品供应链金融模式，农业经营主体需要获得的信息包括如下六个方面。

（1）利息率水平的高低。利息率是影响农业经营主体借贷行为的关键因素之一。农业经营主体选择向亲友借贷的一个重要原因是这类具有亲缘关系的贷款利息率比较低，甚至没有利息。高利息率会增加融资成本，降低农业经营主体的盈利能力。所以，将利率的高低作为农业经营主体对农产品供应链金融模式排序的首要指标。

（2）是否需要抵押物。部分农业经营主体缺乏抵押物或缺乏银行认可的抵押物，或受传统思想的影响，对抵押贷款有所顾虑。但近年来随着农村宅基地使用权和农田承包经营权的改革，部分地区认可这两类抵押物，农业经营主体也出于提高贷款获批概率、获取更高额度、更有利的贷款条件的考虑，愿意使用抵押物进行贷款，同时，使用抵押物还体现农业经营主体对贷款偿还的承诺和责任感。

（3）是否需要担保。部分农业经营主体不愿意要求其他村民为其提供担保，并且也不愿意为其他村民的债务提供担保。因此，如果商业银行的农产品供应链金融模式要求其他村民提供融资担保条款，农业经营主体对这种融资方式的偏好程度可能会降低。也有一些农业经营主体喜欢担保，认为担保作为一种信用背书，提高农业经营主体的信用度，可以增加他们获得融资的机会，并能有助于获得更高金额的贷款（孔荣等，2011）。因此，农业经营主体将担保要求作为对农产品供应链金融模式偏好排序的指标之一。

（4）融资便利性。审批流程的灵活性和效率直接影响着资金使用的及时性。研究表明，大多数农业经营主体在选择融资时更偏好于向亲友借款，并且认为这比从正规金融机构融资更加便利。而且现实中金融机构在针对农业经营主体贷款时往往设置各种限制条件，手续比较繁杂。所以融资便利性可以作为农业经营主体对供应链金融模式进行偏好排序时的指标之一（马晓青等，2010）。

（5）可提供融资规模的大小。农业经营主体对融资数额的要求与商业银行能够提供的融资额度是否匹配，也是农业经营主体选择农产品供应链金融的重要参考指标。

（6）提供融资期限的长短。农业经营主体对融资期限的要求与商业银行能够提供的融资期限是否匹配，也是农业经营主体选择农产品供应链金融的重要参考指标。

综上所述，本书设定6个指标来测度农业经营主体的融资需求偏好，具体如表6-2所示。

表6-2　　　　　农业经营主体视角的评价指标体系

视角	指标名称
农业经营主体视角的评价指标	利息率水平的高低
	是否需要抵押物
	是否需要担保
	融资便利性
	可提供融资规模的大小
	提供融资期限的长短

6.3 "模式—能力—客户"匹配模型构建

6.3.1 农产品供应链金融"模式—能力—客户"一对多匹配系统构建

1. 问题描述

为了便于后文的数据处理，本节将商业银行农产品供应链金融"模式—能力—客户"系统符号化。假设某商业银行共设计了 m 个农产品供应链金融模式，记 $M=\{1,2,\cdots,m\}$，则由农产品供应链金融模式所构成的集合为 $S=\{S_1,S_2,\cdots,S_m\}$，其中 S_i 表示第 i 种农产品供应链金融模式，$i \in M$。服务的农业经营主体共计 n 户，记 $N=\{1,2,\cdots,n\}$，则由农业经营主体所构成的集合为 $D=\{D_1,D_2,\cdots,D_n\}$，其中 D_j 表示第 j 个农业经营主体，$j \in N$。同时，假设第 i 种供应链金融模式 S_i 可以服务的农业经营主体数量为 c_i，该数量由商业银行农产品供应链服务能力的大小决定，且 $\sum_{i=1}^{m} c_i = d$，记 $D=\{1,2,\cdots,d\}$，则 $d \in D$。记商业银行的第 i 种供应链金融模式的服务能力为 e_i，则商业银行供应链金融服务能力指标的集合为 $E=\{e_1,e_2,\cdots,e_m\}$，$i \in M$。假设每种供应链金融模式能够服务的农业经营主体数量由该商业银行的供应链金融服务能力指标决定，记 $c_i = \varphi_i(E)$，其中 $\varphi_i(\cdot)$ 是商业银行供应链金融服务能力集合对第 i 种农产品供应链金融模式的服务能力的影响函数，$\Phi=\{\varphi_i,\varphi_i,\cdots,\varphi_m\}$ 构成了一个能力约束系统，共同决定了农产品供应链金融服务模式的服务能力。

2. 一对多双边匹配设定

为了实现商业银行农产品供应链金融服务模式和农业经营主体的最优匹配，商业银行必须获取被匹配双方的偏好信息。本书以"偏好序"来定义农产品供应链金融服务模式和农业经营主体的偏好信息。设 $A_i=(a_{i1},a_{i2},\cdots,a_{in})$ 为商业银行农产品供应链金融服务模式 S_i 对被服务客户农业经

营主体集合 D 中的每一个农业经营主体 D_j，$j \in N$ 的偏好排序，即模式 S_i 把农业经营主体 D_1 排在 a_{i1} 位，把农业经营主体 D_2 排在 a_{i2} 位，以此类推，把农业经营主体 D_j 排在 a_{ij} 位，其中 $a_{ij} \in N$。设 $B_j = (b_{1j}, b_{2j}, \cdots, b_{nj})$ 为农业经营主体 D_j 对农产品供应链金融服务模式集合 S 中的每一种模式 S_i，$i \in M$ 的偏好排序，即农业经营主体 D_1 把模式 S_1 排在 b_{1j} 位，把农业经营主体 S_2 排在 b_{2j} 位，以此类推，把模式 S_i 排在 b_{ij} 位，其中 $b_{ij} \in M$。设 $A_i(i \in M)$ 和 $B_j(j \in N)$ 中的序值均为严格序，即当 $j \neq k$ 时，$a_{ij} \neq a_{ik}$，当 $i \neq l$ 时，$b_{ij} \neq b_{lj}$，其中 $i, l \in M$，$j, k \in N$。为了分析方便，基于序值向量 $A_i(i \in M)$ 和 $B_j(j \in N)$，分别建立序值矩阵 $A = [a_{ij}]_{m \times n}$ 和 $B = [b_{ij}]_{m \times n}$。

设多值映射 $p: S \cup D \to S \cup D$ 称为农产品供应链金融模式集合 S 与农业经营主体集合 D 之间的一对多双边匹配，$\forall S_i$，$\forall D_j$ 满足：（1）$p(S_i) \in D$；（2）$p(D_j) \in S \cup \{D_j\}$；（3）$p(S_i) = D_j$ 当且仅当 $p(D_j) = S_i$，则称 p 为农产品供应链金融模式与农业经营主体双边匹配；其中 $p(S_i) = D_j$（或 (S_i, D_j)）表示农产品供应链金融模式 S_i 和农业经营主体 D_j 匹配，$p(S_i) = S_i$（或 (S_i, S_i)）表示农产品供应链金融模式 S_i 未与任何农业经营主体匹配。同理，$p(D_j) = D_j$（或 (D_j, D_j)）表示农业经营主体未被任何农产品供应链金融模式所匹配。特别地，若 $c_i = 1$，$i \in M$，则一对多双边匹配就简化为一对一双边匹配，此时 p 为单值映射，即每个农产品供应链金融模式最多与一个农业经营主体匹配。设 p 为双边匹配，则 $p = p_{two} \cup p_{one}$，其中 p_{two} 为双边匹配对集合，p_{one} 为未配对集合。

在此一对多双边匹配问题中，设 p_{two} 的数量为 P，假设每个农业经营主体只能选择一种供应链金融模式，不能同时选择接受多于一种以上的供应链金融模式服务，而每种供应链金融模式可匹配的农业经营主体个数为 c_i，若 $P = n \leq \sum_{i=1}^{m} c_i = d$，则称农业经营主体完全匹配，若 $P = n = \sum_{i=1}^{m} c_i = d$，则称供应链金融模式和农业经营主体双方完全匹配。

3. 稳定一对多双边匹配设定

设当 p 不存在阻碍稳定对时，则认为称 p 为稳定匹配对，否则称为不稳定匹配对。若 (S_i, D_j) 满足以下四种情况之一，则为阻碍稳定对：

(1) $D_j \in p(S_i)$, $D_k \in p(S_i)$, 满足 $a_{ij} < a_{ik}$ 且 $b_{lj} < b_{ij}$; (2) $D_k \in p(S_i)$, $p(D_j) = D_j$, 满足 $a_{ij} < a_{ik}$; (3) $D_j \in p(S_i)$, $p(S_l) = S_l$, 满足 $b_{lj} < b_{ij}$; (4) $p(S_l) = S_l$, $p(D_j) = D_j$。

设 $\alpha_p = \sum_{i=1}^{m}\sum_{j=1}^{n}\{a_{ij} \mid (S_i, D_j) \in p\}$, $\beta_p = \sum_{i=1}^{m}\sum_{j=1}^{n}\{b_{ij} \mid (S_i, D_j) \in p\}$, 则称 α_p 为 p 的农产品供应链金融模式序值和, β_p 为 p 的农业经营主体序值和。设 $\Psi = \{p_1, p_2, \cdots, p_t\}$ 为农产品供应链金融模式和农业经营主体之间双边匹配构成的集合, 则当 $\alpha_{p_S} = \min\{\alpha_{p_k} \mid k = 1, 2, \cdots, t\}$ 时, p_S 为农产品供应链金融模式和农业经营主体之间的最优稳定匹配, 同理, 当 $\beta_{p_D} = \min\{\beta_{p_k} \mid k = 1, 2, \cdots, t\}$ 时, p_D 为农产品供应链金融模式和农业经营主体之间的最优稳定匹配。

6.3.2 "模式—能力—客户" 匹配度算法设计

学术界对双边匹配算法的设计和理论研究给予了极大的关注。伽乐 (Gale) 等提出了著名的 Gale-Shapley 算法, 也被称为稳定婚姻算法。该算法解决了稳定婚姻问题的匹配问题, 即如何将两组元素进行配对, 使得不存在任何不稳定的匹配, 即没有两个元素倾向于与彼此配对而不是它们当前的配对, 这项工作奠定了后续双边匹配领域研究的基础。麦克维蒂等 (McVitie et al., 1971) 进一步讨论了稳定婚姻问题, 设计了一种基于 Gale-Shapley 算法的改进方法来寻找稳定婚姻的匹配, 在稳定婚姻理论的理解和计算复杂性方面均作出了贡献。罗斯 (Roth, 1982) 根据 Gale-Shapley 算法的思想发展了求解诸如住院医师配对问题这样的多对一配对问题的算法, 也称作 H-R 算法。维特 (Vate, 1989) 提出将稳定匹配问题建模为线性规划问题, 从而利用线性规划的数学框架和算法来解决匹配问题, 拓宽了稳定匹配问题的求解范围, 同时为使用数学优化工具进行匹配问题的研究提供了新思路。

本书的研究目的是解决商业银行在农产品供应链金融业务中的匹配问题, 即如何将商业银行的农产品供应链金融模式有效地分配给不同的农业经营主体, 这一匹配问题要求有效且稳定, 即匹配的结果中没有任何参与方有动力去破坏现有的配对情况从而重新匹配。为了构建这个匹配模型，本书参考了罗斯和维特（Roth & Vate）的求解方法，构建商业银行农产品供应链金融的"模式—能力—客户"一对多匹配模型，并基于构建好的匹配模型，将问题转换为一个混合整数规划问题，然后借助专门的优化软件，计算出在一定参数设定下的最优解，即商业银行农产品供应链金融模式和农业经营主体需求之间稳定匹配的最佳方案。通过这种方法，商业银行可以更精确地识别农产品供应链金融中各个参与方的需求，并根据自身的服务能力进行高效的资源配置和业务匹配，从而提升服务效率和满足更多农业经营主体的融资需求。

1. 将一对多双边匹配转化为一对一双边匹配

对于商业银行农产品供应链金融模式，考虑其期望匹配的农业经营主体的数目是有限的，可以采用一种虚拟复制的方法来处理这种一对多的匹配问题，将一对多双边匹配转化为一对一双边匹配（李铭洋等，2013；樊治平等，2014）。具体来说，如果模式 S_i 期望匹配 c_i 个农业经营主体，则可以将 S_i 复制成 c_i 个虚拟主体，记作 $S_i^1, S_i^2, \cdots, S_i^{c_i}$。这样，每一个虚拟主体代表的是模式 S_i^q 对于一个单独农业经营主体的匹配偏好，$q = 1, 2, \cdots, c_i$。由虚拟主体构成的商业银行农产品供应链金融模式集合记为：$\widetilde{S} = \{S_1^1, S_1^2, S_1^3, \cdots, S_1^{c_1}, S_2^1, S_2^2, S_2^3, \cdots, S_2^{c_2}, \cdots, S_m^1, S_m^2, S_m^3, \cdots, S_m^{c_4}\}$。

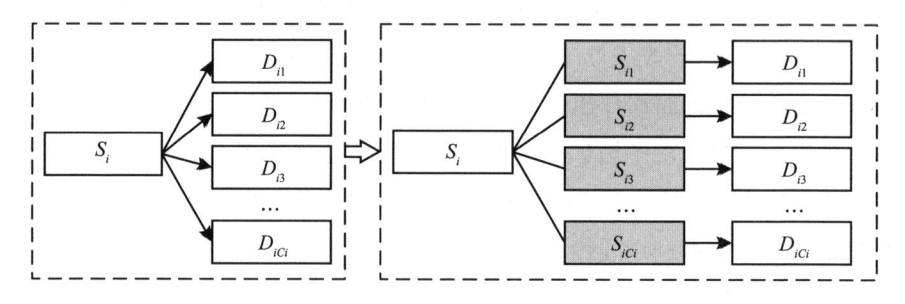

图6-3 通过虚拟主体将一对多双边匹配转化为一对一双边匹配

为便于分析，将商业银行农产品供应链金融模式集合记为 $\widetilde{S} = \{\widetilde{S}_1, \widetilde{S}_2, \widetilde{S}_3, \cdots, \widetilde{S}_d\}$，其中。$\widetilde{S}_t$ 表示第 t 个商业银行供应链金融模式，$d = \sum_{i=c}^{m} c_i$。

第6章 商业银行农产品供应链金融的"模式—能力—客户"匹配机制研究

$$\tilde{S}_t = \begin{cases} S_1^t, 1 \leq t \leq c_1 \\ S_2^{t-c_1}, c_1 + 1 \leq t \leq c_1 + c_2 \\ S_3^{t-c_2-c_1}, c_1 + c_2 + 1 \leq t \leq c_1 + c_2 + c_3 \\ \cdots \\ S_m^{t-\sum_{k=1}^{m-1} k}, c_1 + c_2 + \cdots + c_{m-1} + 1 \leq s \leq c_1 + c_2 + \cdots + c_m \end{cases}$$

(6-1)

设商业银行供应链金融模式集合 $\tilde{S}$ 关于农业经营主体集合 D 的序值矩阵为 $\tilde{A}$，将 S_i^q 关于农业经营主体集合 D 的序值向量记为 $A_i^q = A_i = (a_{i1}, a_{i2}, \cdots, a_{in})$，为便于分析，将 $\tilde{S}_t (t \in T)$ 关于农业经营主体集合 D 的序值向量记为 $\tilde{A}_t = \{\tilde{a}_{t1}, \tilde{a}_{t2}, \cdots, \tilde{a}_{tn}\}$，其中：

$$\tilde{a}_{tk} = \begin{cases} a_{1k}, 1 \leq t \leq c_1 \\ a_{2k}, c_1 + 1 \leq t \leq c_1 + c_2 \\ a_{3k}, c_1 + c_2 + 1 \leq t \leq c_1 + c_2 + c_3 \\ \cdots \\ a_{mk}, c_1 + c_2 + \cdots + c_{m-1} + 1 \leq t \leq c_1 + c_2 + \cdots + c_m, k \in N \end{cases}$$

(6-2)

对于第 j 个农业经营主体 D_j，由于商业银行供应链金融模式集合为 $\tilde{S} = \{\tilde{S}_1, \tilde{S}_2, \tilde{S}_3, \cdots, \tilde{S}_d\}$，故 D_j 关于 $\tilde{S}$ 的序值向量扩展为 d 维向量，农业经营主体集合 D 关于商业银行供应链金融模式集合 $\tilde{S}$ 的序值矩阵为 $\tilde{B}$，D_j 关于 $\tilde{S}$ 的序值向量为 $\tilde{B}_j = \{\tilde{b}_{1j}, \tilde{b}_{2j}, \tilde{b}_{3j}, \cdots, \tilde{b}_{dj}\}^T = \{\tilde{b}_{1j}^1, \cdots, \tilde{b}_{1j}^{c_1}, \tilde{b}_{2j}^1, \cdots, \tilde{b}_{2j}^{c_2}, \cdots, \tilde{b}_{mj}^1, \cdots, \tilde{b}_{mj}^{c_m}\}$，其中 $\tilde{d}_{ij}^q$ 为农业经营主体 D_j 给出的关于商业银行供应链金融模式 S_i^q 的序值，$\tilde{b}_{ij}^q$ 与原问题中 D_j 给出的关于商业银行供应链金融模式 S_i 的序值相等，即：

$$\tilde{b}_{ij}^q = \tilde{b}_{ij}$$

(6-3)

为便于分析，基于序值向量 $\tilde{A}_t (t \in T)$ 与 $\tilde{B}_j (j \in N)$，分别构建序值矩阵 $\tilde{A}_t = [\tilde{a}_{tj}]_{d \times n}$ 与 $\tilde{B}_j = [\tilde{b}_{ij}]_{d \times n}$。针对上述一对一双边匹配问题，考虑到商业银行供应链金融模式和农业经营主体的满意度及稳定匹配条件和商业银行的能力约束，建立多目标优化模型，通过模型求解获得 $\tilde{A}$ 与 $\tilde{B}$ 间的"最优"稳定匹配结果。

2. 农产品供应链金融双边匹配模型构建

引入双边匹配矩阵 $U = [u_{tj}]_{T \times N}$，其中：

$$u_{tj} = \begin{cases} 1, p(\tilde{S}_t) = D_j \\ 0, p(\tilde{S}_t) = D_j \end{cases} \quad (6-4)$$

由于复制的农产品供应链金融模式虚拟主体对于农业经营主体为严格偏好序，农业经营主体对复制的农产品供应链金融模式虚拟主体可能为不严格偏好序。

在该模型设定中，a_{ij} 和 b_{ij} 分别表示第 i 种供应链金融模式给第 j 种农业经营主体的排序和第 j 种农业经营主体给第 i 种供应链金融模式的排序，数值越小，代表排序越靠前，该模型以最大化农产品供应链金融模式和农业经营主体的满意度为目标，因此，应尽可能使一对一匹配 p 的商业银行农产品供应链金融模式序值和农业经营主体序值和最小。

该一对一双边匹配约束条件可以表示为：

$$u_{tj} + \sum_{\tilde{a}_{tk} < \tilde{a}_{tj}} u_{tk} + \sum_{\tilde{b}_{rj} < \tilde{b}_{tj}} u_{rj} \geq 1 \quad (6-5)$$

其中 $t, r \in T$，$k, j \in N$，即若要使式（6-5）成立，则 u_{tj}，$\sum_{\tilde{a}_{tk} < \tilde{a}_{tj}} u_{tk}$，$\sum_{\tilde{b}_{rj} < \tilde{b}_{tj}} u_{rj}$ 至少有一个等于1，该稳定一对一双边匹配的约束条件，确保了匹配结果为稳定匹配。同时，要保证每个复制的农产品供应链金融模式虚拟主体最多只能与一个农业经营主体匹配，即 $\sum_{j=1}^{N} u_{tj} \leq 1$，每个农业经营主体也最多只能与一个农产品供应链金融模式匹配，即 $\sum_{t=1}^{M} u_{tj} \leq 1$。

综上，可建立如下双边匹配模型：

$$\min V_a = \sum_{t=1}^{d} \sum_{j=1}^{N} \tilde{a}_{tj} u_{tj}$$

$$\min V_b = \sum_{t=1}^{d} \sum_{j=1}^{N} \tilde{b}_{tj} u_{tj}$$

$$\text{s. t.} \begin{cases} \sum_{j=1}^{N} u_{tj} \leq 1 \\ \sum_{t=1}^{M} u_{tj} \leq 1 \\ u_{tj} + \sum_{\tilde{a}_{tk} < \tilde{a}_{tj}} u_{tk} + \sum_{\tilde{b}_{rj} < \tilde{b}_{tj}} u_{rj} \geq 1 \end{cases} \quad (6-6)$$

3. 农产品供应链金融双边匹配模型的求解算法设计

为求解上述双边匹配模型（6-6），设 w_a 和 w_b 分别表示目标 V_a 和 V_b 的权重，可运用线性加权法将双目标双边匹配模型转化为如下单目标双边匹配模型，满足 $0 \leqslant w_a, w_b \leqslant 1$，$w_a + w_b = 1$，如式（6-7）所示。

$$\min V = w_a V_a + w_b V_b$$

$$\text{s.t.} \begin{cases} \sum_{j=1}^{N} u_{tj} \leqslant 1 \\ \sum_{t=1}^{M} u_{tj} \leqslant 1 \\ u_{tj} + \sum_{\tilde{a}_{tk} < \tilde{a}_{tj}} u_{tk} + \sum_{\tilde{b}_{rj} < \tilde{b}_{tj}} u_{rj} \geqslant 1 \\ w_a + w_b = 1 \\ 0 \leqslant w_a, w_b \leqslant 1 \end{cases} \quad (6-7)$$

其中权重 w_a 和 w_b 反映了商业银行和农业经营主体双方在实际匹配决策中的重要程度。若 $w_a > w_b$，则表示在匹配决策中更偏重考虑商业银行的满意度；若 $w_a < w_b$，则表示在匹配决策中更偏重考虑农业经营主体的满意度；若 $w_a = w_b = 0.5$，则表示公平考虑商业银行和农业经营主体的满意度。

由于模型（6-7）是一个含有 dN 个变量的 0-1 整数规划，而且本书所研究的问题是一段时间内（如一周）由农产品供应链金融参与主体给出序值偏好信息的一对多双边匹配问题，而且农产品供应链金融模式的数量一般是有限的，一段时间内申请农产品供应链金融融资的农业经营主体数量也是有限的，通常可以使用优化软件求解，如 Cplex、Gurobi、Matlab 等。而如果涉及的参与主体比较多，则可通过粒子群算法和模拟植物生长算法等启发式算法求解。

4. 农产品供应链金融双边匹配决策的步骤

综上，下面给出基于序值偏好信息的双边匹配决策问题的求解步骤。

步骤1：依据式（6-1），构建复制的农产品供应链金融模式虚拟主体集合 $\tilde{S}$。

步骤2：依据式（6-2），确定复制的农产品供应链金融模式虚拟主体

集合 $\tilde{S}$ 关于农业经营主体集合 D 的序值矩阵 $\tilde{A}$。

步骤3：依据式（6-3），确定复制的农业经营主体集合 D 关于农产品供应链金融模式虚拟主体集合 $\tilde{S}$ 的序值矩阵 $\tilde{B}$。

步骤4：依据式（6-5）及序值矩阵 $\tilde{A}$ 和 $\tilde{B}$，建立双目标双边匹配模型（6-6）。

步骤5：依据式（6-6），构建单目标优化模型（6-7）。

步骤6：依据式（6-7），获得一对一双边匹配结果。

步骤7：根据复制的农产品供应链金融模式虚拟主体一对一双边匹配结果，将转化得出农产品供应链金融模式一对多双边匹配结果。

6.4 实例研究

为了验证本章构建的"模式—能力—客户"匹配模型的可行性和有效性，本节根据拟实施的四种基于区块链的商业银行农产品供应链金融模式，以 ZG 银行某地市分行为例，对实施运行过程进行模拟，通过对此模式信贷资源供给侧——ZG 银行、需求侧——ZG 银行农产品供应链金融客户的偏好信息测度、偏好排序计算，以及匹配模型求解，验证了基于区块链技术的商业银行农产品供应链金融"模式—能力—客户"的应用效果。

6.4.1 双边偏好度排序信息的收集过程

1. 制作调查问卷

在 6.2 节建立双边匹配偏好信息指标体系的基础上，为了让商业银行和农业经营主体能够对照收集的基本信息准确给出各自的偏好排序，需要制作标准化的调查问卷。本小节分别设计了《农产品供应链金融模式视角下被服务对象偏好度评分标准》（见附录4）和《客户视角下商业银行农产品供应链金融模式偏好度评分标准》（见附录5）两份问卷。

2. 收集偏好排序信息

首先，在需求侧，以某一周内 8 个在 ZG 银行某地市分行申请商业银

第6章 商业银行农产品供应链金融的"模式—能力—客户"匹配机制研究

行农产品供应链金融贷款的客户为调研对象发放调查问卷,针对四种商业银行农产品供应链金融模式进行偏好程度排序。8名被服务对象包括3名兼业农民、3名专业农民、2家农业企业。2家农业企业都属于当地特色农业小微企业,年产值分别为300万元和700万元。6个农业经营主体的基本统计信息如表6-3所示。

表6-3 6个以家庭为基本生产单位的农业经营主体的基本信息

农业经营主体	信用记录	年龄(岁)	家庭人口数量	婚姻状态	受教育情况	职业状态	社会关系
A	良好	45	4	已婚	中职	务工	直系亲属中以务农务工为主
B	车贷逾期1次	33	3	已婚	高中	务工	直系亲属中有企业经营者
C	良好	38	4	已婚	初中	务工	直系亲属中以务农务工为主
D	电信欠费2次	55	2	离异	初中	无	直系亲属中以务农务工为主
E	助学贷款逾期1次	28	1	未婚	大学	无	直系亲属中以务农务工为主
F	良好	36	3	已婚	高中	无	直系亲属中以务农务工为主

其次,在供给侧,以在ZG银行某地市分行内选取10名农业贷款领域的从业人员为调研对象发放问卷,针对上述8名农业经营主体给出匹配度的分值。为确保对农业经营主体的评估更全面、准确,本书选取的商业银行专家均具备10年以上从业经验,分别来自该行贷款审批部门、风险评估与管理部门、客户关系管理部门及政策合规研究部门。专家具体来源、筛选条件和人数如表6-4所示。

表6-4 问卷调查专家背景信息

来源	条件	人数
ZG银行贷款审批部门	具备农产品供应链金融审批经验和市场敏感性,深入了解贷款申请审核流程、客户留存策略和信贷政策,具备10年以上从业经验	3
ZG银行风险评估与管理部门	擅长识别和评估各类与农业贷款相关的风险,熟悉风险评估模型、信用评级体系和风险控制措施,具备10年以上从业经验	3
ZG银行客户关系管理部门	专注于与服务对象保持良好的客户关系,了解各行业客户的特殊需求和服务满意度,利用这些信息帮助改善银行产品和服务,具备10年以上从业经验	2
ZG银行合规与政策研究部门	了解商业银行业务及相关行业的法律法规和政策环境,确保商业银行服务的合规性和政策对接,具备10年以上从业经验	2

6.4.2 双边偏好度排序计算

问卷收集完成后,将收集到的问卷数据进行整理,计算双边的偏好得分。

1. 使用熵值法计算得出各个指标的权重

各个指标的权重如表 6-5 和表 6-6 所示。

表 6-5　　　　　　商业银行偏好信息测度体系的权重

一级指标		二级指标	综合权重
农业经营主体自身特征 (0.3)	以家庭为基本生产单位的供应链金融客户	贷款人的信用记录	0.012
		贷款人的年龄	0.023
		贷款人的家庭人口数量	0.024
		贷款人的婚姻状态	0.015
		贷款人的受教育情况	0.102
		贷款人的职业状态	0.023
		贷款人的社会关系	0.102
	以企业为基本生产单位的供应链金融客户	偿债能力	0.044
		盈利能力	0.129
		运营能力	0.084
		发展能力	0.043
农产品供应链特征 (0.4)		产品是否易腐烂	0.055
		上下游关联生产者的信用水平	0.069
		消费市场的不确定性程度	0.147
		生产资料不确定性程度	0.129
农业生产技术特征 (0.2)	农业生产的技术特点	符合农作物生长规律	0.065
		符合农业经济规律	0.089
		实现现代化和信息化	0.047
	农产品加工业的技术特征	农产品深加工程度	0.079
		产业化程度	0.060
		加工技术高新化程度	0.017
		资源综合利用程度	0.032
		产品质量标准化程度	0.012

第6章 商业银行农产品供应链金融的"模式—能力—客户"匹配机制研究

续表

一级指标	二级指标	综合权重
自然风险特征（0.1）	气象灾害	0.008
	地质灾害	0.040
	病虫害	0.015
	非常规灾害	0.037

表6-6　　　　　农业经营主体偏好信息测度体系的权重

指标		权重
农业经营主体视角的评价指标	利息率水平的高低	0.095
	是否需要抵押物	0.320
	是否需要担保	0.150
	融资便利性	0.183
	可提供融资规模的大小	0.163
	提供融资期限的长短	0.090

2. 双边偏好度排序结果计算

设 $Score_{ijl}^{m}$ 表示第 i 个专家从第 m 种农产品供应链金融模式视角出发给出的第 j 个被服务对象在第 l 个指标上的得分，其中 $i \in \{1, 2, \cdots, 10\}$，$j \in \{1, 2, \cdots, 8\}$，$l \in L$，$L$ 为第 j 个被服务对象需要评价的指标集合。用 α_l 表示第 l 个指标的权重，则第 m 种农产品供应链金融模式对第 j 个被服务对象的偏好得分为：

$$Score_j^m = \frac{1}{10} \sum_{i=1}^{10} \sum_{l \in L} \alpha_l Score_{ijl}^m \qquad (6-8)$$

设 $Score_{jp}^{m}$ 表示第 j 个被服务对象从自身出发给出对第 m 种农产品供应链金融模式在第 p 个指标上的得分，其中 $j \in \{1, 2, \cdots, 8\}$，$m \in M$，$p \in P$，$P$ 为第 m 种农产品供应链金融模式需要评价的指标集合。用 β_p 表示第 p 个指标的权重，则第 j 个服务对象对第 m 种农产品供应链金融模式的偏好得分为：

$$Score_m^j = \sum_{p \in P} \beta_p Score_{jp}^m \qquad (6-9)$$

通过式（6-8）和式（6-9）可以分别计算出双方的偏好结果如表 6-7 和表 6-8 所示。

表 6-7　商业银行不同农产品供应链金融模式对客户偏好得分

主体	客户1	客户2	客户3	客户4	客户5	客户6	客户7	客户8
模式1	2.75	2.93	2.64	2.73	2.21	2.67	4.40	3.30
模式2	2.78	3.15	2.60	2.71	2.33	2.49	4.51	3.97
模式3	3.31	3.10	2.77	2.87	2.31	2.59	4.39	3.23
模式4	2.97	3.09	2.61	2.62	2.22	3.06	4.36	3.51

表 6-8　客户对商业银行农产品供应链金融模式偏好得分

主体	客户1	客户2	客户3	客户4	客户5	客户6	客户7	客户8
模式1	3.69	3.84	3.40	3.61	3.82	2.91	4.13	3.78
模式2	3.50	3.95	3.11	3.13	3.50	3.04	3.16	3.67
模式3	3.18	3.43	3.06	3.27	3.67	3.29	3.73	3.50
模式4	3.69	4.00	3.30	3.84	3.44	3.56	3.91	2.46

6.4.3　最优匹配模型的求解设计

第 4 章构建了商业银行农产品供应链金融模式，即 $S=\{S_1,S_2,S_3,S_4\}$，第 5 章基于服务能力评价结果配置信贷额度，得出模式 S_1 和 S_2 可以为两个客户提供服务，即 $c_1=c_2=2$，模式 S_3 和 S_4 只能为一个客户提供服务，即 $c_3=c_4=1$。以 ZG 银行某地市分行某一周内申请农业信贷的 8 个客户为例，记为 $D=\{D_1,D_2,\cdots,D_8\}$。每种商业银行农产品供应链金融模式 S_i 关于农业经营主体 D 的序值向量 $A_i=(a_{i1},a_{i2},\cdots,a_{i8})$，$i=1,2,3,4$，以及每个农业经营主体 D_j 关于商业银行农产品供应链金融模式 S 的偏好序值向量 $B_j=[b_{1j},b_{2j},b_{3j},b_{4j}]^T$，$j=1,2,\cdots,8$。根据表 6-7 和表 6-8 得出：

$$\begin{cases} A_1=(4,3,7,6,8,5,1,2) \\ A_2=(4,3,6,5,8,7,1,2) \\ A_3=(2,4,6,5,8,7,1,3) \\ A_4=(5,3,7,6,8,4,1,2) \end{cases} \quad (6-10)$$

第6章 商业银行农产品供应链金融的"模式—能力—客户"匹配机制研究

$$\begin{cases} B_1 = (2,3,4,1)^T \\ B_2 = (3,2,4,1)^T \\ B_3 = (1,3,4,2)^T \\ B_4 = (2,4,3,1)^T \\ B_5 = (1,3,2,4)^T \\ B_6 = (4,3,2,1)^T \\ B_7 = (1,4,3,2)^T \\ B_8 = (1,2,3,4)^T \end{cases} \tag{6-11}$$

步骤1：为了得到商业银行农产品供应链金融与客户的双边匹配结果，将此问题转化为一对一双边匹配问题，其中，$\tilde{S} = \{\tilde{S}_1, \tilde{S}_2, \tilde{S}_3, \cdots, \tilde{S}_6\}$，$D = \{D_1, D_2, \cdots, D_8\}$，$\tilde{S}$ 关于 D 的序值矩阵为 $\tilde{A} = [\tilde{a}_{ij}]_{6 \times 8}$，$D$ 关于 $\tilde{S}$ 的序值矩阵为 $\tilde{B} = [\tilde{b}_{ij}]_{6 \times 8}$。

步骤2：

$$\tilde{A} = \begin{bmatrix} 4 & 3 & 7 & 6 & 8 & 5 & 1 & 2 \\ 4 & 3 & 7 & 6 & 8 & 5 & 1 & 2 \\ 4 & 3 & 6 & 5 & 8 & 7 & 1 & 2 \\ 4 & 3 & 6 & 5 & 8 & 7 & 1 & 2 \\ 2 & 4 & 6 & 5 & 8 & 7 & 1 & 3 \\ 5 & 3 & 7 & 6 & 8 & 4 & 1 & 2 \end{bmatrix} \tag{6-12}$$

步骤3：

$$\tilde{B} = \begin{bmatrix} 2 & 3 & 1 & 2 & 1 & 4 & 1 & 1 \\ 2 & 3 & 1 & 2 & 1 & 4 & 1 & 1 \\ 3 & 2 & 3 & 4 & 3 & 3 & 4 & 2 \\ 3 & 2 & 3 & 4 & 3 & 3 & 4 & 2 \\ 4 & 4 & 4 & 3 & 2 & 2 & 3 & 3 \\ 1 & 1 & 2 & 1 & 4 & 1 & 2 & 4 \end{bmatrix} \tag{6-13}$$

步骤4：依据 $\tilde{A}$ 和 $\tilde{B}$ 及式（6-5），建立双目标双边匹配模型（6-6）。

步骤5：依据模型（6-6），同时考虑到农产品供应链金融模式和农业经营主体双方主体的公平性，令 $w_a = w_b = 0.5$，构建如下 0~1 整数规划模型：

$$\min V = 0.5 V_a + 0.5 V_b = 0.5 \times \sum_{t=1}^{6} \sum_{j=1}^{8} (\tilde{a}_{tj} + \tilde{b}_{tj}) u_{tj} \tag{6-14}$$

$$\text{s. t.} \begin{cases} \sum_{j=1}^{N} u_{tj} \leq 1 \\ \sum_{t=1}^{M} u_{tj} \leq 1 \\ u_{tj} + \sum_{\tilde{a}_{tk} < \tilde{a}_{tj}} u_{tk} + \sum_{\tilde{b}_{rj} < \tilde{b}_{tj}} u_{rj} \geq 1 \end{cases} \tag{6-15}$$

步骤 6 和步骤 7：使用 Gurobi 软件包求解上述模型，可得：

$$U^* = [u_{tj}^*]_{6 \times 8} \begin{bmatrix} 0 & 0 & 0 & 0 & 0 & 0 & 0 & 1 \\ 0 & 0 & 0 & 0 & 0 & 0 & 1 & 0 \\ 1 & 0 & 0 & 0 & 0 & 0 & 0 & 0 \\ 0 & 0 & 1 & 0 & 0 & 0 & 0 & 0 \\ 0 & 0 & 0 & 1 & 0 & 0 & 0 & 0 \\ 0 & 1 & 0 & 0 & 0 & 0 & 0 & 0 \end{bmatrix} \tag{6-16}$$

根据模型求解结果，得到最优匹配结果为 $p^* = \{(\tilde{S}_1, D_8), (\tilde{S}_2, D_7), (\tilde{S}_3, D_1), (\tilde{S}_4, D_3), (\tilde{S}_5, D_4), (\tilde{S}_6, D_2), (D_5, D_5), (D_6, D_6)\}$，即 $\tilde{S}_1$ 与 D_8 匹配，$\tilde{S}_2$ 与 D_7 匹配，$\tilde{S}_3$ 与 D_1 匹配，$\tilde{S}_4$ 与 D_3 匹配，$\tilde{S}_5$ 与 D_4 匹配，$\tilde{S}_6$ 与 D_2 匹配，D_5 和 D_6 未匹配。

以上匹配结果是转化后的一对一双边匹配结果，由于 $\tilde{S} = \{\tilde{S}_1, \tilde{S}_2, \tilde{S}_3, \cdots, \tilde{S}_6\}$，为虚拟主体所构成，其与 $S = \{S_1, S_2, S_3, S_4\}$ 中主体存在着以下对应关系：$\tilde{S}_1$ 和 $\tilde{S}_2$ 对应 S_1，$\tilde{S}_3$ 和 $\tilde{S}_4$ 对应 S_2，$\tilde{S}_5$ 对应 S_3，$\tilde{S}_6$ 对应 S_4。因此，原问题的最优匹配结果 $p^* = \{(S_1, D_8), (S_1, D_7), (S_2, D_1), (S_2, D_3), (S_3, D_4), (S_4, D_2), (D_5, D_5), (D_6, D_6)\}$，即农产品供应链金融模式 1 为农业经营主体 7 和农业经营主体 8 服务，农产品供应链金融模式 2 为农业经营主体 1 和农业经营主体 3 服务，农产品供应链模式 3 为农业经营主体 4 服务，农产品供应链金融模式 4 为农业经营主体 2 服务。农业经营主体 5 和农业经营主体 6 的供应链金融融资需求未被满足。从表 6-7 可以看出，所有供应链金融模式对农业经营主体 5 的偏好都是最小的，即农业经营主体 5 最不受欢迎。农业经营主体 6 未被服务的原因是该主题对供应链金融服务模型 1 和模型 2 均不满意,而这两个恰好是服务能力最强的。

6.4.4 实例分析结果的应用

本节内容通过对 ZG 银行某地市分行模拟运行的四种商业银行农产品供应链金融模式、8 名农业经营主体双边偏好度排序信息的收集、计算以及最优匹配模型的求解等过程,验证了最优匹配模型的可行性和有效性。为了更好地将这一过程应用到第 4 章构建的基于区块链的商业银行供应链金融平台和模式中,本书提出以下针对性建议。

(1)将 6.2 节设计的 6 个一级指标、33 个二级指标纳入基于区块链的商业银行供应链平台信息采集范围,并予以实时或定期更新,确保相关指标的真实性和不可篡改性。

(2)针对基于商业银行视角的 27 个二级指标,在以 ZG 银行某地市分行开展的实例研究中,采用了专家问卷打分的方法来确定各项指标得分。而在商业银行实际业务操作中,如果对每一个农业主体的相关情况都进行人工打分,将大大降低贷款审批效率、浪费人力资源。因此本书建议商业银行可以在基于区块链的供应链金融平台上进行功能二次开发,根据各家银行自身的风险偏好、合规要求、盈利要求、地域差异等因素,科学设计各指标的得分转化公式。例如,针对农产品是否易腐烂指标,应根据季节、地域、作物类型、存储条件等因素确定某农业经营主体的相应得分。这将极大地简化双边匹配的业务流程,也是对基于区块链的商业银行供应链平台功能的充分利用。

6.5 对策建议

6.5.1 完善农产品供应链金融服务体系

一是商业银行层面。第一,优化资源配置。商业银行可以利用区块链、大数据和人工智能技术,综合运用服务能力评价模型和"模式—能力—客户"匹配机制,分析农业经营主体的实际信贷需求和偿还能力,从而制定出最合适的金融服务方案和授信额度。加强内部资源管理,通过智能化系统实时监控资源的使用情况,及时调整资源配置,提高资源利用效率。第二,强化风险管理。商业银行应综合分析农业经营主体的风险水平,制定更具针对性的风险管理策略,从而提升风险控制能力。针对不同风险等级的客户,制定差异化的贷款利率和还款期限,提供个性化的风险保障措施。建立动态风险监控系统,及时发现和预警潜在风险。第三,简化业务流程。将匹配度测度指标纳入基于区块链的供应链金融平台,应用区块链技术以使数据共享和验证变得更加便捷和安全,从而实现贷款申请、审批、放款等环节通过智能合约自动完成,客户只需在平台上提交必要的信息和文件,系统便可自动进行审核和处理,大大缩短贷款周期。

二是农业经营主体层面。农业经营主体应积极参与双边匹配决策,提升自身在供应链金融服务中的匹配度和受信任度。第一,提升经营能力和管理水平。农业经营主体应通过引入先进的农业技术和管理模式,提高生产过程的精确度和效率。同时,还应加强财务管理和信用建设,建立良好的财务记录和信用历史,以增强商业银行对其信任。第二,加强信息和数据共享。农业经营主体应利用区块链平台,记录和共享所有生产和财务数据,使得这些数据在各方之间共享时更加安全可靠,避免数据被篡改的风险,增强信息披露的可信度。同时,还应主动定期向银行报告其生产计划、销售报告和财务状况,确保商业银行能够全面了解其经营情况。第三,深化合作关系并建立互信。农业经营主体应与商业银行建立长期、稳定的合作关系,积极参与商业银行的供应链金融服务项目,提出自己的需求和建议,共同优化金融服务,提升自身在供应链中的话语权和竞争力。

6.5.2 推动区块链技术在供应链金融中的应用

区块链技术在供应链金融中的应用,可以进一步优化"模式—能力—客户"匹配机制,提升金融服务的透明度和安全性。一是实现数据共享和透明化。农业经营主体的生产数据、销售数据和财务数据可以实时上传到区块链网络，商业银行也将相应的贷款利率等贷款条件上传到区块链平台，从而实现数据的共享和透明化。这种实时的数据共享不仅提高了信息的透明度，还能够减少信息不对称，从而优化"模式—能力—客户"匹配机制。二是应用智能合约自动化流程。当农业经营主体提交数据后，智能合约可以自动读取这些数据，并与商业银行预设的匹配标准进行比对，进而自动计算匹配度，给出评分和建议。当农业经营主体提交贷款申请后，智能合约可以根据预设的审批条件自动进行审核。三是保障数据安全性。在数据共享过程中，应特别注重数据的安全和隐私保护。如采用先进的加密技术对共享数据进行加密处理，确保数据在传输和存储过程中的安全性；通过区块链的权限管理功能，控制数据的访问权限，确保只有授权人员才能访问和操作数据。

6.5.3 强化政策支持和行业规范

为了推动农产品供应链金融服务的健康发展，政策支持和行业规范的完善至关重要。这不仅可以为商业银行和农业经营主体提供必要的保障和激励，还能确保整个行业的规范化和透明化运作，从而提升供应链金融服务的整体效能。

一方面是出台政策支持创新实践。政府应出台一系列支持政策，鼓励和支持商业银行和农业经营主体在供应链金融服务中的创新实践。一是提供财政补贴和税收优惠政策。政府可以为参与供应链金融创新实践的农业经营主体提供财政补贴和税收优惠政策，降低其运营成本和税负压力，激励更多企业参与其中。例如，对采用先进技术（如区块链和物联网）进行数据共享和透明化的项目提供专项补贴；对在供应链金融中进行绿色农业项目的投资和贷款提供税收减免政策，鼓励更多资金流向环保和可持续农业项目。二是提供优惠的货币政策。人民银行可以对开展农产品供应链金融特别是应用了区块链技术的商业银行提供再贷款、再贴现、利率补偿等差异化货币政策支持工具，鼓励商业银行在相关领域进行贷款投放和产品创新，同时也激励了农业经营主体申请相关贷款的积极性。三是建立风险补偿机制。对商业银行在供应链金融服务中因不可控因素造成的损失提供部分补偿，降低金融机构的风险负担，提升其参与积极性。

另一方面是制定行业标准和规范。行业协会和监管机构应制定统一的行业标准和规范，指导商业银行和农业经营主体的匹配决策和业务操作。一是制定统一的数据格式和标准，确保农业经营主体和商业银行在上传和共享数据时具有一致性和可读性，这不仅可以提高数据处理的效率，还能增强数据的可靠性和透明度。二是制定详细的业务操作指南，明确供应链金融服务中的各项流程和操作规范。例如，制定贷款审批、风险评估、数据共享等环节的操作标准，确保各方在操作过程中有章可循。三是建立严格的监管审查机制，确保商业银行和农业经营主体在供应链金融服务中的行为合规透明。监管机构应定期对相关企业进行审查，发现并纠正违规行为，保障行业的健康发展。

6.5.4　强化商业银行的实践应用与推广

基于实例研究的验证结果，"模式—能力—客户"匹配模型具有很高的实用价值，建议商业银行在实际业务中广泛推广应用。第一步，可以在小范围内开展项目试点。选择部分地区和农业经营主体，进行匹配模型的试点应用，通过实践检验其效果和可行性。这不仅可以收集实地数据和反馈，为模型的进一步优化提供依据，还可以发现和解决在推广应用过程中可能遇到的问题，从而为大规模推广奠定基础。第二步，加强培训和宣传，提高各方对"模式—能力—客户"匹配机制的认知度和参与度。对内部员工进行全面培训，确保其熟悉匹配模型的原理、操作流程和优势，能够熟练应用于实际业务中。同时，对农业经营主体进行宣传推广，帮助其理解和接受这一新机制，提高其配合度和参与积极性。第三步，在实践应用中持续优化匹配模型。根据试点项目和实际应用中的反馈，不断调整和改进匹配模型和算法，以提升其精准度和适用性。例如，可以根据农业经营主体的多样化需求和地域差异，灵活调整匹配标准和权重，确保模型能够更准确地反映实际情况。商业银行还应建立定期评估和反馈机制，收集各方意见和建议，及时更新和完善匹配模型，确保能够高效支持供应链金融服务的运行。最后，各商业银行可以根据自身实际情况及试点中取得的经验，在更大范围进行推广应用。

6.6 本章小结

本章首先分析了农产品供应链金融服务中双边匹配决策的特点，阐明了实现"模式—能力—客户"匹配的重要性。其次分别从商业银行和农业经营主体视角构建了双边匹配偏好信息测度体系，为后续的匹配决策提供了科学依据。最后构建了农产品供应链金融"模式—能力—客户"匹配模型，设计了双边匹配系统和匹配度算法，并在实例研究中，通过双边偏好度排序信息的收集、计算及最优匹配模型的求解等过程，验证了最优匹配模型的有效性。本章主要研究发现以下四点。(1)商业银行农产品供应链金融"模式—能力—客户"匹配机制，能够克服商业银行农产品供应链金融中存在的资源错配问题，激发农产品供应链金融参与双方的内生动力，促进商业银行和农业经营主体双方利益最大化。(2)通过构建一个对农产品供应链金融模式的参与主体进行"画像"的指标体系，可以量化评估参与主体双方的双边匹配偏好程度，为双方提供了更精准、有效的对接方式。(3)实例研究证明，基于商业银行和农业经营主体视角构建"模式—能力—客户"匹配模型具有可行性、有效性，有助于在实际业务开展过程中准确匹配交易信息并作出正确决策。(4)应将"模式—能力—客户"匹配度测度指标纳入基于区块链的商业银行供应链金融平台信息收集范围，各商业银行可以根据自身的风险偏好、合规要求、盈利要求、地域差异等因素，科学设计各指标的得分转化公式，以简化双边匹配的业务流程，充分利用基于区块链的商业银行供应链平台功能，提高金融服务的效率和普及度。

本章的贡献之处在于刻画了商业银行与农业经营主体双边视角的偏好测度方法，并构建了商业银行农产品供应链金融"模式—能力—客户"匹配模型，从供给侧和需求侧去协同实现商业银行农产品供应链金融模式的最优资源配置。本章与第5章基于区块链的商业银行农产品供应链金融模式服务能力的内容，共同构成了第4章构建的基于区块链的商业银行农产品供应链金融模式运行的两个重要模块。

第7章

结论与展望

7.1 研究结论

缓解农业经营主体融资困境,对于助推乡村振兴、推动农村现代化发展具有至关重要的意义。本书以解决农业经营主体的融资约束为目标、利用供应链金融的理论和方法、遵循"业务模式构建→服务能力评价→服务客户匹配"的研究思路,综合运用系统分析、演化博弈、结构方程、模糊综合评价、双边匹配算法等多种模型方法,依托区块链和商业银行庞大的金融服务能力探索构建了符合我国实际的商业银行农产品供应链金融模式,建立了商业银行农产品供应链金融模式服务能力评价模型,探究了商业银行农产品供应链金融的匹配机制。基于本书的分析,主要有四点重要结论。

7.1.1 传统农产品供应链金融模式存在的问题及问题检验分析结果

(1) 农业经营主体的融资特性主要体现在季节性和分散复杂性、主体差异大、需求额度更大、可抵押品流通价值低且交易成本高等方面。

（2）传统农产品供应链金融模式实践中存在还款来源的自偿性保障不足、质押农产品价值不确定性高、授信额度与融资需求匹配性低、农业核心企业信用不足等四方面问题。

（3）运用耦合协调度模型对传统农产品供应链金融模式适用度的检验结果表明，还款来源的自偿性等四方面的一级指标适用性整体得分分别为1.7分、1.67分、1.7分、1.8分，属于很不适用到比较不适用范围，定量证明了上述四方面问题存在的真实性。

7.1.2 基于区块链的商业银行农产品供应链金融模式构建与稳定性分析结果

首先，引入区块链技术可以帮助商业银行在农产品供应链金融业务中解决农业经营主体的还款自偿性保障性低、质押农产品估价难、保值难和变现难、过于依赖核心企业等问题。但授信额度与需求不匹配这一问题仍没有得以有效解决。增信机构可以基于区块链上的信用评级记录，对农业经营主体的不动产、动产进行价值评估，提高农业经营主体抵质押物的价值，增强抵质押物市场流通性，增信机构可以为农业经营主体提供不动产抵押、动产质押、第三方担保等服务，有助于农业经营主体获批更高贷款额度。故本书在基于区块链的商业银行供应链金融平台设计中引入了增信机构作为主要参与主体。

其次，设计了一个基于区块链的商业银行农产品供应链金融平台。平台功能主要包括可信数据存储、智能合约、二次开发、Dapp 与 Web 应用、数据隐私与安全保障等。平台的业务逻辑为签署协议和建立联盟、开发联盟链和智能合约、建立稳定链上资产、平台部署和启动。联盟链核心节点企业、商业银行、农业经营主体、上下游企业、增信机构等平台参与方在平台运行过程中都可以获得激励。

再次，构建了不动产抵押增信的商业银行农产品供应链金融模式、动产质押增信的商业银行农产品供应链金融模式、第三方担保增信的商业银行农产品供应链金融模式以及信用增信的商业银行农产品供应链金融模式等四种农产品供应链金融模式，拓展了区块链技术的应用范畴，促使农产品供应链金融各参与主体共同受益。

最后，运用三方演化博弈模型对四种基于区块链的商业银行农产品供应链金融模式的演化均衡进行了稳定性分析。分析的结果表明，为推动农业经营主体能够按时按量还款，确保商业银行农产品供应链金融模式整个系统的稳定和可持续发展，以下两种策略建议可以实现商业银行农产品供应链金融模式运行。(1) 合理控制贷款规模，设置贷款规模上限；(2) 提高对农业经营主体违约的断链惩罚。当农业经营主体选择违约的成本大于其选择违约的最终收益时，各参与主体是趋向于积极合作的。这对于理解和推动区块链技术在商业银行农产品供应链金融领域的应用与管理具有重要参考价值。

7.1.3 商业银行农产品供应链金融模式服务能力评价及信贷额度配置结论

首先，根据设计的商业银行农产品供应链金融模式服务能力评价的指标体系，构建了结构方程模型，设计了相应的调查问卷，调查结果显示如下。(1) 农产品供应链金融服务能力评价结构方程模型的假设模型实现了较好的拟合，一级指标和二级指标的路径系数均大于0.6，表明指标之间具有显著相关性，并且是正相关关系。(2) 假设5-1成立，路径系数均为0.6以上，说明农产品供应链金融服务能力是客户满意度、农产品供应链金融技术发展、农产品供应链金融政策与监管、农产品供应链金融竞争能力的高阶因子。(3) 假设5-2~假设5-5成立，路径系数分别为0.66、0.82、0.73和0.64。根据上述研究结论，计算得出各二级指标的权重。

其次，以ZG银行某地市分行为例，利用SEM-FCE模型评价对该行模拟运行不动产抵押模式、动产质押模式、第三方担保模式、信用模式这四种模式进行服务能力评价实证分析，分析结果显示，四种模式评价值按次序分别为不动产抵押模式（8.206）>动产质押模式（7.314）>第三方担保模式（6.725）>信用模式（6.228），其中，不动产抵押模式评价能力等级处于五级，动产质押模式、第三方担保模式、信用模式评价能力等级处于四级。商业银行可以根据不同模式的评价情况调整信贷额度配置，促使信贷资源得到更加合理和有效的利用，从而提高农产品供应链金融服务效率，有效发挥金融对农业经济的支持作用。

7.1.4 商业银行农产品供应链金融模式匹配机制研究的结论

第一，实现"模式—能力—客户"之间最优匹配是商业银行农产品供应链金融模式运营机制的核心。供应链金融模式成功的关键是能否获取资源并为客户创造最大的价值。不同的供应链金融模式适合不同的客户，对被服务客户进行匹配是商业银行农产品供应链金融模式成功的必要条件。

第二，构建的商业银行农产品供应链金融"模式—能力—客户"匹配机制，能够克服商业银行农产品供应链金融中存在的资源错配问题，激发农产品供应链金融参与双方的内生动力，促进商业银行和农业经营主体双方利益最大化。通过构建一个对农产品供应链金融模式的参与主体进行"画像"的指标体系，可以量化评估参与主体双方的双边匹配偏好程度，为双方提供了更精准、有效的对接方式。

第三，通过对商业银行农产品供应链金融模式匹配机制的实例研究，证明了基于商业银行和农业经营主体视角构建"模式—能力—客户"匹配模型具有可行性和有效性，有助于在实际业务开展过程中准确匹配交易信息并作出正确决策。

第四，应将"模式—能力—客户"匹配度测度指标纳入基于区块链的商业银行供应链金融平台信息收集范围，各商业银行可以根据自身的风险偏好、合规要求、盈利要求、地域差异等因素，科学设计各指标的得分转化公式，以简化双边匹配的业务流程，充分利用基于区块链的商业银行供应链平台功能。

7.2 研究展望

1. 研究不足

本书的研究虽然取得了一些创新成果，但是还存在三个有待改进的方面。第一，由于大数据、物联网、区块链等金融科技技术还处于快速发展阶段，存在着诸多困难，既有文献资料方面的限制，也有使用手段和方法的不明确，因此本书初步提出的一些理论和方法还需要进一步研究和改进。第二，在商业银行农产品供应链金融服务能力评价上，虽然对四种模式都分别进行了评价，但是每种模式在细节上还有一些差别，在指标体系的设计上可以更加有针对性。第三，双边匹配问题的求解是 NP-hard 问题，由于本书采取的匹配周期是以周为单位，模型规模较小，可以直接借用求解器求解，但是如果随着业务规模的扩张，当问题规模逐渐变大时，需要设计更高效的算法。

2. 研究展望

针对本书的不足之处，特对未来研究工作提出如下展望。

第一，作者将通过大量的文献阅读，充分挖掘新信息技术对商业银行农产品供应链金融的赋能机制，可以从效率提升、改善信息不对称、信用创造、风险控制等角度入手，对商业银行农产品供应链金融模式的优化进行进一步探讨。

第二，对商业银行农产品供应链金融服务能力的评价是一个动态的长期过程。建议农产品供应链金融领域的学者和实践者从实际工作出发，对不同农产品供应链金融模式提出更细化、全面的评价指标体系，以更加准确地实现对商业银行农产品供应链金融服务能力的评价。

第三，针对商业银行农产品供应链金融"模式—能力—客户"一对多匹配模型的计算难度随业务规模增加而呈现指数级增长的问题。建议学者们可以充分利用元启发式算法如遗传算法、模拟退火算法、蚁群算法等设计更加高效的算法，也可以利用 Benders 分解、列生成算法等设计求解算法。

附录 1
传统农产品供应链金融模式适用度评价专家打分情况

一级指标	二级指标	专家1	专家2	专家3	专家4	专家5	专家6	专家7	专家8	专家9	专家10	专家11	专家12	专家13	专家14	专家15	专家16	专家17	专家18	专家19	专家20
还款来源的自偿性	农业经营主体信用水平	1	2	2	3	2	1	2	1	2	1	2	2	2	2	2	1	2	2	1	1
	农业经营主体竞争力水平	2	1	1	2	1	2	2	2	2	1	1	3	1	2	2	1	1	2	2	2
	农产品市场风险水平	2	3	1	1	3	1	1	3	2	1	2	2	3	2	1	2	2	1	3	2
质押农产品价值确定性	质押农产品保管情况	2	2	1	2	1	2	1	1	2	3	1	2	2	2	1	2	2	2	1	1
	质押农产品价值评估情况	1	1	2	1	2	3	3	2	1	2	3	2	1	1	2	3	2	2	3	2
	商业银行信息获取情况	2	1	3	1	2	1	2	1	1	1	1	1	2	2	1	1	2	2	1	2
授信额度匹配性	应收账款模式授信额度	1	2	1	2	1	2	1	2	2	1	3	3	2	1	2	3	1	1	2	2
	存货质押模式授信额度	1	3	2	1	2	2	1	1	2	1	1	2	2	1	1	2	2	1	2	2
	预付账款模式授信额度	2	1	1	2	1	2	1	2	1	2	1	2	1	2	1	2	2	1	1	1
核心企业信用水平	对上下游的控制水平	1	2	1	1	2	1	1	1	1	1	1	1	2	1	1	2	2	1	3	2	1
	自身经营稳定性	2	1	1	1	2	1	2	2	2	1	1	2	2	2	2	1	2	1	1	3
	经营规模	1	1	3	2	1	1	2	2	1	1	2	1	1	1	1	2	1	2	2	2

附录2
商业银行农产品供应链金融服务能力调查问卷

尊敬的女士/先生：

您好！

  感谢您在百忙之中抽出时间参与本问卷调查！本次调查旨在了解商业银行农产品供应链金融服务能力，您的回答对我们的研究非常重要。问卷采取匿名形式，答案无所谓对错，请按自身真实情况作答。内容也无关您所工作单位的商业机密或您个人的道德问题，调查结果仅供学术研究之用，不会单独报告您个人的结果，所以请您放心填写、认真作答。非常感谢您的理解与配合。感谢您的合作与支持！祝您工作顺利，身体健康，万事如意！

第一部分 基本信息

1. 您的性别：□男 □女
2. 您的年龄：□18～25岁 □26～35岁 □36～45岁 □46～55岁 □55岁以上
3. 您的学历：□初中及以下 □高中 □专科 □本科 □硕士及以上
4. 您的职业：□农民 □农产品供应链相关企业员工 □农产品采购商 □金融机构或银行员工 □高校教授 □学生 □其他
5. 您对农产品供应链金融的了解程度：□非常了解 □了解一些 □不了解

第二部分 农产品供应链金融服务能力调查表

  您认为以下哪些因素会对商业银行农产品供应链金融服务能力产生影响，请您根据该因素可能对服务能力产生的影响大小，依据所描述的影响因素指标和所设置的分值，在相应的表格里打"√"，表右边数字的含义

附录2　商业银行农产品供应链金融服务能力调查问卷

是该影响因素指标对商业银行农产品供应链金融服务能力的影响程度：
1：完全无关；2：影响很小；3：有些影响；4：影响较大；5：重大影响。

关于客户满意度的描述，请选择您认为最相符的选项。

A1　您认为银行在应对农产品供应链各环节的融资需求和金融服务请求时，服务响应速度对农产品供应链金融服务能力的影响程度

1□　2□　3□　4□　5□

A2　您认为顾客抱怨解决时间对农产品供应链金融服务能力的影响程度

1□　2□　3□　4□　5□

A3　您认为产品服务的准确率对农产品供应链金融服务能力的影响程度

1□　2□　3□　4□　5□

关于农产品供应链金融技术发展的描述，请选择您认为最相符的选项。

B1　您认为平台的数据管理能力对农产品供应链金融服务能力的影响程度

1□　2□　3□　4□　5□

B2　您认为数据安全性对农产品供应链金融服务能力的影响程度

1□　2□　3□　4□　5□

B3　您认为风险控制技术对农产品供应链金融服务能力的影响程度

1□　2□　3□　4□　5□

关于农产品供应链金融政策与监管的描述，请选择您认为最相符的选项。

C1　您认为信息披露透明度对农产品供应链金融服务能力的影响程度

1□　2□　3□　4□　5□

C2　您认为配合度和沟通效率对农产品供应链金融服务能力的影响程度

1□　2□　3□　4□　5□

C3　您认为内控体系的完整性对农产品供应链金融服务能力的影响程度

1□　2□　3□　4□　5□

关于农产品供应链金融竞争能力的描述，请选择您认为最相符的选项。

D1　您认为银行为提供金融产品和服务而投入的资源和费用对农产品供应链金融服务能力的影响程度

1□　2□　3□　4□　5□

D2　您认为银行采取的风险控制对农产品供应链金融服务能力的影响程度

1□　2□　3□　4□　5□

D3　您认为银行技术和创新能力对农产品供应链金融服务能力的影响程度

1□　2□　3□　4□　5□

附录3
商业银行农产品供应链金融服务能力调查问卷

感谢您在百忙之中抽出时间参与本问卷调查！本次调查旨在了解本银行农产品供应链金融的服务能力，您的回答对我们相关业务的开展非常重要，请您根据自己掌握的银行实际情况以及本部门的业务倾向做出实事求是的表述。本次调查结果仅供学术研究之用，不会单独报告您个人的结果，也不会在本银行实际推行，所以请您放心填写、认真作答。非常感谢您的理解与配合。感谢您的合作与支持！

第一部分 基本信息

1. 您的性别：＊男　＊女
2. 您的年龄：＊18～25岁　＊26～35岁　＊36～45岁　＊46～55岁　＊55岁以上
3. 您的学历：＊初中及以下　＊高中　＊专科　＊本科　＊硕士及以上
4. 您的职位：＊行长　＊副行长　＊部门经理　＊部分副经理　＊具体业务负责人
5. 您对农产品供应链金融的了解程度：＊非常了解　＊了解一些　＊不了解

第二部分 农产品供应链金融服务能力调查表

假设在本银行开展了4种农产品供应链金融业务：不动产抵押增信的商业银行农产品供应链金融（不动产抵押增信模式）、动产质押增信的商业银行农产品供应链金融（动产质押增信模式）、第三方担保增信的商业银行农产品供应链金融（第三方担保增信模式）、信用增信的商业银行农产品供应链金融（信用增信模式）。在经营过程中针对影响这4种业务服务能力的因素，根据您愿意在上面投入的资源、时间、精力对下面的表述做出判断。

客户满意度方面，请选择您认为最相符的选项。

A1-1　为了提高不动产抵押增信模式的服务响应速度，我愿意在资源、时间、精力等方面进行投入

完全不同意　不同意　中立　同意　非常同意

A1-2　为了提高动产质押增信模式的服务响应速度，我愿意在资源、时间、精力等方面进行投入

完全不同意　不同意　中立　同意　非常同意

A1-3　为了提高第三方担保增信模式的服务响应速度，我愿意在资源、时间、精力等方面进行投入

完全不同意　不同意　中立　同意　非常同意

A1-4　为了提高信用增信模式的服务响应速度，我愿意在资源、时间、精力等方面进行投入

完全不同意　不同意　中立　同意　非常同意

A2-1　为了减少不动产抵押增信模式的顾客抱怨，我愿意在资源、时间、精力等方面进行投入

完全不同意　不同意　中立　同意　非常同意

A2-2　为了减少动产质押增信模式的顾客抱怨，我愿意在资源、时间、精力等方面进行投入

完全不同意　不同意　中立　同意　非常同意

A2-3　为了减少第三方担保增信模式的顾客抱怨，我愿意在资源、时间、精力等方面进行投入

完全不同意　不同意　中立　同意　非常同意

A2-4　为了减少信用增信模式的顾客抱怨，我愿意在资源、时间、精力等方面进行投入

完全不同意　不同意　中立　同意　非常同意

附录3　商业银行农产品供应链金融服务能力调查问卷

A3-1　为了提高不动产抵押增信模式的产品服务精准度,我愿意在资源、时间、精力等方面进行投入

完全不同意　不同意　中立　同意　非常同意

A3-2　为了提高动产质押增信模式的产品服务精准度,我愿意在资源、时间、精力等方面进行投入

完全不同意　不同意　中立　同意　非常同意

A3-3　为了提高第三方担保增信模式的产品服务精准度,我愿意在资源、时间、精力等方面进行投入

完全不同意　不同意　中立　同意　非常同意

A3-4　为了提高信用增信模式的产品服务精准度,我愿意在资源、时间、精力等方面进行投入

完全不同意　不同意　中立　同意　非常同意

农产品供应链金融技术方面,请选择您认为最相符的选项。

B1-1　为了提高不动产抵押增信模式的数据管理能力,我愿意在资源、时间、精力等方面进行投入

完全不同意　不同意　中立　同意　非常同意

B1-2　为了提高动产质押增信模式的数据管理能力,我愿意在资源、时间、精力等方面进行投入

完全不同意　不同意　中立　同意　非常同意

B1-3　为了提高第三方担保增信模式的数据管理能力,我愿意在资源、时间、精力等方面进行投入

完全不同意　不同意　中立　同意　非常同意

B1-4　为了提高信用增信模式的数据管理能力,我愿意在资源、时间、精力等方面进行投入

完全不同意　不同意　中立　同意　非常同意

B2-1　为了提高不动产抵押增信模式的数据安全性,我愿意在资源、时间、精力等方面进行投入

完全不同意　不同意　中立　同意　非常同意

B2-2　为了提高动产质押增信模式的数据安全性，我愿意在资源、时间、精力等方面进行投入

完全不同意　不同意　中立　同意　非常同意

B2-3　为了提高第三方担保增信模式的数据安全性，我愿意在资源、时间、精力等方面进行投入

完全不同意　不同意　中立　同意　非常同意

B2-4　为了提高信用增信模式的数据安全性，我愿意在资源、时间、精力等方面进行投入

完全不同意　不同意　中立　同意　非常同意

B3-1　为了提高不动产抵押增信模式的大数据风险控制水平，我愿意在资源、时间、精力等方面进行投入

完全不同意　不同意　中立　同意　非常同意

B3-2　为了提高动产质押增信模式的大数据风险控制水平，我愿意在资源、时间、精力等方面进行投入

完全不同意　不同意　中立　同意　非常同意

B3-3　为了提高第三方担保增信模式的大数据风险控制水平，我愿意在资源、时间、精力等方面进行投入

完全不同意　不同意　中立　同意　非常同意

B3-4　为了提高信用增信模式的大数据风险控制水平，我愿意在资源、时间、精力等方面进行投入

完全不同意　不同意　中立　同意　非常同意

关于农产品供应链金融政策与监管的描述，请选择您认为最相符的选项。

C1-1　为了应对政策与监管、提高信息披露的透明度，我愿意在资源、时间、精力等方面进行投入

完全不同意　不同意　中立　同意　非常同意

C1-2　为了应对政策与监管、提高信息披露的透明度，我愿意在资源、时间、精力等方面进行投入

附录3　商业银行农产品供应链金融服务能力调查问卷

完全不同意　不同意　中立　同意　非常同意

C1-3　为了应对政策与监管、提高信息披露的透明度，我愿意在资源、时间、精力等方面进行投入

完全不同意　不同意　中立　同意　非常同意

C1-4　为了应对政策与监管、提高信息披露的透明度，我愿意在资源、时间、精力等方面进行投入

完全不同意　不同意　中立　同意　非常同意

C2-1　为了应对政策与监管、提高配合度和沟通效率，我愿意在资源、时间、精力等方面进行投入

完全不同意　不同意　中立　同意　非常同意

C2-2　为了应对政策与监管、提高配合度和沟通效率，我愿意在资源、时间、精力等方面进行投入

完全不同意　不同意　中立　同意　非常同意

C2-3　为了应对政策与监管、提高配合度和沟通效率，我愿意在资源、时间、精力等方面进行投入

完全不同意　不同意　中立　同意　非常同意

C2-4　为了应对政策与监管、提高配合度和沟通效率，我愿意在资源、时间、精力等方面进行投入

完全不同意　不同意　中立　同意　非常同意

C3-1　为了应对政策与监管、强化内控体系的完整性，我愿意在资源、时间、精力等方面进行投入

完全不同意　不同意　中立　同意　非常同意

C3-2　为了应对政策与监管、强化内控体系的完整性，我愿意在资源、时间、精力等方面进行投入

完全不同意　不同意　中立　同意　非常同意

C3-3　为了应对政策与监管、强化内控体系的完整性，我愿意在资源、时间、精力等方面进行投入

完全不同意　不同意　中立　同意　非常同意

C3-4　为了应对政策与监管、强化内控体系的完整性,我愿意在资源、时间、精力等方面进行投入

完全不同意　不同意　中立　同意　非常同意

农产品供应链金融竞争能力方面,请选择您认为最相符的选项。

D1-1　为了降低不动产抵押增信模式的服务成本,我愿意在资源、时间、精力等方面进行投入

完全不同意　不同意　中立　同意　非常同意

D1-2　为了降低动产质押增信模式的服务成本,我愿意在资源、时间、精力等方面进行投入

完全不同意　不同意　中立　同意　非常同意

D1-3　为了降低第三方担保增信模式的服务成本,我愿意在资源、时间、精力等方面进行投入

完全不同意　不同意　中立　同意　非常同意

D1-4　为了降低信用增信模式的服务成本,我愿意在资源、时间、精力等方面进行投入

完全不同意　不同意　中立　同意　非常同意

D2-1　为了控制不动产抵押增信模式的风险,我愿意在资源、时间、精力等方面进行投入

完全不同意　不同意　中立　同意　非常同意

D2-2　为了控制动产质押增信模式的风险,我愿意在资源、时间、精力等方面进行投入

完全不同意　不同意　中立　同意　非常同意

D2-3　为了控制第三方担保增信模式的风险,我愿意在资源、时间、精力等方面进行投入

完全不同意　不同意　中立　同意　非常同意

D2-4　为了控制信用增信模式的风险,我愿意在资源、时间、精力等方面进行投入

完全不同意　不同意　中立　同意　非常同意

附录3　商业银行农产品供应链金融服务能力调查问卷

D3-1　为了提高不动产抵押增信模式的技术和创新，我愿意在资源、时间、精力等方面进行投入

完全不同意　不同意　中立　同意　非常同意

D3-2　为了提高动产质押增信模式的技术和创新，我愿意在资源、时间、精力等方面进行投入

完全不同意　不同意　中立　同意　非常同意

D3-3　为了提高第三方担保增信模式的技术和创新，我愿意在资源、时间、精力等方面进行投入

完全不同意　不同意　中立　同意　非常同意

D3-4　为了提高信用增信模式的技术和创新，我愿意在资源、时间、精力等方面进行投入

完全不同意　不同意　中立　同意　非常同意

附录 4
农产品供应链金融模式视角下被服务对象偏好度评分标准

尊敬的专家您好！针对 M 农产品供应链金融模式，请根据评分表后附的××被服务对象的基本信息和 M 农产品供应链金融模式基本信息，对其与 M 农产品供应链金融模式的匹配度进行打分。

第一部分 农业经营主体自身特征

1.1 如果××被服务对象是以家庭为基本生产单位的，请对本部分进行打分。本部分共有题目 7 道，每道题满分为 5 分，总分为 35 分。

1. 贷款人的信用记录

　　A. 贷款人没有任何违约记录　　　　　　　　　　　5 分
　　B. 贷款人有 1 次违约记录　　　　　　　　　　　　3 分
　　C. 贷款人有 2 次以上违约记录　　　　　　　　　　0 分

2. 贷款人的年龄

　　A. 贷款人年龄为 18~25 岁　　　　　　　　　　　　3 分
　　B. 贷款人年龄为 26~39 岁　　　　　　　　　　　　5 分
　　C. 贷款人年龄为 40~60 岁　　　　　　　　　　　　3 分
　　D. 贷款人年龄为 60 岁以上　　　　　　　　　　　 0 分

3. 农业经营主体家庭人口数量

　　A. 贷款人为 2 个成年人　　　　　　　　　　　　　5 分
　　B. 贷款人家庭为 2 个成年人 1 个未成年人　　　　 4 分
　　C. 贷款人家庭为 2 个成年人 2 个未成年人　　　　 3 分
　　D. 贷款人家庭为 2 个成年人 3 个及以上未成年人　 2 分
　　E. 贷款人家庭为其他情况　　　　　　　　　　　　1 分

4. 贷款人的婚姻状态

　　A. 已婚　　　　　　　　　　　　　　　　　　　　5 分

附录4　农产品供应链金融模式视角下被服务对象偏好度评分标准

  B. 离异   3分

  C. 丧偶   2分

  D. 未婚   1分

 5. 贷款人的受教育情况

  A. 博士   5分

  B. 硕士   4分

  C. 本科   3分

  D. 大专   2分

  E. 高中及以下   1分

 6. 贷款人的职业状态

  A. 务农并兼业其他   5分

  B. 单纯务农   3分

 7. 贷款人的社会关系

  A. 直系亲属中有公务人员或事业单位人员   5分

  B. 直系亲属中有小企业经营者   3分

  C. 直系亲属中以务农务工为主   1分

1.2 如果××被服务对象是以企业为基本生产单位的供应链金融客户，请对本部分进行打分。本部分共有题目4道，每道题满分为5分，总分为20分。

 1. 偿债能力

  A. 很强   5分

  B. 强   4分

  C. 一般   3分

  D. 弱   2分

  E. 很弱   1分

 2. 盈利能力

  A. 很强   5分

  B. 强   4分

  C. 一般   3分

  D. 弱   2分

E. 很弱　　　　　　　　　　　　　　　　　　　1分

3. 运营能力

A. 很强　　　　　　　　　　　　　　　　　　　5分

B. 强　　　　　　　　　　　　　　　　　　　　4分

C. 一般　　　　　　　　　　　　　　　　　　　3分

D. 弱　　　　　　　　　　　　　　　　　　　　2分

E. 很弱　　　　　　　　　　　　　　　　　　　1分

4. 发展能力

A. 很强　　　　　　　　　　　　　　　　　　　5分

B. 强　　　　　　　　　　　　　　　　　　　　4分

C. 一般　　　　　　　　　　　　　　　　　　　3分

D. 弱　　　　　　　　　　　　　　　　　　　　2分

E. 很弱　　　　　　　　　　　　　　　　　　　1分

第二部分　农产品供应链特征

本部分共有题目4道，每道题满分为5分，总分为20分。

1. 产品是否易腐烂

A. 耐储存　　　　　　　　　　　　　　　　　　5分

B. 不易腐烂　　　　　　　　　　　　　　　　　4分

C. 一般　　　　　　　　　　　　　　　　　　　3分

D. 较易腐烂　　　　　　　　　　　　　　　　　2分

E. 很易腐烂　　　　　　　　　　　　　　　　　1分

2. 上下游关联生产者的信用水平

A. 很高　　　　　　　　　　　　　　　　　　　5分

B. 较高　　　　　　　　　　　　　　　　　　　4分

C. 一般　　　　　　　　　　　　　　　　　　　3分

D. 不高　　　　　　　　　　　　　　　　　　　2分

E. 很差　　　　　　　　　　　　　　　　　　　1分

3. 消费市场的不确定性程度

A. 很确定　　　　　　　　　　　　　　　　　　5分

B. 较确定　　　　　　　　　　　　　　　　　　4分

附录4 农产品供应链金融模式视角下被服务对象偏好度评分标准

  C. 一般   3分
  D. 不确定   2分
  E. 很不确定   1分
 4. 生产资料不确定性程度
  A. 很确定   5分
  B. 较确定   4分
  C. 一般   3分
  D. 不确定   2分
  E. 很不确定   1分

第三部分 农产品的生产技术特征

  本部分共分为两个二级指标，分别为农业生产的技术特点和农产品加工业的技术特征，这两部分总分分别为15分和15分。
 3.1 农业生产的技术特点
 1. 农业生产必须符合农作物生长规律
  A. 被评价对象非常了解农作物生长规律   5分
  B. 被评价对象比较了解农作物生长规律   4分
  C. 被评价对象一般了解农作物生长规律   3分
  D. 被评价对象不了解农作物生长规律   2分
  E. 被评价对象很不了解农作物生长规律   1分
 2. 农业生产必须符合农业经济规律
  A. 被评价对象非常了解农业经济规律   5分
  B. 被评价对象比较了解农业经济规律   4分
  C. 被评价对象一般了解农业经济规律   3分
  D. 被评价对象不了解农业经济规律   2分
  E. 被评价对象很不了解农业经济规律   1分
 3. 农业生产必须实现现代化和信息化
  A. 被评价对象生产现代化和信息化程度很高   5分
  B. 被评价对象生产现代化和信息化程度较高   4分
  C. 被评价对象生产现代化和信息化程度一般   3分
  D. 被评价对象生产现代化和信息化程度不高   2分

E. 被评价对象生产现代化和信息化程度很低　　　　　　　1分

3.2 农产品加工业的技术特征

1. 农产品深加工程度

A. 被评价对象农产品深加工程度很高　　　　　　　5分
B. 被评价对象农产品深加工程度较高　　　　　　　4分
C. 被评价对象农产品深加工程度一般　　　　　　　3分
D. 被评价对象农产品深加工程度不高　　　　　　　2分
E. 被评价对象农产品深加工程度很低　　　　　　　1分

2. 产业化程度

A. 被评价对象产业化程度很高　　　　　　　　　　5分
B. 被评价对象产业化程度较高　　　　　　　　　　4分
C. 被评价对象产业化程度一般　　　　　　　　　　3分
D. 被评价对象产业化程度不高　　　　　　　　　　2分
E. 被评价对象产业化程度很低　　　　　　　　　　1分

3. 加工技术高新化程度

A. 被评价对象加工技术高新化程度很高　　　　　　5分
B. 被评价对象加工技术高新化程度较高　　　　　　4分
C. 被评价对象加工技术高新化程度一般　　　　　　3分
D. 被评价对象加工技术高新化程度不高　　　　　　2分
E. 被评价对象加工技术高新化程度很低　　　　　　1分

第四部分　农产品的自然风险特征

本部分共有题目4道，每道题满分为5分，总分为20分。

1. 气象灾害

A. 该农作物受气象灾害影响很不明显　　　　　　　5分
B. 该农作物受气象灾害影响不明显　　　　　　　　4分
C. 该农作物受气象灾害影响一般　　　　　　　　　3分
D. 该农作物受气象灾害影响明显　　　　　　　　　2分
E. 该农作物受气象灾害影响很明显　　　　　　　　1分

2. 地质灾害

A. 该农作物受地质灾害影响很不明显　　　　　　　5分

附录4 农产品供应链金融模式视角下被服务对象偏好度评分标准

B. 该农作物受地质灾害影响不明显　　　　　　　4分
C. 该农作物受地质灾害影响一般　　　　　　　　3分
D. 该农作物受地质灾害影响明显　　　　　　　　2分
E. 该农作物受地质灾害影响很明显　　　　　　　1分

3. 病虫害

A. 该农作物受病虫害影响很不明显　　　　　　　5分
B. 该农作物受病虫害影响不明显　　　　　　　　4分
C. 该农作物受病虫害影响一般　　　　　　　　　3分
D. 该农作物受病虫害影响明显　　　　　　　　　2分
E. 该农作物受病虫害影响很明显　　　　　　　　1分

4. 非常规灾害

A. 该农作物受非常规灾害影响很不明显　　　　　5分
B. 该农作物受非常规灾害影响不明显　　　　　　4分
C. 该农作物受非常规灾害影响一般　　　　　　　3分
D. 该农作物受非常规灾害影响明显　　　　　　　2分
E. 该农作物受非常规灾害影响很明显　　　　　　1分

附录 5
客户视角下商业银行农产品供应链金融模式偏好度评分标准

尊敬的客户您好！针对 M 农产品供应链金融模式，请根据评分表后附的××被服务对象的基本信息和 M 农产品供应链金融模式基本信息，对其与 M 农产品供应链金融模式的匹配度进行打分。该评分表的满分为 30 分。

1. 你认为利息率水平的高低程度

    A. 我认为利率水平很低　　　　　　　　　　　　　　5 分

    B. 我认为利率水平较低　　　　　　　　　　　　　　4 分

    C. 我认为利率水平一般　　　　　　　　　　　　　　3 分

    D. 我认为利率水平较高　　　　　　　　　　　　　　2 分

    E. 我认为利率水平很高　　　　　　　　　　　　　　1 分

2. 你认为需要抵押物的合理程度

    A. 我认为抵押物的要求很合理　　　　　　　　　　　5 分

    B. 我认为抵押物的要求较合理　　　　　　　　　　　4 分

    C. 我认为抵押物的要求一般合理　　　　　　　　　　3 分

    D. 我认为抵押物的要求不合理　　　　　　　　　　　2 分

    E. 我认为抵押物的要求很不合理　　　　　　　　　　1 分

3. 你认为需要担保的合理程度

    A. 我认为担保的要求很合理　　　　　　　　　　　　5 分

    B. 我认为担保的要求较合理　　　　　　　　　　　　4 分

    C. 我认为担保的要求一般合理　　　　　　　　　　　3 分

    D. 我认为担保的要求不合理　　　　　　　　　　　　2 分

    E. 我认为担保的要求很不合理　　　　　　　　　　　1 分

4. 融资便利性

    A. 我认为这样贷款很方便　　　　　　　　　　　　　5 分

附录5　客户视角下商业银行农产品供应链金融模式偏好度评分标准

  B. 我认为这样贷款较方便　　　　　　　　　　4分
  C. 我认为这样贷款一般方便　　　　　　　　　　3分
  D. 我认为这样贷款不方便　　　　　　　　　　　2分
  E. 我认为这样贷款很不方便　　　　　　　　　　1分
 5. 可提供融资规模的大小
  A. 我认为贷款规模很适合我　　　　　　　　　　5分
  B. 我认为贷款规模较适合我　　　　　　　　　　4分
  C. 我认为贷款规模一般适合我　　　　　　　　　3分
  D. 我认为贷款规模不适合我　　　　　　　　　　2分
  E. 我认为贷款规模很不适合我　　　　　　　　　1分
 6. 提供融资期限的长短
  A. 我认为贷款期限很适合我　　　　　　　　　　5分
  B. 我认为贷款期限较适合我　　　　　　　　　　4分
  C. 我认为贷款期限一般适合我　　　　　　　　　3分
  D. 我认为贷款期限不适合我　　　　　　　　　　2分
  E. 我认为贷款期限很不适合我　　　　　　　　　1分

附录 6
数据与计算过程

附表 1　以家庭为基本生产单位的农产品供应链金融客户特征得分

农业经营主体	1. 贷款人的信用记录	2. 贷款人的年龄	3. 农业生产者家庭人口数量	4. 贷款人的婚姻状态	5. 贷款人的受教育情况	6. 贷款人的职业状态	7. 贷款人的社会关系
1	5	3	3	5	1	5	1
2	3	5	4	5	1	5	3
3	5	5	3	5	1	5	1
4	0	3	1	2	1	3	1
5	3	5	1	1	2	3	1
6	5	5	3	5	1	5	1

根据附表 1 数据，利用熵值法可以计算出以家庭为基本生产单位的农产品供应链金融客户特征各指标的权重（见附表 2）。

附表 2　以家庭为基本生产单位的农产品供应链金融客户特征各指标权重

指标	权重
1. 贷款人的信用记录	0.0398
2. 贷款人的年龄	0.0766
3. 农业生产者家庭人口数量	0.0799
4. 贷款人的婚姻状态	0.0498
5. 贷款人的受教育情况	0.3386
6. 贷款人的职业状态	0.0766
7. 贷款人的社会关系	0.3386

附录6 数据与计算过程

附表3 以企业为基本生产单位的农产品供应链金融客户
特征专家评估平均得分

模式	加工企业	1. 偿债能力	2. 盈利能力	3. 运营能力	4. 发展能力
1	1	5	3.5	4.5	4
1	2	4	2.5	3.5	4
2	1	3	4.5	4	3
2	2	3	5	4	3.5
3	1	3.5	4	3.5	3.5
3	2	4	3.5	3.5	4
4	1	2	4	4	4
4	2	3.5	3	3	4

根据附表3数据，利用熵值法可以计算出以企业为基本生产单位的农产品供应链金融客户特征各指标的权重（见附表4）。

附表4 以企业为基本生产单位的农产品供应链金融客户
特征各指标的权重

指标	权重
1. 偿债能力	0.1471
2. 盈利能力	0.4300
3. 运营能力	0.2787
4. 发展能力	0.1442

附表5 农产品供应链特征专家评估平均得分

模式	被服务对象	1. 产品是否易腐烂	2. 上下游关联生产者的信用水平	3. 消费市场的不确定性程度	4. 原材料（生产资料）不确定性程度
1	1	2.5	3	2.5	3
1	2	4.5	3.5	2	3.5
1	3	4.5	3.5	2.5	2
1	4	2	3.5	3	4
1	5	4	1	2.5	1.5
1	6	2	3.5	1	2.5
1	7	4	3	4	2
1	8	3	2	1.5	2

续表

模式	被服务对象	1. 产品是否易腐烂	2. 上下游关联生产者的信用水平	3. 消费市场的不确定性程度	4. 原材料（生产资料）不确定性程度
2	1	3	3	3.5	4.5
	2	3	4.5	3.5	3
	3	3	5	2	3
	4	2	3	4	3.5
	5	3	2	3	1
	6	3	3	1.5	2.5
	7	4	4	4	2.5
	8	3	2	2	3.5
3	1	3	3	3.5	3
	2	4	5	2	4
	3	4	4	3.5	2
	4	3	2.5	4.5	3.5
	5	4	3	2.5	1
	6	2	4	3.5	4
	7	5	4	3.5	2.5
	8	4	3	1	3
4	1	3	4	4	3.5
	2	4	3.5	2.5	3.5
	3	4.5	5	2.5	2
	4	4	2	3	4.5
	5	4.5	3	2	1
	6	3.5	4	1.5	3.5
	7	4.5	4	4.5	2
	8	4	3	1.5	2.5

根据附表5数据，利用熵值法可以计算出农产品供应链特征各指标的权重（见附表6）。

附录6 数据与计算过程

附表6　　　　　　　农产品供应链特征各指标的权重

模式	权重
1. 产品是否易腐烂	0.1366
2. 上下游关联生产者的信用水平	0.1735
3. 消费市场的不确定性程度	0.3676
4. 原材料（生产资料）不确定性程度	0.3223

附表7　　　　　农业生产的技术特点各项指标专家评估平均得分

模式	农业生产者	1. 农业生产必须符合农作物生长规律	2. 农业生产必须符合农业经济规律	3. 农业生产必须实现现代化和信息化
1	1	4.5	4	2.5
1	2	2	2.5	4.5
1	3	2.5	3.5	4
1	4	4.5	3	2
1	5	4	2.5	1.5
1	6	4	4.5	4.5
2	1	4.5	3.5	3
2	2	3	2.5	4.5
2	3	3	2.5	3.5
2	4	3.5	3	2
2	5	3	3	2
2	6	4	4	4
3	1	5	5	3
3	2	3	3	4.5
3	3	2.5	3	4.5
3	4	4	5	2
3	5	3.5	3	2
3	6	3.5	3.5	4
4	1	5	3	4
4	2	2.5	4	4.5
4	3	3.5	2.5	3
4	4	4.5	2.5	2.5
4	5	3	3	2
4	6	3.5	5	4.5

根据附表 7 数据，利用熵值法可以计算出农业生产的技术特点各项指标的权重（见附表 8）。

附表 8　　　　农业生产的技术特点各项指标的权重

指标	权重
1. 农业生产必须符合农作物生长规律	0.3228
2. 农业生产必须符合农业经济规律	0.4444
3. 农业生产必须实现现代化和信息化	0.2328

附表 9　　　农产品加工业的技术特征各项指标专家评估平均得分

模式	加工企业	1. 农产品深加工程度	2. 产业化程度	3. 加工技术高新化程度	4. 资源综合利用程度	5. 产品质量标准化程度
1	1	4.5	3.5	4.5	4.5	4.5
	2	3	2	3.5	4	4.5
2	1	4	4	3.5	4.5	5
	2	3	2.5	3.5	4	4
3	1	4	3.5	3.5	5	4.5
	2	4	3	4	3.5	5
4	1	4.5	3	5	4	4
	2	3.5	3.5	4	5	3.5

根据附表 9 数据，利用熵值法可以计算出农产品加工业的技术特征各项指标的权重（见附表 10）。

附表 10　　　农产品加工业的技术特征各项指标的权重

模式	权重
1. 农产品深加工程度	0.3948
2. 产业化程度	0.2985
3. 加工技术高新化程度	0.0862
4. 资源综合利用程度	0.1595
5. 产品质量标准化程度	0.0610

附录6 数据与计算过程

附表11　农业生产的自然风险特征各项指标专家评估平均得分

模式	被服务对象	1. 气象灾害	2. 地质灾害	3. 病虫害	4. 非常规灾害
1	1	4	2.5	3.5	3
	2	4.5	3.5	1.5	2.5
	3	3.5	2.5	3	1.5
	4	4	4.5	5	2.5
	5	3	2	4.5	2
	6	2	5	3.5	2
	7	3.5	2	4	1
	8	4	2.5	3	1
2	1	5	2.5	2.5	2.5
	2	4	3.5	1	4
	3	3	3.5	3.5	1
	4	3	3	3.5	2
	5	2.5	4	4.5	1
	6	3.5	5	2.5	2
	7	3	2.5	3.5	1
	8	5	2	3	2
3	1	5	3	4.5	3
	2	3	2.5	1	2
	3	3.5	3.5	4	2
	4	2.5	3	3.5	3.5
	5	2.5	3.5	3.5	2
	6	2	4.5	3	2
	7	3.5	3.5	3	1
	8	4	2.5	3	2
4	1	5	3	3	2
	2	3	2	1	2
	3	2.5	2	3.5	1
	4	4	4	4	2.5
	5	3	2.5	4.5	1.5
	6	3	4	3	2
	7	3	3.5	4	1.5
	8	4	3.5	2.5	2.5

根据附表 11 数据，利用熵值法可以计算出农业生产的自然风险特征各项指标的权重（见附表 12）。

附表 12　　　　农业生产的自然风险特征各项指标的权重

模式	权重
1. 气象灾害	0.0785
2. 地质灾害	0.4019
3. 病虫害	0.1493
4. 非常规灾害	0.3703

附表 13　客户视角对商业银行农产品供应链金融模式的评价得分

被服务对象	模式	1. 利息率水平的高低	2. 是否需要抵押物	3. 是否需要担保	4. 融资便利性	5. 可提供融资规模大小	6. 提供融资期限长短
1	1	4	3	5	5	2	4
	2	3	2	5	4	4	5
	3	3	4	5	1	2	4
	4	3	5	2	4	2	5
2	1	5	4	4	4	3	4
	2	4	3	4	5	4	5
	3	2	4	5	2	3	4
	4	3	5	3	4	3	5
3	1	2	3	5	4	2	5
	2	5	2	3	3	5	2
	3	4	3	4	2	3	3
	4	4	3	5	2	3	4
4	1	4	3	4	4	3	5
	2	3	3	5	2	2	5
	3	3	4	5	2	2	3
	4	3	5	3	4	3	4
5	1	2	4	5	5	2	4
	2	5	3	4	3	4	5
	3	3	4	5	1	5	4
	4	3	4	2	4	3	4

续表

被服务对象	模式	1. 利息率水平的高低	2. 是否需要抵押物	3. 是否需要担保	4. 融资便利性	5. 可提供融资规模大小	6. 提供融资期限长短
6	1	4	2	5	2	2	5
	2	1	2	5	3	4	4
	3	3	4	5	3	1	3
	4	2	5	3	4	2	3
7	1	4	4	5	3	5	4
	2	3	2	5	4	3	3
	3	4	4	5	3	2	5
	4	3	5	3	4	3	4
8	1	5	3	5	5	2	4
	2	3	2	5	4	5	5
	3	3	5	5	1	2	4
	4	3	2	2	3	2	4

根据附表13数据，利用熵值法可以计算出客户视角对商业银行农产品供应链金融模式评价的各项指标的权重（见附表14）。

附表14　客户视角对商业银行农产品供应链金融模式评价的各项指标的权重

被服务对象	权重
1. 利息率水平的高低	0.0953
2. 是否需要抵押物	0.3197
3. 是否需要担保	0.1496
4. 融资便利性	0.1830
5. 可提供融资规模的大小	0.1628
6. 提供融资期限的长短	0.0896

根据一级指标权重，以及利用熵值法计算得到的二级指标的权重，可以计算得到每个评价项的综合权重，如附表15所示。

附表 15　　　　双边匹配偏好信息测度体系的权重

视角	一级指标	二级指标	综合权重
商业银行农产品供应链金融模式视角的评价指标	农业生产者自身特征（0.3）	以家庭为基本生产单位的供应链金融客户	
		1. 贷款人的信用记录	0.0119
		2. 贷款人的年龄	0.0230
		3. 农业生产者家庭人口数量	0.0240
		4. 贷款人的婚姻状态	0.0149
		5. 贷款人的受教育情况	0.1016
		6. 贷款人的职业状态	0.0230
		7. 贷款人的社会关系	0.1016
		以企业为基本生产单位的供应链金融客户	
		1. 偿债能力	0.0441
		2. 盈利能力	0.1290
		3. 运营能力	0.0836
		4. 发展能力	0.0432
	农产品供应链特征（0.4）	1. 产品是否易腐烂	0.0546
		2. 上下游关联生产者的信用水平	0.0694
		3. 消费市场的不确定性程度	0.1470
		4. 原材料（生产资料）不确定性程度	0.1289
	农业生产技术特征（0.2）	农业生产的技术特点	
		1. 农业生产必须符合农作物生长规律	0.0646
		2. 农业生产必须符合农业经济规律	0.0889
		3. 农业生产必须实现现代化和信息化	0.0466
		农产品加工业的技术特征	
		1. 农产品深加工程度	0.0790
		2. 产业化程度	0.0597
		3. 加工技术高新化程度	0.0172
		4. 资源综合利用程度	0.0319
		5. 产品质量标准化程度	0.0122
	自然风险特征（0.1）	1. 气象灾害	0.0079
		2. 地质灾害	0.0402
		3. 病虫害	0.0149
		4. 非常规灾害	0.0370
客户视角的评价指标		1. 利息率水平的高低	0.0953
		2. 是否需要抵押物	0.3197
		3. 是否需要担保	0.1496
		4. 融资便利性	0.1830
		5. 可提供融资规模的大小	0.1628
		6. 提供融资期限的长短	0.0896

利用附表1~附表15的数据可计算出附表16商业银行农产品供应链金融模式对客户偏好得分表和附表17客户对商业银行农产品供应链金融模式偏好得分表。

附表16　　商业银行农产品供应链金融模式对客户偏好得分表

客户\模式	1	2	3	4	5	6	7	8
1	2.75	2.93	2.64	2.73	2.21	2.67	4.40	3.30
2	2.78	3.15	2.60	2.71	2.33	2.49	4.51	3.97
3	3.31	3.10	2.77	2.87	2.31	2.59	4.39	3.23
4	2.97	3.09	2.61	2.62	2.22	3.06	4.36	3.51

附表17　　客户对商业银行农产品供应链金融模式偏好得分表

客户\模式	1	2	3	4	5	6	7	8
1	3.69	3.84	3.40	3.61	3.82	2.91	4.13	3.78
2	3.50	3.95	3.11	3.13	3.50	3.04	3.16	3.67
3	3.18	3.43	3.06	3.27	3.67	3.29	3.73	3.50
4	3.69	4.00	3.30	3.84	3.44	3.56	3.91	2.46

参考文献

[1] 白世贞，徐娜，鄢章华．基于存货质押融资模式的供应链协调研究［J］．运筹与管理，2013，22（3）：185-193.

[2] 常玉栋．农业供应链金融的创新机制［J］．社会科学家，2019（8）：42-47.

[3] 陈斌彬．从统一监管到双峰监管：英国金融监管改革法案的演进及启示［J］．华侨大学学报（哲学社会科学版），2019（2）：85-95.

[4] 陈军，帅朗．新型农业经营主体供给型融资约束与融资担保——基于湖北省的数据考察［J］．农村经济，2021（2）：95-104.

[5] 陈科．金融科技背景下推动农产品供应链金融数字化的对策研究［J］．农业经济，2022（11）：119-121.

[6] 陈盛伟，冯叶．基于熵值法和TOPSIS法的农村三产融合发展综合评价研究——以山东省为例［J］．东岳论丛，2020，41（5）：78-86.

[7] 陈勇强，祁春节．农产品供应链合作关系治理机制动态演化研究［J］．江西社会科学，2021，41（2）：209-217.

[8] 程帆．季节性存货质押融资合作模式分析［J］．中国管理科学，2016，24（S1）：439-447.

[9] 邓纲，祖木莱提·迪力夏提．农村金融资源配置的困境与出路［J］．华南农业大学学报（社会科学版），2023，22（4）：22-28.

[10] 邓翔，吴雨伦，王杰，等．商业银行绿色金融发展指标体系构建及测度［J］．统计与决策，2022，38（9）：138-142.

[11] 董翀，冯兴元．农业现代化的供应链金融服务问题与解决路径［J］．学术界，2020（12）：130-139.

[12] 樊治平，李铭洋，乐琦．考虑稳定匹配条件的双边满意匹配决策方法［J］．中国管理科学，2014，22（4）：112-118.

［13］冯林，刘阳．从分险、赋能到激活竞争：农业政策性担保机构何以降低农贷利率［J］．中国农村经济，2023（4）：108－124．

［14］冯兴元，李铖，燕翔．乡村振兴视角下全面推进农信机构为农服务能力研究［J］．财经问题研究，2024（2）：90－104．

［15］付琼，郭嘉禹．金融科技助力农村普惠金融发展的内在机理与现实困境［J］．管理学刊，2021，34（3）：54－67．

［16］付玮琼，白世贞．供应链金融对中小农业企业的融资约束缓解效应［J］．西北农林科技大学学报（社会科学版），2021，21（2）：140－151．

［17］龚强，班铭媛，张一林．区块链、企业数字化与供应链金融创新［J］．管理世界，2021，37（2）：3，22－34．

［18］苟延杰．产业互联网视角下农业供应链金融模式创新研究［J］．四川轻化工大学学报（社会科学版），2020，35（2）：33－52．

［19］顾海峰，郑婷．中国商业银行信贷效率评价体系及实证研究——来自16家上市银行的经验证据［J］．会计与经济研究，2015，29（1）：113－127．

［20］顾庆康，林乐芬．不同农地抵押贷款机制下农户信贷配给分析［J］．农业经济问题，2021（7）：67－77．

［21］郭翠荣，刘亮．基于因子分析法的我国上市商业银行竞争力评价研究［J］．管理世界，2012（1）：176－177．

［22］侯银萍．农地"三权分置"改革对共同富裕的制度保障［J］．中国特色社会主义研究，2021（5）：25－33．

［23］胡国晖，郑萌．农业供应链金融的运作模式及收益分配探讨［J］．农村经济，2013，367（5）：45－49．

［24］胡国良，李梦其．普惠金融的发展趋势及其在中国的实践［J］．现代经济探讨，2023（10）：72－79．

［25］胡海峰，田一迪，王爱萍．中国银行业服务实体经济：测度、成因及治理对策［J］．学习与实践，2023（9）：42－54．

［26］胡婧，张璇．金融科技能降低银行的风险承担吗——基于150家商业银行年报的文本分析［J］．金融监管研究，2023（10）：1－21．

［27］胡文涛，张理，李宵宵，等．商业银行金融创新、风险承受能

力与盈利能力 [J]. 金融论坛, 2019, 24 (3): 31-47.

[28] 霍晓萍, 任艺, 李华伟. 国有企业引入非国有资本的双边匹配模型构建 [J]. 统计与决策, 2020, 36 (23): 184-188.

[29] 蒋伯亨, 温涛. 农业供应链金融 (ASCF) 研究进展 [J]. 农业经济问题, 2021 (2): 84-97.

[30] 蒋伯亨, 温涛. 农业供应链融资与小农户增收: 效应与机制 [J]. 西南大学学报 (社会科学版), 2022, 48 (5): 86-95.

[31] 孔德财, 姜艳萍. 考虑协同信息的人员与岗位双边匹配决策方法 [J]. 运筹与管理, 2018, 27 (10): 31-37.

[32] 孔德财, 姜艳萍, 刘长平. 大规模一对多双边匹配问题的决策方法 [J]. 系统工程, 2018, 36 (1): 153-158.

[33] 孔荣, 彭艳玲, 任彦军. 农户联户担保参与决策过程及其影响因素研究——基于陕西、甘肃两省 789 户农户调查 [J]. 农业经济问题, 2011, 32 (10): 96-101, 112.

[34] 孔祥智. 新型农业经营主体重塑新时代中国农业发展格局——评《中国新型农业经营主体发展的逻辑: 内在机制与实践案例》[J]. 农林经济管理学报, 2020, 19 (6): 779-780.

[35] 李春利, 高良谋. 区块链技术的本质与社会形塑 [J]. 科学学研究, 2023, 6 (1): 1-16.

[36] 李刚, 李双元, 平建硕. 基于改进熵值 TOPSIS 灰色关联度模型的青海省乡村振兴评价及障碍因子分析 [J]. 中国农业资源与区划, 2021, 42 (12): 115-123.

[37] 李健, 王丽娟, 王芳. 商业银行高质量发展评价研究——"陀螺"评价体系的构建与应用 [J]. 金融监管研究, 2019 (6): 56-69.

[38] 李名峰, 杨川, 吴郁玲. 农地经营权抵押贷款供需主体贷款决策行为的演化博弈研究 [J]. 华中农业大学学报 (社会科学版), 2021 (4): 165-175, 186.

[39] 李铭洋, 樊治平, 乐琦. 考虑稳定匹配条件的一对多双边匹配决策方法 [J]. 系统工程学报, 2013, 28 (4): 454-463.

[40] 李潘坡, 卢秀茹, 孙祎, 等. 农业产业化龙头企业创新发展瓶

颈分析及对策——以河北省为例［J］．邢台职业技术学院学报，2023，40（6）：60-64．

［41］李秋香，马草原，黄毅敏，等．区块链赋能供应链研究动态：视角、脉络、争鸣与盲区［J］．系统工程理论与实践，2024（3）：1-25．

［42］李韬，罗剑朝．"审贷分离"视角下家庭务农劳动力禀赋对农地产权评估价值配给的影响——基于CRAGG模型的实证分析［J］．中国农村经济，2020（12）：67-87．

［43］李铜山，张迪．实现小农户和现代农业发展有机衔接研究［J］．中州学刊，2019（8）：28-34．

［44］李小莉，陈国丽，张帆顺．系统视角下基于"区块链＋物联网"的农业供应链金融体系构建［J］．系统科学学报，2023，31（1）：78-82，88．

［45］李星光，霍学喜．信息化、农地流转与农业经营收入［J］．重庆大学学报（社会科学版），2023，29（3）：77-91．

［46］李友东，赵道致，夏良杰．低碳供应链环境下政府和核心企业的演化博弈模型［J］．统计与决策，2013（20）：38-41．

［47］李友艺，钱忠好．放松信贷约束何以提升家庭农场的效率——基于上海市松江区家庭农场数据的实证分析［J］．农业技术经济，2022（11）：65-77．

［48］林骅．关于商业银行客户价值评估体系的研究［J］．新金融，2020（1）：38-42．

［49］林心怡，吴东．区块链技术与企业绩效：公司治理结构的调节作用［J］．管理评论，2021，33（11）：341-352．

［50］刘柏，鞠瑶蕾．"大水漫灌"到"精准滴灌"：企业流程数字化与商业信用结构调整［J］．南开管理评论，2024（1）：1-22．

［51］刘彬，唐承丽，周国华，等．乡村创新政策演进特征及对乡村发展的启示——基于2004—2023年中央一号文件分析［J］．经济地理，2024，44（3）：147-159．

［52］刘春航．金融科技与银行价值链的重塑［J］．金融监管研究，2021（1）：1-11．

［53］刘达．基于传统供应链金融的"互联网＋"研究［J］．经济与

管理研究，2016，37（11）：22-29．

[54] 刘光星．"区块链＋金融精准扶贫"：现实挑战及其法治解决进路［J］．农业经济问题，2020（9）：16-30．

[55] 刘红生，李帮义．基于增信成本分担比例的中小企业信贷循环机制［J］．系统工程学报，2016，31（5）：625-632．

[56] 刘桔，杨琴，周永务，等．面向师生感知满意度的双边匹配决策模型［J］．运筹与管理，2020，29（3）：16-26，43．

[57] 刘露，侯文华，李雅婷．保兑仓融资的优化与协调策略：基于核心企业视角［J］．系统工程，2018，36（1）：130-139．

[58] 刘露，李勇建，姜涛．基于区块链信用传递功能的供应链融资策略［J］．系统工程理论与实践，2021，41（5）：1179-1196．

[59] 刘露，饶卫振，王炳成．如何有效应对其他融资模式的竞争？——基于商业银行视角的供应链金融发展策略［J］．研究与发展管理，2021，33（3）：14-29．

[60] 刘守英．农村土地制度改革：从家庭联产承包责任制到三权分置［J］．经济研究，2022，57（2）：18-26．

[61] 刘祥，杨招军，刘苏华．信息不对称与信用担保贝叶斯均衡分析［J］．中国管理科学，2023（8）：1-12．

[62] 吕其镁，常江．乡村振兴背景下农村传统信用观的现代性转换：基础与路径［J］．财经理论与实践，2022，43（5）：131-137．

[63] 罗剑朝，庸晖，庞玺成．农地抵押融资运行模式国际比较及其启示［J］．中国农村经济，2015（3）：84-96．

[64] 罗琳．新时期商业银行全表资产负债管理探究［J］．新金融，2019（4）：34-38．

[65] 罗知，李琪辉．中国农村金融机构的布局：特征、问题与建议［J］．中山大学学报（社会科学版），2023，63（4）：150-162．

[66] 马晓青，朱喜，史清华．农户融资偏好顺序及其决定因素——来自五省农户调查的微观证据［J］．社会科学战线，2010（4）：72-80．

[67] 苗家铭，姜丽丽．区块链在农业供应链金融中的应用［J］．时代金融，2021（24）：11-13．

［68］明雷，黄远标，杨胜刚．银行业监管处罚效应研究［J］．经济研究，2023，58（4）：114－132．

［69］彭钢．基于生态视角的商业银行数字化转型评价［J］．投资研究，2023，42（11）：4－13．

［70］彭路．农业供应链金融道德风险的放大效应研究［J］．金融研究，2018（4）：88－103．

［71］彭澎，周月书．新世纪以来农村金融改革的政策轨迹、理论逻辑与实践效果——基于2004—2022年中央"一号文件"的文本分析［J］．中国农村经济，2022（9）：2－23．

［72］七年担保 万亿征途——全国农业信贷担保体系成担保支农主力军［EB/OL］．泰安市农业农村局，2023－04－07．

［73］祁峰，冯梦龙．完善农产品供应链促进农村经济发展研究［J］．理论探讨，2020（4）：101－107．

［74］"区块链＋供应链"，大宗商品融资有了新模式！［EB/OL］．中国（重庆）自由贸易试验区，2022－09－05．

［75］曲英，刘越，白涛．商业银行供应链金融应收账款模式的风险控制研究——基于A行融资产品的分析与启示［J］．管理案例研究与评论，2014，7（6）：491－502．

［76］权飞过，王晓芳．信用环境、金融效率与农村经济增长［J］．财经问题研究，2021（12）：105－111．

［77］人民银行昌吉州中心支行探索开展"农村土地经营权抵押＋政府增信"模式支持绿色农业发展［EB/OL］．中国人民银行，2021－07－16．

［78］人民银行吕梁市中心支行创新动产抵押新模式 为乡村振兴注入金融新动能［EB/OL］．中国人民银行，2022－07－05．

［79］如何把西红柿放在区块链上？［EB/OL］．商业周刊，2017－11－20．

［80］山东省寿光市财政：创新开展"信用农业"模式财金融合支持乡村振兴开拓新路径［EB/OL］．财政部，2020－11－18．

［81］申云，张尊帅，贾晋．农业供应链金融扶贫研究展望——金融减贫机制和效应文献综述及启示［J］．西部论坛，2018，28（5）：30－36．

［82］审计署武汉特派办理论研究会课题组，夏循福，杨慧娜，等．

国家审计推动中小银行防范化解风险的路径 [J]．审计研究，2023 (2)：3－10．

［83］宋洪远，石宝峰，吴比．新型农业经营主体基本特征、融资需求和政策含义 [J]．农村经济，2020 (10)：73－80．

［84］宋华，韩思齐，刘文诣．数字化金融科技平台赋能的供应链金融模式——基于信息处理视角的双案例研究 [J]．管理评论，2024，36 (1)：264－275．

［85］宋华．困境与突破：供应链金融发展中的挑战和趋势 [J]．中国流通经济，2021，35 (5)：3－9．

［86］宋华，杨璇．供应链金融风险来源与系统化管理：一个整合性框架 [J]．中国人民大学学报，2018，32 (4)：119－128．

［87］宋华．中国供应链金融的发展趋势 [J]．中国流通经济，2019，33 (3)：3－9．

［88］宋晓晨，毛基业．基于区块链的组织间信任构建过程研究——以数字供应链金融模式为例 [J]．中国工业经济，2022 (11)：174－192．

［89］苏银链3.0区块链服务平台在物联网动产质押服务领域的应用 [EB/OL]．搜狐新闻，2023－10－25．

［90］孙璐．新型农业经营主体金融服务创新体系研究——评《乡村振兴战略背景下新型农业经营主体的金融支持》[J]．中国农业资源与区划，2020，41 (3)：93，102．

［91］孙睿，何大义，苏汇淋．基于演化博弈的区块链技术在供应链金融中的应用研究 [J]．中国管理科学，2022 (3)：1－18．

［92］谭春平，王烨．面向供应链的供应商选择模型构建 [J]．统计与决策，2018，34 (11)：52－55．

［93］谭砚文，李丛希，宋清．区块链技术在农产品供应链中的应用——理论机理、发展实践与政策启示 [J]．农业经济问题，2023 (1)：76－87．

［94］探索种业融资新模式 北京农商银行落地全市首笔植物新品种权质押贷款 [EB/OL]．新京报，2023－09－20．

［95］陶玲，张乐柱，熊文．新时代背景下农业企业融资问题与应对策略研究 [J]．农业技术经济，2021 (3)：146．

［96］万宝瑞. 我国农业三产融合沿革及其现实意义［J］. 农业经济问题，2019（8）：4-8.

［97］万树平，李登峰. 具有不同类型信息的风险投资商与投资企业多指标双边匹配决策方法［J］. 中国管理科学，2014，22（2）：40-47.

［98］王宏宇，温红梅. 区块链技术在农业供应链金融信息核实中的作用：理论框架与案例分析［J］. 农村经济，2021（6）：61-68.

［99］王淑佳，孔伟，任亮等. 国内耦合协调度模型的误区及修正［J］. 自然资源学报，2021，36（3）：793-810.

［100］王文龙. 新型农业经营主体、小农户与中国农业现代化［J］. 宁夏社会科学，2019（4）：101-108.

［101］王晓丽，郭沛. 金融科技纾解新型农业经营主体融资困境的路径研究［J］. 学习与探索，2022（8）：161-167.

［102］王占海，梁工谦. 存货质押融资模式下的供应链协调［J］. 运筹与管理，2018，27（6）：122-130.

［103］文红星. 数字普惠金融破解中小企业融资困境的理论逻辑与实践路径［J］. 当代经济研究，2021（12）：103-111.

［104］文雷，李若飞，张淑惠. 乡村振兴与脱贫攻坚衔接背景下对口支援的双边匹配机制研究［J］. 学习与探索，2022（8）：153-160.

［105］吴江，杨亚璇，邹柳馨，等. 基于区块链的面向小农主体的农业供应链金融信息共享模型研究［J］. 情报科学，2023，41（9）：97-106.

［106］吴若冰，蒙启，刘婵婵. 农业供应链金融助力民族地区乡村振兴研究［J］. 广西民族大学学报（哲学社会科学版），2021，43（5）：138-146.

［107］吴越菲. 技术如何更智慧：农村发展中的数字乡村性与智慧乡村建设［J］. 理论与改革，2022（5）：94-108，150.

［108］谢世清，何彬. 国际供应链金融三种典型模式分析［J］. 经济理论与经济管理，2013（4）：80-86.

［109］邢进元. 基于AHP-熵值法商业银行零售业务发展水平研究［J］. 金融经济，2019（6）：143-144.

［110］徐鹏，黄胜忠，王琦. 线上农产品供应链金融银行对B2B平台的激励契约研究［J］. 管理工程学报，2021，35（4）：107-116.

[111] 徐晓鹏. 小农户与新型农业经营主体的耦合——基于中国六省六村的实证研究 [J]. 南京农业大学学报 (社会科学版), 2020, 20 (1): 62-68.

[112] 许玉韫, 张龙耀. 农业供应链金融的数字化转型: 理论与中国案例 [J]. 农业经济问题, 2020 (4): 72-81.

[113] 鄢姣, 许敏波, 尹训东. 农村劳动力非农就业的双重市场均衡与扩张 [J]. 经济理论与经济管理, 2023, 43 (5): 38-53.

[114] 杨军, 房姿含. 供应链金融视角下农业中小企业融资模式及信用风险研究 [J]. 农业技术经济, 2017 (9): 95-104.

[115] 杨望, 徐慧琳, 谭小芬等. 金融科技与商业银行效率——基于DEA-Malmquist模型的实证研究 [J]. 国际金融研究, 2020 (7): 56-65.

[116] 杨洋, 赵晓冬. 第三方监管机制下PPP项目的三边匹配决策模型 [J]. 数学的实践与认识, 2020, 50 (18): 20-29.

[117] 姚晓琳. 山东省农村普惠金融机构支农能力建设中存在的问题及对策研究 [J]. 当代农村财经, 2022 (11): 62-64.

[118] 叶陈毅, 杨蕾, 管晓. 金融科技视域下农村商业银行发展创新路径研究 [J]. 当代经济管理, 2023, 45 (8): 80-89.

[119] 一链"定心": 区块链让农产品"链"上安全 [EB/OL]. 山东省通信管理局, 2023-10-31.

[120] 于棋. PPP模式下政府与社会资本双边匹配博弈分析 [J]. 财政科学, 2021 (10): 57-71.

[121] 曾颖. 基于熵值法的商业银行经营绩效评价比较研究 [J]. 金融经济, 2019 (16): 97-99.

[122] 张保银, 车佳玮. 供应链金融下银行的应收账款融资定价决策 [J]. 统计与决策, 2016 (3): 51-54.

[123] 张丽. 农村商业银行金融服务能力评估与比较研究——以内蒙古地区农村商业银行为例 [J]. 华北金融, 2020 (3): 48-55.

[124] 张林, 贺宝玲. 农村金融服务农业强国建设: 现实困境与突破路径 [J]. 农林经济管理学报, 2023, 22 (6): 692-699.

[125] 张林, 温涛. 农村金融高质量服务乡村振兴的现实问题与破解

路径 [J]．现代经济探讨，2021（5）：110-117．

[126] 张淑惠，吴雪勤．"创业企业-孵化器"双边匹配及其对企业创新投入的影响研究 [J]．科研管理，2024，45（4）：130-137．

[127] 张喜才．农产品供应链安全风险及应对机制研究 [J]．农业经济问题，2022（2）：97-107．

[128] 张雅博．中国农业价值链金融扶贫模式研究 [D]．沈阳：辽宁大学，2018．

[129] 张延龙，王明哲，钱静斐，等．中国农业产业化龙头企业发展特点、问题及发展思路 [J]．农业经济问题，2021（8）：135-144．

[130] 章玲超，林彬，王禹媚．构建企业征信服务平台缓解中小企业融资难题——应收账款融资的视角 [J]．上海金融，2019（10）：73-78．

[131] 赵碧莹．中国商业银行竞争力评价与影响因素研究 [J]．金融监管研究，2019（5）：70-82．

[132] 赵晟莹，卢祥远．第三方部分担保下的供应链应收账款融资模型 [J]．系统工程，2020，38（6）：81-89．

[133] 郑宗杰，任碧云．金融科技、政府监管与商业银行风险承担 [J]．科学决策，2022（2）：103-115．

[134] 智慧农业 从实验室走向产业应用 [EB/OL]．中华人民共和国农业农村部，2021-06-15．

[135] 中国银保监会办公厅关于2021年银行业保险业高质量服务乡村振兴的通知 [EB/OL]．中国政府网，2021-04-02．

[136] 钟真．改革开放以来中国新型农业经营主体：成长、演化与走向 [J]．中国人民大学学报，2018，32（4）：43-55．

[137] 周连华．深化农村经营体制改革的路径及政策选择 [J]．农业经济问题，2005（5）：42-48，80．

[138] 周业付．基于委托代理理论的农产品供应链激励机制研究 [J]．统计与决策，2015（24）：47-49．

[139] 周玉．基于现实痛点的农业企业发展路径探索——以湖北省为例 [J]．北方经贸，2023（6）：125-128．

[140] 邹建国．农业供应链金融视角的农户信贷约束缓解效应研究——

来自湖南农户的经验证据［J］．财经理论与实践，2023，44（3）：35-42．

［141］邹新阳，温涛．普惠金融、社会绩效与乡村振兴——基于30省（区、市）的面板数据［J］．改革，2021（4）：95-106．

［142］祖建新，陈劲松．农户信用合作融资的历史演进与内在逻辑［J］．农村经济，2020（9）：110-116．

［143］Abdulkadiroglu A., Pathak P. A., Roth A. E. The high school assignment problem: lessons from the boston mechanism［J］. American Economic Review, 2005, 95 (2): 364-367.

［144］Adams D. W., D. Graham J. Von Pischke. Undermining rural development with cheap credit［M］. Boulder: Westview Press, 1984: 35-36.

［145］Akkaya D., Bimpikis K., Lee H. Government interventions to promote agricultural innovation［J］. Manufacturing & Service Operations Management, 2021, 23 (2): 437-452.

［146］Altonji J., Paxson C. The effects of firm specific labor demand shifts on labor market equilibrium［J］. American Economic Review, 1988, 78 (2): 219-223.

［147］Bachas N., Kim O., Yannelis C. Loan guarantees and credit supply［J］. Journal of Financial Economics, 2021, 139 (3): 872-894.

［148］Becker G. S. Marriage, specialization, and the division of labor［J］. Journal of Political Economy, 1973, 81 (2): 813-846.

［149］Boucher S. R., Guirkinger C., Trivelli C. Direct elicitation of credit constraints: Conceptual and practical issues with an empirical application［C］. Agricultural and Applied Economics Association, 2005.

［150］Boyabatli O., Nasiry J., Zhou Y. Crop planning in sustainable agriculture: Dynamic farmland allocation in the presence of crop rotation benefits［J］. Management Science, 2019, 65 (5): 2060-2076.

［151］Braverman A., Guasch J. L. Rural credit markets and institutions in developing countries: Lessons for policy analysis from practice and modern theory［J］. World Development, 1991, 14 (10): 1253-1267.

［152］Braverman A., Guasch J. L. The theory of rural credit markets

[J]. Discussion Paper Department of Economics University of California, 1990 (90): 47-51.

[153] Casuga M. S. Financial access and inclusion in the agricultural value chain [J]. APRACA FinPower Publication, 2008, 10 (2): 51-58.

[154] Chod J., Trichakis N., Tsoukalas G., et al. On the financing benefits of supply chain transparency and blockchain adoption [J]. Management Science, 2020, 66 (10): 4378-4396.

[155] Dong L. Toward resilient agriculture value chains: Challenges and opportunities [J]. Production and Operations Management, 2021, 30 (3): 666-675.

[156] Gale D., Shapley L. S. College admissions and the stability of marriage [J]. American Mathematical Monthly, 1962, 69 (1): 9-15.

[157] Gale W. G. Collateral, rationing, and government intervention in credit markets [J]. Quartly Journal of Economics, 1987, 102 (2): 281-292.

[158] Gilbert R. A., Belongia M. T. The Effects of Affiliation with Large Bank Holding Companies on Commercial Bank Lending to Agriculture [J]. American Journal of Agricultural Economics, 1988, 70 (1): 69-78.

[159] Guillen G., Badell M., Puigjaner L. A holistic framework for short-term supply chain management integrating production and corporate financial planning [J]. International Journal of Production Economics, 2007, 106 (1): 288-306.

[160] Guo S., Liu N. Influences of supply chain finance on the mass customization program: Risk attitudes and cash flow shortage [J]. International Transactions in Operational Research, 2019 (3): 281-292.

[161] Jiang T., Ai-Ping G. Supply chain finance research about account receivable and prepayment based on the three-level supply chain [J]. Science-Technology and Management, 2017, 90 (19): 38-49.

[162] Karla Hoff, Joseph E. Stiglitz. Moneylenders and bankers: price-increasing subsidies in a monopolistically competitive market [J]. Journal of Development Economics, 1997, 52 (2): 71-83.

[163] Li H., Zha Y., Bi G. Agricultural insurance and power structure in a capital-constrained supply chain [J]. Transportation Research Part E: Logistics and Transportation Review, 2023, 171: 1-19.

[164] Mahmoudi Reza, Rasti-Barzoki et al. Sustainable supply chains under government intervention with a real-world case study: An evolutionary game theoretic approach [J]. Computers & Industrial Engineering, 2018, 116: 130-143.

[165] Markus S., Buijs P. Beyond the hype: How blockchain affects supply chain performance [J]. Supply Chain Management: An International Journal, 2022, 27 (7): 177-193.

[166] McVitie D. G., Wilson L. B. The stable marriage problem [J]. Communications of the ACM, 1971, 14 (7): 486-490.

[167] Queiroz M. M., Telles R., Bonilla S. H. Blockchain and supply chain management integration: A systematic review of the literature [J]. Supply Chain Management: An International Journal, 2019, 25 (2): 241-254.

[168] Randall W. S. M., Supply chain financing: Using cashtocash variables to strengthen the supply chain [J]. International Journal of Physical Distribution & Logistics Management, 2009, 39 (8): 669-689.

[169] Roth A. E., Sönmez T., Ünver M. U. Pairwise kidney exchange [J]. Journal of Economic Theory, 2004, 119 (2): 151-171.

[170] Roth A. E. The economics of matching: Stability and incentives [J]. Mathematics of Operations Research, 1982, 7 (4): 617-628.

[171] Ruttan V. W. Increasing productivity and efficiency in agriculture [J]. Science, 1986, 231 (4740): 781.

[172] Stephen A. Ross. The Economic Theory of Agency: The Principal's Problem [J]. The American Economic Review, 1973, 63 (2): 134-139.

[173] Stiglitz J., A. Weiss. Credit rationing in markets with imperfect information [J]. American Economic Review, 1983, 5 (3): 393-410.

[174] Tang C. S., Wang Y., Zhao M. The impact of input and output farm subsidies on farmer welfare, income disparity, and consumer surplus [J]. Management Science, 2023, 16 (2): 1-18.

［175］Vate J. H. V. Linear programming brings marital bliss［J］. Operations Research Letters, 1989, 8（3）: 147-153.

［176］Wamba S. F., Queiroz M. M., Trinchera L. Dynamics between blockchain adoption determinants and supply chain performance: An empirical investigation［J］. International Journal of Production Economics, 2020, 229: 107791.

［177］Weyl E. G. Designing efficient mechanisms for dynamic allocation of public housing［J］. Journal of Public Economics, 2009, 93（5-6）: 751-765.

［178］William A. Supply chain finance: The next big opportunity［J］. Supply Chain Management Review, 2008, 12（4）: 14-17.

［179］Wuttke D. A., Blome C., Kai F., Henke H. Managing the innovation adoption of supply chain finance Empirical evidence from six European case studies［J］. Journal of Business Logistics, 2013, 34（2）: 149-166.

［180］Yi Z., Wang Y., Chen Y. J. Financing an agricultural supply chain with a capital-constrained smallholder farmer in developing economies［J］. Production and Operations Management, 2021, 30（7）: 2102-2121.

［181］Zhang X., Chang R., Gu M., et al. Blockchain implementation and shareholder value: A complex adaptive systems perspective［J］. International Journal of Operations & Production Management, 2024, 44（3）: 666-698.